主　　办：　北京大学外国语学院外国语言学及应用语言学研究所
编辑部地址：　北京大学外国语学院新楼450
邮　　编：　100871
电　　话：　010-62752364
Email:　ling_Research@126.com

中文社会科学索引（CSSCI）来源集刊

语言学研究

Linguistic Research

第三十八辑

北京大学外国语学院外国语言学及应用语言学研究所 编

北京大学出版社
PEKING UNIVERSITY PRESS

图书在版编目(CIP)数据

语言学研究. 第三十八辑 / 北京大学外国语学院外国语言学及应用语言学研究所编. -- 北京 : 北京大学出版社, 2025. 6. -- ISBN 978-7-301-36596-0

Ⅰ. H0

中国国家版本馆CIP数据核字第2025LF8841号

书　　名	语言学研究（第三十八辑） YUYANXUE YANJIU (DI-SANSHIBA JI)
著作责任者	北京大学外国语学院外国语言学及应用语言学研究所　编
责任编辑	刘文静
标准书号	ISBN 978-7-301-36596-0
出版发行	北京大学出版社
地　　址	北京市海淀区成府路 205 号　100871
网　　址	http://www.pup.cn　　新浪微博：@ 北京大学出版社
电子邮箱	编辑部 pupwaiwen@pup.cn　　总编室 zpup@pup.cn
电　　话	邮购部 010-62752015　发行部 010-62750672 编辑部 010-62754149
印 刷 者	北京虎彩文化传播有限公司
经 销 者	新华书店
	720 毫米 ×1020 毫米　16 开本　16 印张　325 千字 2025 年 6 月第 1 版　2025 年 6 月第 1 次印刷
定　　价	78.00 元

目　录

“形式语义学”专栏

语言学理论研究

具体语言研究

语言应用研究

经典译文

书评

Contents

Applied Studies

Translations of Classics

Book Reviews

“形式语义学”专栏

主持人语

主持人：潘海华

形式语义学是一门研究自然语言意义的学科，它运用数理逻辑的方法和工具，为语言提供精确和科学的语义表达。形式语义学的研究基于勒内·笛卡儿、戈特弗里德·莱布尼兹、戈特洛布·弗雷格、伯特兰·罗素和彼得·斯特劳森等学者的语言哲学观，起源于由波兰数学家塔尔斯基构想的、美国20世纪60、70年代数学家和逻辑学家理查德·蒙塔古所创立的“蒙塔古语法”——该语法运用数理逻辑对英语进行了部分语义描写。其后又由芭芭拉·帕蒂、艾琳·海姆、安格利卡·克拉策以及汉斯·坎普等语言学家发扬光大，拓展出了一系列新的形式语义学理论，比如文本更新语义学、篇章表征理论、范畴语法、动态语义学、情态语义学等。

相较于当下火热的由神经网络系统发展起来的基于统计学习的大数据模型式自然语言处理，形式语义学能运用逻辑和数学工具，从分析语言内部规律的角度出发，让AI能够识别并理解语言所表达的内容和意义。其优势在于精确性、可解释性、泛化能力以及可靠性：

首先，形式语义学是基于逻辑推理和转换的规则，使用形式化的语言来表示文本的意义，因此可以提供更为精确的语义表达。相比之下，基于统计学习的方法通常只能提供近似的意义表达。

其次，形式语义学中的语义规则都是可以解释的，因此，基于这些规则而计算出来的语义表达形式也是可解释的，并且可以直观地展示文本的意义。反观基于现代统计学和统计学习的自然语言处理通常是一种以产出为导向的黑箱模型，拥有着超过千亿的参数量——这么庞大且极端复杂的系统，我们从普通人类能够理解的角度很难清楚地解释其内部工作原理以及它是如何处理语言语义的。相较而言，形式语义学更有助于我们理解和分析自然语言处理系统对语言的处理。

再者，基于逻辑规则的形式语义学方法适用于任何语言文本，因此它可以泛化到从未见过的语言数据上，不论是分析、解释还是生成。相比之下，基于统计学习的方法通常需要大量的训练数据才能接近基于前者的效果。

另外，由于形式语义学的方法是基于逻辑系统的，由逻辑系统特性所带来的一致性和准确性使得形式语义学的方法在处理语言数据时，可以保证推理和数据的准确性和一致性。相比之下，基于统计学习的方法在处理复杂的句子结构和语义关系时，随着复杂度的增加，运算参数量也会增加，使得系统容易出现运算偏差，不一定能保证数据的准确性和一致性，甚至有可能产生幻觉，出现“一本正经胡说八道”的现象。

由此看来，形式语义学研究能更好地提升自然语言处理能力，促进机器在真正智能层面上的发展。

目前，形式语义学研究主要流行于欧美地区，与计算机科学、认知科学、数学、哲学、人工智能研究等领域有密切的联系，成为这些学科的交叉点，并随着这些学科的发展，经常拓展出新的形式语义学领域和理论，比如，与博弈论结合创新出博弈论语义学，结合代数分体论和计算科学产生了代数语义学，基于复数逻辑发展出复数语义学，等。同时，形式语义学也在自然语言处理、人工智能、逻辑编程、信息检索，特别是在构建各种类型的语义分析器、问答系统、知识库等方面都有重要的助推作用。在欧美的许多大学中，形式语义学都是一个活跃的研究领域，有众多著名的专家学者和研究机构。

相比之下，中国的形式语义学研究起步较晚，最早由斯坦福大学的埃蒙·巴赫教授于1984年在天津师范大学所做的6场讲座引介入国内。初期只有少数逻辑学家（如周礼全先生、邹崇理教授）和语言学家（如华中师范大学邢福义先生、北京语言大学方立教授）从事相关研究。相较于国外，我国形式语义学研究在研究广度和深度上仍然有着较大差距。

有鉴于此，本专栏在强调形式语义学研究重要性的同时，积极搭建平台，提升并推介本土形式语义学研究。专栏一共五篇论文，其中大多数都是主持人作为首席专家主持的国家社科基金重大项目“形式语义学的汉语研究与形式语义学理论创新”（22&ZD295）的阶段性成果。这五篇文章从多个角度，运用不同理论，广泛研究了自然语言意义的多个方面，展示了形式语义学的研究方法、核心概念以及前沿议题，旨在为推进中国形式语义学的学术体系、知识体系和话语体系建设贡献力量。

（责任编辑：胡旭辉）

英汉析取成分的任选性解读

清华大学　刘明明　贺　荣*

[提　要]　析取成分的任选现象指析取词在某些情况下能够呈现类似于合取的解读。该现象自Kamp（1973）以来便受到逻辑语义学家们的广泛关注，但相关研究大多仅关注英语析取词or的表现。本文对比了英汉在析取任选性解读方面的异同，指出：（i）汉语“或者”与英语or在表达任选义方面并无本质差异；（ii）任选性“或者”常与“都”搭配，并非如Xiang（2020）所认为的“都”贡献了任选义，而是由于任选义的出现满足了“都”的最强预设（Liu, 2017），“都”的出现受预设最大化原则的制约；（iii）“或者—都”对句子情态类型的选择限制同样来源于“都”的预设。本文从跨语言视角支持了Crnič（2019）对英语任选词any的分析。

[关键词]　“或者”；“都”；析取；任选义；语用增强

1. 引言

在英语中，析取词or与可能情态共现时，可以引发两种解读：不知义（ignorance）和任选义（free choice）。这两种解读可以通过不同的后续句来区分。例如，[1]中的句子既可以表达[1a]所示的“说话人不知道究竟是约翰还是玛丽可以教基础汉语”，也可以表达[1b]的“约翰和玛丽中的任意一人都可以教基础汉语”。

[1] John or Mary can teach Intro Chinese.

a. But I don’t know which.

*　作者简介：刘明明，清华大学外文系副教授。研究方向：形式语义学。Email：markliu@mail.tsinghua.edu.cn。通讯地址：100083北京市海淀区清华大学外文系（文南楼）。
贺荣，清华大学外文系硕士研究生。研究方向：形式语义学。Email：her22@mail.tsinghua.edu.cn。通讯地址：100083北京市海淀区清华大学外文系（文南楼）。
项目得到国家社科基金资助，批准号24BYY032。

b. Feel free to choose which.

再来看汉语，Xiang（2020）指出，析取词“或者”的表现与or不同：“或者”单独与可能情态共现时，仅能表达不知义，见[2a]；要表达任选义，“或者”必须搭配“都”，见[2b]。因此，Xiang（2020）提出，[2b]中“或者”的任选性解读来源于“都”的语义贡献。换句话说，Xiang认为英汉析取成分在表达任选义时存在显著差异：英语or可以单独表达任选义，而汉语“或者”则依赖“都”。

[2] a. 约翰或者玛丽可以教基础汉语。
⇝ 说话人不知道谁可以教。
b. 约翰或者玛丽都可以教基础汉语。
⇝ 约翰可以教基础汉语并且玛丽可以教基础汉语。

此外，Xiang发现，“或者—都”结构只能出现在可能情态句中，见[2b]；而不能出现在必然情态或肯定现实句中，见[3]。这一分布特征与英语任选词any类似，见[4]。为解释这种限制，Xiang（2020）参考了前人对any等全称任选词分布规律的分析（如Menéndez-Benito, 2010；Dayal, 2009, 2013），并将其应用于“或者—都”的情态选择限制。

[3] a. *约翰或者玛丽都必须教基础汉语。
b. *约翰或者玛丽都教过基础汉语。
[4] a. Anyone can teach Intro Chinese.
b. *Anyone must teach Intro Chinese.
c. *Anyone taught Intro Chinese.

Xiang的分析依赖一个核心假设：“或者”必须与“都”搭配才能表达任选义。然而，我们不同意这一前提事实，并认为需要重新审视“或者”与“都”的关系。具体而言，我们认为“都”并非任选性“或者”的必要条件：（i）即使没有“都”，“或者”在某些语境下也能表达任选义；（ii）在特定语境中，“都”甚至无法与任选性“或者”共现。

因此，我们认为，英汉析取成分在表达任选义方面并无本质差异。汉语任选性“或者”之所以经常（但非必须）与“都”搭配，是因为任选义满足了“都”的最强预设（Liu, 2017, 2021）。在预设最大化（Maximize Presupposition）（Heim, 1991）原则的制约下，“都”通常强制出现。

文章剩余部分安排如下：第二节回顾Xiang（2020）对“或者—都”的分析，并指出其局限性。第三节呈现本文分析。具体而言，我们将任选义从“都”

的语义中分离出来——并非“都”贡献了任选义，而是任选义满足了“都”的预设。第四节展示本文分析在解释相关事实与理论问题上的优势。第五节是结语。

2. Xiang（2020）的分析及其面临的挑战

2.1 Xiang（2020）的分析

Xiang（2020）对“或者—都”的分析基于Fox（2007）和Chierchia（2013）的任选理论。因此，我们首先以英语中的or为例，简要介绍这一理论。Fox和Chierchia认为，or的任选义是语用增强的结果。以级差义（scalar implicature）为例，例[5a]中的句子传递了not both的级差义。根据 Fox和Chierchia的观点，这种现象源于or能够激活若干选项，而自然语言中存在类似only的隐性增强算子，它能够作用于这些选项，从而强化句子意义并产生额外的级差义。

[5] a. John ate an apple or a pear.

⇝ John ate an apple or a pear but not both.

b. C: $\{a, b, a \wedge b\}$

c. LF: EXH_C [John ate an apple or a pear]

具体而言，学界普遍认为析取词or能够激活合取and作为其选项（Horn, 1989等）；Sauerland（2004）进一步指出，or可以激活其析取支作为选项。因此，[5a]所激活的选项集如[5b]中的C所示。为行文简洁，我们用字母“a”代表命题“约翰吃了苹果”，“b”代表“约翰吃了梨”。当一个句子激活选项后，就需要有算子作用于这些选项。对此，Fox和Chierchia提出了EXH这一对选项敏感的语用增强算子。他们认为[5a]的语义解读层面（LF）实际上包含一个隐性的EXH，如[5c]所示。

EXH的语义定义见[6]：它作用于一个激活选项的命题p（其中C代表p激活的选项集），一方面断言p为真，另一方面要求C中所有相对于p能被无害排除（innocently excludable，IE）的选项命题均为假。一个选项命题若能够在C中相对于p被无害排除，必须处于所有满足下述条件的C的最大子集C'中：肯定p与否定C'中所有命题不会导致逻辑冲突。

[6] a. $[\![\text{EXH}]\!] = \lambda C \lambda p \lambda w \big[p(w) \wedge \forall q[q \in IE(p, C) \rightarrow \neg q(w)]\big]$

b. $IE(p, C) = \bigcap\{C' \mid C' \text{ is a maximal subset of } C \text{ such that } \{\neg q \mid q \in C'\} \cup \{p\} \text{ is consistent}\}$

具体到例[5]，我们首先确定$a \vee b$的无害排除选项。如果a被排除，则b必然为真；反之亦然。因此，最大排除集合包括$\{a, a \wedge b\}$和$\{b, a \wedge b\}$。这两个集合的交集为$a \wedge b$。因此，选项集C中只有and句能够被or句无害排除，也就是说，只有and句会被EXH否定。由此，整个句子的语义变为or句为真，且and句为假，而后者正是not both的级差义。

接下来，我们通过例[7]展示这一理论如何解释任选义。这一解释涉及一个重要假设：选项本身可以被预先穷尽（pre-exhaustified），即自带EXH。

[7] a. John can eat an apple or a pear.

⇝ John can eat an apple and John can eat a pear.

b. LF: EXH_C [John can eat an apple or a pear]

c. $C1$: $\{\Diamond a, \Diamond b, \Diamond(a \wedge b)\}$

d. $C2$: $\left\{\text{EXH}_{C1}\left[\Diamond a\right], \text{EXH}_{C1}\left[\Diamond b\right], \text{EXH}_{C1}\left[\Diamond(a \wedge b)\right]\right\} = \left\{\Diamond a \wedge \neg\Diamond b, \Diamond b \wedge \neg\Diamond a, \Diamond(a \wedge b)\right\}$

e. $[\![\text{EXH}_{C2}\text{[John can eat an apple or a pear]}]\!]$

$\Leftrightarrow \Diamond(a \vee b) \wedge \neg\left(\Diamond a \wedge \neg\Diamond b\right) \wedge \neg\left(\Diamond b \wedge \neg\Diamond a\right) \wedge \neg\Diamond(a \wedge b)$

$\Leftrightarrow \Diamond(a \vee b) \wedge \left(\Diamond a \leftrightarrow \Diamond b\right) \wedge \neg\Diamond(a \wedge b)$

$\Leftrightarrow \Diamond a \wedge \Diamond b \wedge \neg\Diamond(a \wedge b)$

如果[7a]所激活的选项未被预先穷尽，则得到的是[7c]中的选项集$C1$。然而，如果将[7b]中EXH的选项集C设为$C1$，将无法得出任选义。原因在于$C1$中只有$\Diamond(a \wedge b)$能够被无害排除（排除$\Diamond a$必然包含$\Diamond b$，而排除$\Diamond b$必然包含$\Diamond a$）。因此，最终结果为：约翰可以吃苹果∨约翰可以吃梨&约翰不能同时吃苹果和梨。显然，该结果并未传递任选义，而是与这句话的不知义（见对[1]的讨论）相吻合，即表达“说话人不知道约翰究竟可以吃苹果还是梨”。

对此，Fox和Chierchia提出，可以对选项本身进行预先穷尽，再用这些增强后的选项进行推导。换言之，[7a]可以激活[7d]中的选项，其中每个选项都自带EXH，表明它们已经历了语用增强。若将[7b]中的C设为$C2$并用EXH作用该选项集，则会得出以下结果：此时$C2$中$\Diamond a \wedge \neg\Diamond b$和$\Diamond b \wedge \neg\Diamond a$也能被无害排除（排除$\Diamond a \wedge \neg\Diamond b$不一定包含$\Diamond b \wedge \neg\Diamond a$，反之亦然）。最终结果为：[约翰可以吃苹果∨约翰可以吃梨] &约翰并非可以吃苹果但不可以吃梨&约翰并非可以吃梨但不可以吃苹果&约翰不可以同时吃苹果和梨。这正是析取的任选义：约翰可以吃苹果，也可以吃梨。

可以看出，在Fox和Chierchia的任选理论中，or本身能够激活带有EXH的析取支作为其选项，而这些自带EXH的选项最终被另一更高位置的EXH所否定。这一机制是or实现任选解读的核心。回到汉语的“或者—都”，Xiang（2020）提出，“或者”的带有EXH的析取支同样会被否定，但这一否定并非来源于更高位置的EXH，而是由“都”实现的。具体而言，如[8]所示，“都”在语义上具有三方面的贡献：（i）预设与“都”结合的句子至少有一个子选项（sub-alternatives）；（ii）断言与之结合的句子为真；（iii）断言所有带有EXH的子选项均为假。[①]

[8] a. $[\![都_{Xiang}]\!] = \lambda C.\lambda p.\lambda w{:}\ \exists q \in SUB(p,C).\ p(w) \wedge \forall q \in SUB(p,C)[\neg \mathrm{EXH}_C(q)(w)]$

b. $SUB(p,C) = \big(C - IE(p,C)\big) - \{p\}$

以[9]为例。“a”代表命题“约翰可以教基础汉语”，“b”表示“玛丽可以教基础汉语”。根据[8b]，子选项是指从选项集C中除去无害排除选项后剩余的选项（且不含句子本身）。如上文所述，[9c]中只有$\Diamond a \wedge \Diamond b$能够被无害排除，因此[9b]的子选项集如[9d]所示。根据Xiang的分析，“都”作用于[9b]时，会产生以下语义结果：（i）预设[9b]有子选项，该预设被满足（此时的确存在两个子选项，见[9d]）；（ii）$\Diamond a \vee \Diamond b$为真；（iii）带有EXH的子选项$\mathrm{EXH}_C(\Diamond a)$和$\mathrm{EXH}_C(\Diamond b)$均为假。最终，这一过程生成的结果即为任选解读$\Diamond a \wedge \Diamond b$，如[9e]所示。

[9] 约翰或者玛丽都可以教基础汉语。

⇝ 约翰可以教基础汉语且玛丽可以教基础汉语。

a. LF：$都_C$[约翰或者玛丽可以教基础汉语]

b. “都”所在命题：$\Diamond a \vee \Diamond b$[②]

c. 相关选项C：$\{\Diamond a, \Diamond b, \Diamond a \wedge \Diamond b\}$

d. 子选项：$\{\Diamond a, \Diamond b\}$

e. “都”增强后：

$$\big(\Diamond a \vee \Diamond b\big) \wedge \neg \mathrm{EXH}_C\big(\Diamond a\big) \wedge \neg \mathrm{EXH}_C\big(\Diamond b\big)$$
$$= \big(\Diamond a \vee \Diamond b\big) \wedge \big(\Diamond a \rightarrow \Diamond b\big) \wedge \big(\Diamond b \rightarrow \Diamond a\big)$$
$$= \big(\Diamond a \vee \Diamond b\big) \wedge \big(\Diamond a \leftrightarrow \Diamond b\big)$$
$$= \Diamond a \wedge \Diamond b$$

为了解释句子情态的选择限制，Xiang提出“或者—都”必须嵌套在另一EXH算子之上（参见Aloni, 2007；Menéndez-Benito, 2010等），因此“或者—都”在可能情态句、必然情态句以及肯定现实句中的LFs分别如[10a-c]所示。

① Xiang 提出的语义对“都”的全称量化 / 分配、任选、量级用法做了统一分析。限于篇幅，我们不展开说明。感兴趣的读者请参见其原文。

② Xiang 假定析取的辖域高于可能情态。

[10] a. $\mathrm{LF}_{\Diamond}$：$都_{C}\Big[_{\mathrm{S}}[约翰或者玛丽]\Big[_{\mathrm{VP}_2}\ \lambda x\ 可以\Big[\mathrm{EXH}_{C'}\big[_{\mathrm{VP}_1}\ x_{[+F]}教基础汉语\big]\Big]\Big]\Big]$

b. $\mathrm{LF}_{\Box}$：$都_{C}\Big[_{\mathrm{S}}[约翰或者玛丽]\Big[_{\mathrm{VP}_2}\ \lambda x\ 必须\Big[\mathrm{EXH}_{C'}\big[_{\mathrm{VP}_1}\ x_{[+F]}教基础汉语\big]\Big]\Big]\Big]$

c. LF_{ep}：$都_{C}\Big[_{\mathrm{S}}[约翰或者玛丽]\Big[_{\mathrm{VP}_2}\ \lambda x\Big[\mathrm{EXH}_{C'}\big[_{\mathrm{VP}_1}\ x_{[+F]}教基础汉语\big]\Big]\Big]\Big]$

简单来说，上述带有EXH的VP_1大致表示“只有x教基础汉语”。由于“都”编码了任选义，“都”会将其所在的析取句（即[10]中的各S）转化为合取命题，即“约翰VP_2且玛丽VP_2”。然而，这一合取命题只有在VP_2包括可能情态时才不会导致逻辑矛盾（即“可以只有约翰教基础汉语且可以只有玛丽教基础汉语”），但在必然情态或肯定现实句中会引发冲突（如“必须只有约翰教基础汉语且必须只有玛丽教基础汉语”）。因此，“或者—都”只能出现在可能情态句中。

2.2 面临的挑战

Xiang的分析基于这样一个事实假设：“或者”必须与“都”搭配才能得到任选解读。①然而，我们发现“都”并非任选性“或者”的必要条件。换句话说，即使没有“都”，“或者”仍然可以表示任选义。我们对《中华人民共和国民法典》进行了初步的语料检索，发现其中存在许多任选性“或者”，但没有找到一例与“都”搭配。例如，[11]尽管没有“都”，但作为法律条文内容，显然不可能表达立法者的不知义，只能表示任选义。这暗示“或者”的任选性解读可以独立于“都”而产生。

[11] 工伤职工或者其直系亲属可以向委员会提出申请。（可以加上“都”）

为了解释例[11]这类语料（以及回应具有不同语感的母语者），Xiang不得不主张此时存在一个隐性的“都”。然而，即便我们接受这种解释，“都”并非在所有语境中都可以是隐性的。例如，在[12][13]中，“都”必须显性出现。如果坚持Xiang的分析，就需要进一步说明“都”为什么以及在什么条件下可以是隐性的。语篇语境会影响“都”的出现与否，这暗示“都”并不（完全）与任选义直接相关。

[12] 问：约翰和玛丽谁可以教基础汉语？

答：约翰或者玛丽#（都）可以教基础汉语。

---

① 这一事实总结基于其个人语感以及非正式的语感调查。详见 Xiang（2020）脚注 3 的说明。

[13] 问：约翰可以教基础汉语吗？
答：可以。约翰或者玛丽#（都）可以教基础汉语。

进一步，在某些情况下，“都”甚至无法与任选性“或者”共现，见[14][15]。这进一步表明，“或者”的任选性解读可能并非来源于“都”。

[14] 问：哪两个人可以教基础汉语？
答：约翰或者玛丽（#都）可以教基础汉语。
[15] 问：多少人可以教基础汉语？
答：只有两个，约翰或者玛丽（#都）可以。

综上，这些语料展示了“或者”的任选性解读在多种语境下的复杂表现，并挑战了将任选义完全归因于“都”的分析框架。下一节将对此现象提出新的解释，进一步论证“都”并非“或者”表达任选义的必要条件。

3. 本文分析

正如2.2小节所述，一系列语言事实表明，“或者”的任选性解读可能并非源自“都”的语义。这一观察为将任选义从“都”的语义中分离出来提供了动机。具体而言，我们主张，“或者”的任选义与英语or一样，是其自身语用增强的结果（3.1节）；“都”并未直接贡献任选义，而是一个预设性质的最强算子（3.2节）。“或者”只有增强为任选性解读后才能满足“都”的预设，进而通常要求“都”的出现；“都”的预设还决定了“或者—都”只能出现在可能情态句中（3.3节）。

3.1 任选义源自“或者”本身

我们认为，“或者”与or在表达任选义方面并无本质差异。如例[16]—[19]所示，英汉析取成分在宾语位置时表现出高度的平行性。①具体而言，在可能情态句中，“或者”和or的表现一致：若为道义情态[16]，两者均表示“约翰吃苹果”和“约翰吃梨”都是可行的；若为认识情态[17]，则均表示“约翰吃苹果”和“约翰吃梨”都是可能的情形。

[16] a. 约翰可以吃苹果或者梨。
b. John can eat an apple or a pear.
$\rightsquigarrow \Diamond a \wedge \Diamond b$

① 此时 Xiang 认为存在一个强制隐性的右向关联的“都”。

[17] a. 约翰可能吃了苹果或者梨。

b. John might have eaten an apple or a pear.

$\rightsquigarrow \Diamond a \wedge \Diamond b$

此外，“或者”和or在必然情态句中同样直观地表达了某种任选义。例如，[18]表明约翰必须在“吃苹果”和“吃梨”之间作出选择，并且这两种选择都是可行的。同样，在肯定现实句中，析取表达的不知义也体现出某种任选的特性——每个析取支均是可能的。例如，[19]表示约翰吃了一种水果，这种水果可能是苹果，也可能是梨。

[18] a. 约翰必须吃苹果或者梨。

b. John must eat an apple or a pear.

$\rightsquigarrow \Diamond a \wedge \Diamond b$

[19] a. 约翰吃了苹果或者梨。

b. John ate an apple or a pear.

$\rightsquigarrow \Diamond a \wedge \Diamond b$

基于此，我们认为，“或者”与or一样，可以独立产生任选义。文献中提出的多种任选理论（如Fox, 2007；Aloni, 2022）均适用于本文对这一现象的解释。特别是Fox的语用增强理论，我们已在2.1节中展示，这一解释可直接推广至汉语“或者”。

3.2 “都”的最强预设

基于上一小节讨论，我们认为“或者—都”中的“或者”也可以独立产生任选义，本节将明确“都”在这一结构中的作用。根据2.2节的讨论，我们认为“都”本身并未直接贡献任选义，我们进一步指出，Liu（2017，2021）对“都”的分析能更清晰地解释“或者—都”中“都”的出现。

Liu在Liao（2011）的基础上提出，“都”是一个类似于英语even的、对选项敏感的副词。根据[20]，“都”作用于句子S时，并不改变句子的真值条件，但贡献了一个预设——要求S比当前语境中的所有相关选项（即C中的命题）都强。“都”的不同用法体现在如何实现这一强度关系上：“总括—都”对应逻辑蕴涵，要求S蕴涵当前语境中的所有相关命题；而“甚至—都”对应可能性，表示S是所有选项中最不可能的命题。

[20] $[\![\text{都}_C \text{S}]\!] = [\![\text{S}]\!]$仅当$\forall p \in C[p \neq [\![\text{S}]\!] \rightarrow [\![\text{S}]\!] > p]$

[21] a. 约翰和玛丽都买了一辆车。

b. （连）约翰都买了一辆车。

以[21]为例。[21a]展示了“总括—都”的分配效应，即“约翰和玛丽都买了一辆车”蕴涵“约翰买了一辆车”和“玛丽买了一辆车”。Liu认为，这是因为“都”要求其所在句子蕴涵语境中的所有相关命题，从而引发分配解读。另一方面，[21b]中的“都”则类似于even，表示约翰买车比语境中其他人买车更不可能。若将这种强度关系理解为可能性（越不可能则越强），[21b]刻画了“都”的“甚至”用法。

这一分析不仅统一了“都”的多种用法，还准确刻画了“都”的语用（刘明明，2023a，2023c）。试对比[22]中的两句话。“笑”是一个只允许分配解读的谓语，因此即使没有“都”，从[22a]也能推导出“约翰笑了”且“玛丽笑了”。因此，如果认为“都”仅表示分配或全称量化，那么[22a]和[22b]的意思应该没有不同。然而，直觉上[22a]和[22b]的意义还是有所不同。刘明明指出，这种不同不在于语义，而在于语用：若当前语境中的问题是“约翰和玛丽谁笑了？”，则应使用[22b]；若问题是“约翰、玛丽和汤姆谁笑了？”，则最好使用[22a]。

[22] a. 约翰和玛丽笑了。
　　b. 约翰和玛丽都笑了。

根据[20]，“都”要求其所在句子比语境中的相关选项都强。如果将选项集理解为当前语境中正在讨论的问题（Question under Discussion，QUD）（Roberts, 2012），“都”的作用可以看作是预设其所在句子是QUD下的最强命题。例如，[22b]中因为有“都”，所以“约翰和玛丽笑了”必须蕴涵QUD中的其他命题，因此QUD只能是“约翰和玛丽谁笑了？”（其可能答案集合为{约翰笑了，玛丽笑了，约翰和玛丽笑了}）。而[22a]没有“都”，暗示当前答案不是QUD的最强命题，因此可以回答“约翰、玛丽和汤姆谁笑了？”。由此，两者的语用差异得到解释。

此外，[20]还能解释“都”在某些语境中的强制出现现象。例如，[23a]中回答“约翰和玛丽谁笑了？”时，必须使用“都”；而[23b]中的“每”“所有”等全称量化表达通常也需要搭配“都”（详见Liu, 2021）。这种现象可归因于“预设最大化”（Heim, 1991）：在语义等价的不同表达中，应选择预设更多的形式。因此，当语境满足“都”的预设时，预设最大化就会要求“都”强制出现。

[23] a. 问：约翰和玛丽谁笑了？
　　　答：约翰和玛丽#（都）笑了。
　　b. 每个/所有学生#（都）笑了。

3.3 “或者—都”

上述关于“都”的分析同样适用于“或者—都”。具体而言，我们已得出结论，“或者—都”的任选义并非来自“都”，而是源于对“或者”的任选增强。在上一小节关于“都”的讨论基础上，我们可以进一步解释“或者—都”中的“或者”为什么必须被任选增强：“都”要求与之结合的句子比当前语境中所有相关选项都强，而析取本身的基础语义较弱，无法满足“都”的预设。因此，“或者”必须通过任选增强才能满足“都”的要求，并赋予“或者—都”正确的任选义。下面我们以[24]为例进行说明。

[24] 约翰或者玛丽都可以教基础汉语。

≈约翰可以教基础汉语并且玛丽可以教基础汉语。

a. 相关选项C：$\{\Diamond a, \Diamond b, \Diamond a \wedge \Diamond b\}$

b. 未经增强：$\Diamond a \vee \Diamond b$

c. 任选增强后：$\Diamond a \wedge \Diamond b$

我们假定析取会激活其析取支以及对应的合取作为相关选项[24a]。可以直观地看出，未经任选增强的“约翰或者玛丽可以教基础汉语”并不蕴含[24a]中的任何选项（相反，它被C中所有相关选项蕴含），因此“都”的预设无法满足。为了满足“都”的预设，“或者”必须经过任选增强，变为合取性解读[24c]。此时，[24c]蕴含了所有相关选项，满足了“都”的预设，从而使整个句子表达的意思如[24c]所示，约等于“约翰和玛丽都可以教基础汉语”。

上述分析还解释了“或者—都”为何只出现在可能情态句中。正如例[18][19]所示，经过任选增强的“或者”在不同情态下表现出特定的语义特征：在必然情态句中，“或者”表示必须在a和b之间作出选择，且a和b均为可行选项；而在肯定现实句中，“或者”反映出说话人对a和b的不知义，因而两者均是可能的。然而，正如例[25][26]所示，在必然情态和肯定现实句中，即使“或者”经过任选增强，“都”所处命题仍然无法蕴含C中的任何一个选项。因此，“或者—都”无法在这些情境中出现。

[25] *约翰或者玛丽都必须教基础汉语。

a. 相关选项C：$\{\Box a, \Box b, \Box a \wedge \Box b\}$

b. 未经增强：$\Box(a \vee b)$

c. 任选增强后：$\Box(a \vee b) \wedge a \wedge \Diamond a \wedge \Diamond b$

[26] *约翰或者玛丽都教过基础汉语。

a. 相关选项C：$\{a, b, a \wedge b\}$

b. 未经增强：$a \vee b$

c. 任选增强后：$(a \vee b) \wedge \Diamond a \wedge \Diamond b$

此外，我们的分析还解释了为何“或者”的任选性解读通常必须加“都”。我们认为这跟全称量化词通常必须加“都”的情况类似，是由于预设最大化原则的作用。任选增强后的“或者”成为语境中最强的句子，因此满足了“都”的预设。按照预设最大化原则，“都”必须出现，如例[27]所示。换言之，“都”在“或者—都”中并不贡献任选义，而是通过其预设指示该析取成分已经历任选增强。

[27] 问1：约翰和玛丽谁可以教基础汉语？

问2：约翰可以教基础汉语吗？

答：约翰或者玛丽#（都）可以教基础汉语。

最后，当一个句子不是当前语境中最强的句子时，即使表达了任选义，也不能加“都”。例如，在[28a]中，假设当前语境中只有约翰、玛丽和汤姆三人，问句的答案集合为{约翰和玛丽可以教基础汉语，约翰和汤姆可以教基础汉语，玛丽和汤姆可以教基础汉语}。此时，任选增强后的答句“约翰和玛丽可以教基础汉语”并未蕴含答案集合中的其他命题，因此“都”无法出现。例[28b]同理。

[28] a. 问：哪两个人可以教基础汉语？

答：约翰或者玛丽（#都）可以。

b. 问：多少人可以教基础汉语？

答：只有两个，约翰或者玛丽（#都）可以。

4. 对相关事实及理论的启示

4.1 “都”的语义

文献中对于“都”的语义功能是否表示全称量化（以及是否具有自带的量化力）存在争议。例如，蒋严（1998），潘海华（2006），蒋静忠、潘海华（2013），冯予力、潘海华（2018），薛博、潘海华（2023）等学者认为“都”是全称量化词；而Liao（2011），Liu（2017，2021）以及Xiang（2020）则提出“都”并不自带量化力，其全称量化用法是为了满足“都”的某种语义要求而产生的。[①]这一争论直接关系到“都”的语义分析及其与量化表达的关联。“或者—都”的现象为这一争议提供了新的经验材料。

以[29]为例。[29a]和[29b]表面上都表达了某种形式的全称量化，但两者的全称量化类型并不相同。如我们在前文所述，[29b]中“或者—都”对句子的情态

① “都”不自带量化力的证据可参见 Liu（2017）4.2 小节及刘明明（2023b）第二节。

类型存在选择限制，而[29a]中的“和—都”并未表现出类似的限制，见例[30]。这种对比表明，“都”可能并非全称量化的来源，而只是与量化结构的互动所引发的结果。

[29] a. 约翰和玛丽都买了车。
b. 约翰或者玛丽都可以教基础汉语。

[30] a. 约翰和玛丽都可以/必须买车。
b. 约翰或者玛丽都可以/*必须教基础汉语。

4.2 Crnič（2019）对any的分析

本文对“或者—都”的分析从跨语言视角进一步支持了Crnič（2019）对英语任选词any的分析。Crnič认为，any本质上是一个存在量化词（这直接解释了any的否定极项用法），能够强制激活更小范围的存在量化词作为其选项（subdomain alternatives）。例如，$\exists p \in \{a, b\}[p]$的子范围选项就是$\{\exists p \in \{a\}[p], \exists p \in \{b\}[p]\}$。这正好对应于析取式的两个析取支$\{a, b\}$，与“或者”的表现一致。如上文所述，一旦一个句子激活了选项，就需要有算子作用于这些选项。Crnič进一步提出，存在一个隐性的even作用于这些选项。这正好与Liu提出的汉语“都”的语义相吻合。

因此，英语any与汉语“或者—都”的任选义及其分布限制可以通过类似的语义机制进行统一解释。这一跨语言对比为理解任选性解读提供了有力的支持，并且有助于深化我们对“或者—都”现象及其语义预设的认识。

4.3 语用增强算子EXH的使用

在前人提出的多种任选理论中，基于穷尽的分析为捕捉汉语“或者—都”和“*wh*—都”的差异提供了一个清晰的解释。如例[31]所示，尽管“*wh*—都”与“或者—都”一样表示任选义，但其分布却并不受限。我们认为，这一差异正是由于析取（如“或者”）会激活合取作为其极差选项，而*wh*词则缺少极差选项，因此后者的任选增强不必局限于可能情态句（Bowler, 2014；Meyer, 2016；Singh et al., 2016；Bar-Lev, 2021）。

[31] a. 谁李四都请了。
b. 谁李四都没请。
c. 谁李四都能请。
d. 谁李四都必须请。

此外，任指性疑问代词总是需要重读，而虚指性疑问代词则总是轻读（Chao, 1968: 661-662；朱德熙，1982：93-94）。我们认为，疑问代词[32a]本身会激活个体选项，如[32b]所示。而重音代表焦点，能够激活选项（Rooth,

1992）；因此，重读的疑问代词会激活更多的选项，即[32c]中的子范围选项。正是这些更多的选项，使得表存在的疑问代词被强化为任指解读（刘明明，2023b，2023c）。

[32] a. $[\![谁_D]\!] = \lambda P \exists x \in D[x是人\ \&\ P(x)]$

b. $[\![谁_D]\!]_{alt} = \{\lambda P[u是人\ \&\ P(u)] | u \in D\}$

c. $[\![谁_{D_F}]\!]_{alt} = \{\lambda P \exists x \in D'[x是人\ \&\ P(x)] | D' \subseteq D\}$

没有重音的疑问代词则作为虚指的情态不定词（modal indefinites），表示部分变化（partial variation）：$\exists x \exists y [x \neq y \wedge \Diamond x \wedge \Diamond y]$（Liu & Cui, 2019）。对个体选项的存在量化正好能捕捉这一意义（参见Alonso-Ovalle & Menéndez-Benito, 2010；Aloni & Port, 2010）。这为我们的研究提供了独立的证据支持。

5. 结语

本文对比了英汉在析取任选性解读方面的异同，指出汉语“或者”与英语or在表达任选义方面并无本质差异。我们进一步讨论了“或者—都”的任选性解读，提出，“都”作为一个预设性质的最强算子，要求其所在命题比语境中所有其他选项命题都强；为了满足“都”的这一预设，“或者”必须通过任选增强，获得类似合取的解读，即表现出任选义。此分析不仅成功揭示了“或者—都”任选义的来源，还解释了“或者—都”在句子情态类型上的选择限制，进一步从跨语言视角支持了Crnič（2019）对英语任选词any的分析。

参考文献

Aloni, M. 2007. Free choice and exhaustification: An account of subtrigging effects. In L. McNally and E. Puig-Waldmüller (eds.), *Proceedings of Sinn und Bedeutung 11*. Barcelona: Universitat Pompeu Fabra. 16-30.

Aloni, M. 2022. Logic and conversation: the case of free choice. *Semantics and Pragmatics* 15: 1-60.

Aloni, M., & Port, A. 2010. Epistemic indefinites cross-linguistically. In Y. Fainleib, N. LaCara and Y. Park (eds.), *Proceedings of the Forty-First Annual Meeting of the North East Lingusitic Society*. Amherst, MA: GLSA Publications. 29-42.

Alonso-Ovalle, L., & Menéndez-Benito, P. 2010. Modal indefinites. *Natural Language Semantics* 18: 1-31.

Bar-Lev, M. E. 2021. An implicature account of homogeneity and non-maximality. *Linguistics and Philosophy* 44: 1045-1097.

Bowler, M. 2014. Conjunction and disjunction in a language without "and". In T. Snider, S. D'Antonio and M. Weigand (eds.), *Proceedings of the 24th Semantics and Linguistic Theory*. 137-155.

Chao Y. R., 1968. *A Grammar of Spoken Chinese*. Berkeley: University of California Press.

Chierchia, G. 2013. *Logic in Grammar: Polarity, Free Choice, and Intervention*. Oxford: Oxford University Press.

Crnič, L. 2019. *Any*: Logic, likelihood, and context. *Language and Linguistics Compass* 13: 1-41.

Dayal, V. 2009. Variation in English free choice items. In R. Mohanty and M. Menon (eds.), *Universals and Variation: Proceedings of GLOW in Asia VII*. EFL University Press. 237-256.

Dayal, V. 2013. A viability constraint on alternatives for free choice. In A. Fălăuş (ed.), *Alternatives in Semantics*. London: Palgrave Macmillan UK. 88-122.

Fox, D. 2007. Free choice disjunction and the theory of scalar implicatures. In U. Sauerland and P. Stateva (eds.), *Presupposition and Implicature in Compositional Semantics*. New York: Palgrave Macmillan. 71-120.

Heim, I. 1991. Artikel und definitheit. In *Semantik: Ein internationales Handbuch der zeitgenssischen Forschung*. Berlin: de Gruyter. 487-535.

Horn, L. 1989. *A Natural History of Negation*. Chicago: University of Chicago Press.

Kamp, H. 1973. Free choice permission. In *Proceedings of the Aristotelian Society, vol.74*. Oxford: Oxford University Press. 57-74.

Liao, H.-C. 2011. *Alternatives and Exhaustification: Non-Interrogative Uses of Chinese WH-words*. Cambridge, MA, Harvard University dissertation.

Liu, M. 2017. Varieties of alternatives: Mandarin focus particles. *Linguistics and Philosophy* 40: 61-95.

Liu, M. 2021. A pragmatic explanation of the *mei-dou* co-occurrence in Mandarin. *Journal of East Asian Linguistics* 30: 277-316.

Liu, M. & Cui, Y. 2019. Situating Mandarin wh-indefinites in the typology of modal indefinites. 外国语（上海外国语大学学报）42(03): 26-37.

Menéndez-Benito, P. 2010. On universal free choice items. *Natural Language Semantics* 18: 33-64.

Meyer, M. C. 2016. Generalized free choice and missing alternatives. *Journal of*

Semantics 33(4): 703-754.
Roberts, C. 2012. Information structure: Towards an integrated formal theory of pragmatics. *Semantics and Pragmatics* 5: 1-69.
Rooth, M. 1992. A theory of focus interpretation. *Natural Language Semantics* 1: 75-116.
Sauerland, U. 2004. Scalar implicatures in complex sentences. *Linguistics and Philosophy* 27: 367-391.
Singh, R., Wexler, K., Astle-Rahim, A., Kamawar, D. & Fox, D. 2016. Children interpret disjunction as conjunction: Consequences for theories of implicature and child development. *Natural Language Semantics* 24: 305-352.
Xiang, Y. 2020. Function alternations of the Mandarin particle *dou*: Distributor, free choice licensor, and "even". *Journal of Semantics* 37(2): 171-217.
冯予力、潘海华，2018，再论"都"的语义——从穷尽性和排他性谈起。《中国语文》（2）：177-194+255。
蒋静忠、潘海华，2013，"都"的语义分合及解释规则。《中国语文》（1）：38-50+96。
蒋严，1998，语用推理与"都"的句法/语义特征。《现代外语》（1）：10-24。
刘明明，2023a，从"都"的语境适用条件看什么是总括。《当代语言学》（1）：29-55。
刘明明，2023b，从"wh-都"看疑问代词的任指用法。《世界汉语教学》（2）：222-235。
刘明明，2023c，《汉语多功能副词及相关语法现象的双向系统性研究》。北京：北京大学出版社。
潘海华，2006，焦点，三分结构与汉语"都"的语义解释。《语法研究与探索（十三）》。北京：商务印书馆。
薛博、潘海华，2023，为什么汉语"都"是关联方向敏感的全称量化词？。《当代语言学》（4）：500-522。
朱德熙，1982，《语法讲义》。北京：商务印书馆。

Free choice disjunction in English and Chinese

Abstract: Free choice disjunction refers to instances of disjunction with conjunctive interpretations. Since Kamp (1973), this phenomenon has drawn considerable attention. While most of the relevant studies focus on English *or*, this paper presents a detailed comparison of English and Chinese free choice disjunctions, highlighting the following findings:

(i) Chinese *huozhe* and English *or* exhibit no fundamental differences in expressing free choice. (ii) While *huozhe* frequently co-occurs with *dou* when conveying free choice, it is not, as Xiang (2020) argues, that *dou* contributes the free choice interpretation. Instead, when the free choice reading of *huozhe* arises, it usually satisfies the presupposition of *dou* (Liu, 2017), and the principle of *Maximize Presupposition* renders *dou* obligatory. (iii) The restriction of *huozhe-dou* to possibility modal sentences likewise originates from the presupposition of *dou*. This paper supports Crnič's (2019) analysis of the English free choice item *any* from a cross-linguistic perspective.

Keywords: *huozhe*; *dou*; disjunction; free choice; pragmatic strengthening

（责任编辑：李颖异）

汉语“早知道*S*”句式的条件语义

香港中文大学深圳研究院　薛博

香港中文大学语言学及现代语言系　潘海华*

[提　要]　本文从句法–语义界面探讨汉语“早知道*S*”句式的条件语义。“早知道”通常表说话人的补充信息，可以灵活出现在主句句首、句中和句末等位置，同时韵律上与邻接*S*句相对独立，其句法表现与插入语成分相似。“早知道*S*”句通常系统性传达较强的反事实义，即*S*中传达的命题在现实世界为假。本文运用Kratzer的模态条件语义给汉语“早知道*S*”句式提供一个形式语义学的解释方案，将该句式分析为假设条件结构。具体来说，以“早知道，我带一把伞”为例（这里*S*为“我带一把伞”），其条件句完整结构为：“（如果）（我）早知道（外面下雨），我带一把伞”。根据我们的分析，*S*作为条件句的后件，“早知道”出现在条件句的前件，同时述实性动词“知道”的主语（指向说话人，标记为pro_{spk}）和宾语（通常为语境可以复原的事实，标记为$\oslash p$）被省略。最后，我们指出此分析能够解释“早知道*S*”句式观察到的句法语义特征，包括反事实推理和理性决策等重要语义属性。

[关键词]　条件结构；述实动词；反事实义

1. 引言

“早知道”在汉语中可以用来标记反事实性（counter-factuality），本文从句法—语义界面探讨“早知道”的句法语义特征并尝试为其反事实条件义提供形式语义学（formal semantics）的解释。“早知道”短语的结构涉及由时间副词

*　薛博，男，香港中文大学语言学博士后。主要研究兴趣为形式语义学、形式语用学和句法语义界面。Email：XUEBo@link.cuhk.edu.hk。

潘海华，男，香港中文大学语言学及现代语言系讲座教授。主要研究兴趣为形式语义学、形式句法和计算语言学等。Email：panhaihua@cuhk.edu.hk。

本项研究是2022年度国家社会科学基金重大项目“形式语义学的汉语研究与形式语义学理论创新”（22&ZD295）的阶段性成果。

“早”修饰命题态度谓词“知道”。如[1]所示，“早知道”表现像一个插入语成分，具备韵律上的独立性，可以灵活地出现在句首、句中或者句末的位置。本文将[1a]中“早知道”邻接句“我不参加毕业典礼”称为*S*，同时将整个结构称为“早知道*S*”句。有趣的是，[1]中所有例句都意味着*S*为假，即说话人在现实情况下确实参加了毕业典礼。说话人用“早知道”这一标记来表达后悔参加毕业典礼。如[2]所示，[1]中例句都只能用于[2a]这样的反事实语境。

[1] a. **早知道**，我不参加毕业典礼。 **[句首]**
b. 我，**早知道**，不参加毕业典礼。 **[句中]**
c. 我不参加毕业典礼，**早知道**。 **[句末]**
d. [1a–c] ⟹说话人参加了毕业典礼。

[2] a. <u>语境</u>：说话人参加了昨天的毕业典礼。但由于天气不好，说话人参加毕业典礼后感冒了。说话人希望自己没有参加昨天的毕业典礼。 [1a–c] ✓
b. <u>语境</u>：说话人之前打算参加昨天的毕业典礼，但他的朋友告诉他毕业典礼会因为天气原因取消。说话人听取了朋友的建议于是没有去参加昨天的毕业典礼。 [1a–c] ✗

本文指出“早知道*S*”句式涉及条件结构。[1a]句的完整表达如[3]句所示，其中“早知道”在条件句的前件，同时被省略掉的动词“知道”的主、宾语可以被还原。其中，主语指向说话人，而宾语是语境中显著的事实。[3]句表达如果说话人早点知道天气不好，他就不去参加毕业典礼，即知道天气状况这一事实对于说话人决策起到重要作用。由此可见，说话人通常用“早知道”来表达反事实以及假设条件推理。

[3]（如果）（我）**早知道**（天气不好），我不参加毕业典礼。

尽管在[1]句中，*S*部分不含有显性情态标记，道义情态可以出现在*S*句中，如[4a]所示。同样地，[4a]可以推出说话人没有带伞。其完整的语义如[4c]所示。

[4] a.早知道，我**应该**带一把伞。
b. [4a]⟹ 说话人没有带伞。
c.（如果）（我）早知道（今天下雨），我**应该**带一把伞。

本文讨论的“早知道*S*”句式既包括*S*没有显性情态/模态算子的句子，如[1a]，也包括*S*含有显性模态词的例子，如[4a]。具体来讲，“早知道*S*”句式结构涉及隐性条件句。因为汉语通常情况下可以同时省略主语和宾语，我们指出此结构中，“知道”的主、宾语也常被省略。其中语音层面缺省的主语是一个默认指向说话人的空代词$_{spk}$，同时，“知道”省略了其选择的命题补语，记作$\oslash p$。而S并非是“知道”的宾语，恰恰相反，S对应的是条件结构的后件。如[4a]所示，S部分的模态词可以出现，比如“应该”，也可以是隐性的，我们记作⊙⟼。同时，q是后件模态算子作用的命题，而我们上述讨论提及的“早知道S”句的反事实条件义可以标记为$\neg q$。本文主张“早知道S”句式的条件语义分析如[5a]所示。以“早知道，我带一把伞”为例，将句中省略成分复原后，完整的条件语义如[5b]所示，其中（.）括号内是通常被省略的成分。这些成分虽然在语音层面被省略，但在逻辑语义表达层面起着非常重要的作用。

[5] a. “早知道S”句的条件语义

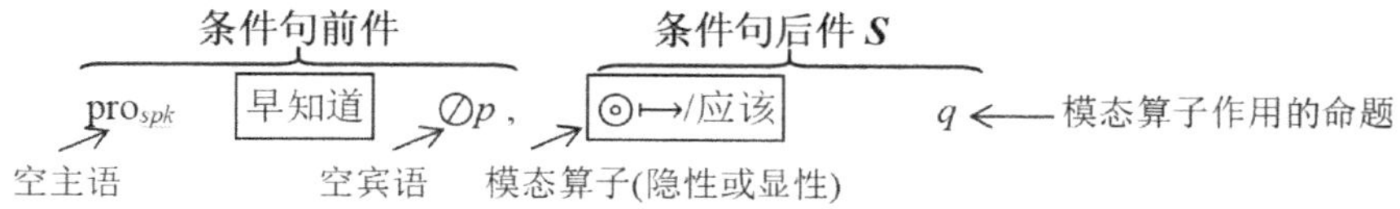

b.

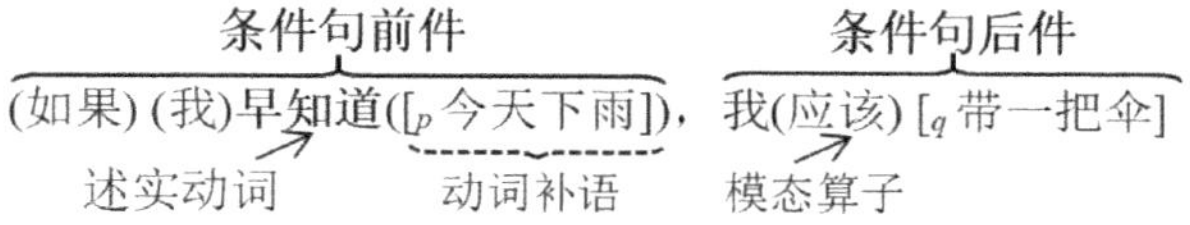

在本文中，我们遵照Karttunen（1971）和Kiparsky & Kiparsky（1971）的分析，将汉语命题态度谓词“知道”分析为述实动词（factive verb），跟英语的know一样，即“知道”本质上是一个与信念相关的必然性模态算子，同时带有述实性预设要求，该述实预设要求“知道”补语命题在现实世界为真。

预设的典型特征是其作为背景信息通常不受句中语义算子影响。如[6]所示，尽管“知道”出现在否定之后，但这并不影响“知道”的述实预设，即会议九点开始是依然既定事实。

[6] a. 张三不知道会议9点开始。

b. [7a] $\overset{\text{预设}}{\Longrightarrow}$ 会议9点开始。

值得注意的是，述实性预设的要求在“早知道S”句式中也是存在的，即“知道”选择的命题必须是语境中已定事实。如果这一要求不能得到满足，插入语成分“早知道”则不能使用。比如，[7a]预设所知道的命题为真（见[7b]），且[7a]不能用于“知道”述实性预设不能满足的语境，如[7c]中。

[7] a. 早知道（今天下雨），我带一把伞。

b. [7a] $\overset{\text{预设}}{\Longrightarrow}$ 今天下雨。

c. 语境：外面没有下雨，但说话人在一间没有窗户的建筑内，说话人以为外面在下雨，并且希望自己带了一把雨伞。 [7a] ✗

我们谈到“知道”省略的空代词通常指向说话人，值得思考的问题是此空代词是否只能指向说话人。值得注意的是[8a]中，“知道”的主语可以是张三。此时，“早知道*S*”句式是说话人站在张三角度去思考，表达张三的懊悔。我们认为“知道”的空主语默认情况下都是指向说话人，但不排除可以指向与说话人共情的其他人。在默认情况下，“知道”的空代词指向说话人。

[8] a. 早知道（外面堵车），张三提前出发。
b. 语境：张三今天9点出门去参加一个重要的工作面试。然而因为路上堵车，张三10点才到，面试迟到了。考虑到交通问题，张三希望他今早8点出门。 [8a] ✓

虽然“早知道”表现类似于插入语成分，但是*S*句并非是“知道”选择的命题。恰恰相反，“早知道”和其邻接*S*句应分属条件结构的前件与后件。这一点与文献中通常观察到的插入语成分不同。比如英语中出现的命题态度谓词作为插入语[9]中，邻接的句子是动词插入语claim的语义宾语。

[9] Frank is married to a nurse, **Lisa claimed**. (Koev, 2022)
≅Lisa claimed that Frank is married to a nurse.
丽莎声称弗兰克嫁给了一名护士。

本文着重探究汉语“早知道*S*”句式的句法语义特点，并聚焦以下两个问题：

- **问题1**：“早知道”的句法分布有何特点？
- **问题2**：“早知道”的条件义以及反事实性从何而来？换言之，如何为“早知道*S*”句式的语义提供一个形式语义学的解释？

就条件句的反事实/虚拟标记而言，通常认为汉语不像其他语言，比如英语，没有明显形态标记系统性区分陈述条件句（indicative conditionals）和虚拟条件句（subjunctive conditionals）(Chao，1959; Li & Thompson，1981)。如以下对比对所示，一般认为带有额外过去时态标记的虚拟条件句如[10b]传达反事实性。那么值得思考的问题是，“早知道*S*”句式中的“早”在触发反事实性时充当了何种角色？是否与英语反事实虚拟条件句类似？

[10] a. If Oswald didn't kill Kennedy, someone else did.
陈述语气：如果奥斯瓦尔德没有杀死肯尼迪，其他人也会杀死肯尼迪。
b. If Oswald **hadn't** killed Kennedy, someone else would **have**.
虚拟语气：如果奥斯瓦尔德没有杀死肯尼迪，其他人也会杀死肯尼迪。 (Adams，1970)

本文其中一个贡献在于，尽管其他语言条件句如何编码反事实性在最近的形式语义学研究中得到了较多的关注（参考Crowley，2024），尤其是自从von Fintel & Iatridou（2023）主张将其他语言虚拟条件句中出现的额外时态或者虚拟语气形态标记统称为X-标记之后，跨语言的反事实性条件句的形态语义逐渐得到重视，但关于汉语条件结构如何编码并传达反事实性还缺乏深入的理论研究（参考Wang，2012 对于汉语反事实条件句的综述以及Ippolito & Su 2014对于汉语“要不是”条件句的分析）。本文以汉语“早知道*S*”句式为例，为汉语反事实条件义提供一个形式语义学的解释。

2. “早知道*S*”的句法-语义特征

2.1 “早知道”的句法分布

值得注意的是，插入语“早知道”所具备的句法灵活性、韵律独立性以及提供从说话者角度的补充信息这些表现，跟汉语说话人导向副词（speaker-oriented adverbs）表现类似。汉语中通常谈到的说话人导向副词包括两类。第一类为言语行为副词（speech-act adverbs），通常提供言语行为的信息，格式记为X-说，比如“坦白地说”“老实地说”等；第二类为评价类副词（evaluative adverbs），传达说话人对于特定情形的主观评价，格式为X-是，比如“幸运的是”“不幸的是”以及“奇怪的是”等。

跟插入语“早知道”表现一样，这两类说话人导向副词在句子分布中也较灵活，可以出现在句首、句中或者句末等位置，如下[11]和[12]所示。此外，这两类副词与说话人的言语行为和谈话语境密切相关，补充传达说话人视角的信息。

[11] a. **坦白地说**，我不想去。 [句首]
b. 我，**坦白地说**，不想去。 [句中]
c. 我不想去，**坦白地说**。 [句末]
[12] a. **幸运的是**，警察找到了罪犯。 [句首]
b. 警察，**幸运的是**，找到了罪犯。 [句中]
c. 警察找到了罪犯，**幸运的是**。 [句末]

尽管插入语“早知道”在主句句法位置较灵活，它在嵌套环境（embedded contexts）中分布受限。比如，在[13a-b]和[14a–b]中，“早知道”可以灵活出现在句首或句末位置，但它不能出现在相应的从句中，即不能内嵌在时间状语或者关系从句中。

[13] a. **早知道**，在小李出发前提醒一下他。
b. 在小李出发前提醒一下他，**早知道**。
c. *在小李，**早知道**，出发之前，提醒一下他。

[14] a. **早知道**，我买李老师爱看的小说。
b. 我买李老师爱看的小说，**早知道**。
c. *我买李老师，**早知道**，爱看的小说。

但是我们不能简单地概括“早知道”必须出现在主句。其实，“早知道”可以出现在动词“说”引导的嵌套句中，如[15a]和[15b]所示。这两句用了悬垂话题来展示此时动词“说”的补语不是直接引语。此时，当“早知道”标记内嵌在动词“说”引导的嵌套句中，“知道”的空主语可以指向句子主语张三而不必是真实谈话语境的说话人。

[15] a. 水果，张三说，**早知道**，他不吃了。
b. 咖啡，张三说，**早知道**，下午他买一杯。

同时值得注意的是，“早知道”只能出现在最典型的言语行为动词“说”引导的嵌套句中，其他的与言语行为相关的动词比如 “建议”“命令”“劝”所引导的嵌套句跟“早知道”并不匹配，如以下对比对所示。

[16] a. **早知道**，我建议/命令/劝李四离开。
b. *我建议/命令/劝，**早知道**，李四离开。

相应地，信念及希望类命题态度谓词引导的嵌套句也不能出现插入语“早知道”，如[17b] 和[17d]所示。

[17] a. 张三认为他应该看医生。
b. #/* 张三认为，**早知道**，他应该看医生。
c. 张三希望去参加毕业典礼。
d. *张三希望，**早知道**，去参加毕业典礼。

概括来讲，插入语标记“早知道”跟汉语言者导向类副词句法语义表现类似，补充传达说话人视角的语义信息。同时，插入语标记“早知道”绝大多数情况下只能出现在主句环境，在嵌套语境中分布受限。

2.2 “早知道S”句的条件结构与反事实义

上一小节观察到“早知道”标记表现类似于插入语成分，通常限于主句环境，与会话语境密切相关。这一小节剖析“早知道”标记所涉及的条件结构类型以及反事实的条件义。我们先谈“早知道”标记所涉及的条件结构类型。从语义语用角度出发，关于条件结构的类型，文献注意到的至少有两种。第一种称为相关条件结构（relevance conditional），如[18]所示。此时*if*-条件句只是引入相关的语用信息，此时条件句后件的语义明显独立于条件句的前件。换言之，这种语用层面上相关条件结构通常直接断言后件，即[18]表达冰箱里有啤酒，而这些啤酒的存在并不取决于听话人是否需要。相关条件结构通常将if-条件句分析为独立的言语行为修饰语，也可以看作是插入语成分的一种，而并非构成真正意义上的条件关系(Koev，2022)。另外一种是常见的假设条件结构（hypothetical conditional），这时条件句后件与前件有假设意义上的语义关联性。既然汉语“早知道”标记表现类似于插入语成分，值得探究的问题是“早知道”标记所涉及的条件结构类型是否可以看作跟[18]句所示的英语相关条件结构类似。

[18] If you are thirsty, there is beer in the fridge. (Koev， 2022)
如果你口渴了，冰箱里有啤酒。

我们提供以下对比[19a]和[19c]来说明尽管汉语“早知道”标记表现类似于插入语成分，“早知道”标记所涉及的条件结构类型是典型的假设条件结构，而不是相关条件结构。[19a]是汉语类似英语[18]的相关性条件结构，其语义直接断言后件，即现实世界里冰箱有面包，且此后件在语义上独立于条件句的前件。而涉及“早知道*S*”句式的条件句[19c]跟[19a]这种相关性条件句完全不同。首先，[19c]后件成立的语义条件是依赖于前件的，即说话人是否决定带面包取决于说话人是否知道听话人感到饥饿。换言之，说话人知道听话人饿了是说话人带面包的重要的假设前提。假设关系在[19c]中是存在的。其次，[19c]并非像相关性条件结构那样，直接断言后件。恰恰相反，[19c]意味着说话人在现实世界中没有带面包，即带来反事实的推理。由此可见，“早知道*S*”句式的条件结构应该是典型的假设条件结构，而非语用功能上的相关条件结构。

[19] a. 如果你饿了，冰箱里有面包。 **[相关条件结构]**
b. [19a] ⟹ 冰箱里有面包。
c. （如果我）早知道（你饿了），我带一些面包。 **[假设条件结构]**
d. [19c] ⟹ 说话人没有带面包。

此外，取决于条件句前件与主句的融合程度，Haegeman & Schönenberger（2023）认为英语由if-引导的条件句可以至少分为三类，如[20]例句所示。具体来讲，事件条件句（event conditional）的前件与后件存在紧密关联，比如[20a]中前件肌肉状态与后件背痛的类似因果关系。事件条件句因提供事件层面关联意义，是较为整合（integrated）的条件句。但详细的事件关联在述实条件句（factual conditional）或者言语行为条件句（speech act conditional）中较为弱化。如[20b]和[20c]所示，if-从句主要起到话语/语用层面的意义，以推进论证或者标记特定的语用功能，因而这两种条件句被Haegeman & Schönenberger（2023）称为话语层面的边缘（peripheral）条件句。

[20] a. **If your back-supporting muscles tire**, you will be at increased risk of lower-back pain. **[事件条件句]**
如果你的背部支撑肌肉疲劳，你患下背部疼痛的风险将增加。
b. **If the books are sketches**, they are the sketches of an old master. **[述实条件句]**
如果这些书是素描，那么它们就是一位大师的素描。
c. **If I may say so**, I commend how he has personally responded to, and risen to that occasion. **[言语行为条件句]**
如果我可以这么说的话，我赞扬他个人如何回对和应对那个场合。

值得注意的是，尽管汉语“早知道”标记像是未整合的插入语成分，但“早知道”标记所涉及的条件结构类型却是典型的假设条件结构。此外，汉语“早知道*S*”条件句不能简单归类为Haegeman & Schönenberger（2023）所提到的三种条件句中的任何一种。具体来说，汉语“早知道*S*”条件句不能视为第一类事件条件句，因为汉语“早知道*S*”条件句并非直接陈述两个事件的关联。同时，“早知道*S*”条件句不能视为第二类述实条件句，因为其前件并非如同述实条件句一样引入前文提及的事实。最后，“早知道*S*”条件句也不像第三类言语行为条件句那样涉及对于言语行为的修饰。汉语“早知道*S*”条件句具备句法—语义上的独特属性，即从句法上来看，“早知道”标记表现类似于未整合的插入语成分，但从语义上说，“早知道*S*”条件句前件与后件存在密切因果关系。也就是说，前件假设说话人提前知道特定事实会直接影响说话人涉及后件的决策。

接着我们来探究“早知道*S*”条件句的反事实义，具体要回答的问题有，此反事实义强度以及地位如何？是否可以将其反事实性看作是可被取消的会话语用义？在文章第一节我们提到，“早知道*S*”条件句通常带有反事实义，如[21]两个例句所示，不管*S*是否含有显性情态词，这两句都只能用于说话人确实参加了毕业典礼的情况，即使用“早知道*S*”条件句的语境需要满足$\neg q$。

[21] a. **早知道**，我不参加毕业典礼。 [$\circledcirc \mapsto_{covert} q$] (1a)

b. **早知道**，我应该不参加毕业典礼。 [$\circledcirc \mapsto_{overt} q$]

[22] a. <u>语境</u>：说话人参加了昨天的毕业典礼。但由于天气不好，说话人参加毕业典礼后感冒了。说话人希望自己没有参加昨天的毕业典礼。

[21a-b] ✓

b. <u>语境</u>：说话人之前打算参加昨天的毕业典礼，但他的朋友告诉他毕业典礼会因为天气原因取消。说话人听取了朋友的建议于是没有去参加昨天的毕业典礼。 [21a-b] ✗

我们进一步提供[23]两个例句来展示，反事实义$\neg q$是很难在默认语境下被直接取消的。因此，“早知道*S*”条件句的反事实义$\neg q$不能简单视为可被取消的语用会话义（conversational implicature）。具体来讲，文献中谈到较多的基于Grice（1989）的“量级会话准则”（Quantity Maxim）相关的量级/等级会话义（quantity/scalar implicature）都是可以被取消的。比如[24a] 中第一句通常会带来排他性的析取义，即张三只认识小李和小王中的一人。但此量级会话义是可以被取消的，比如被[24a] 第二句取消。类似地，数量短语“三本书”本来是至少三本书的含义，[24b]中第一句通常会带来最大化的数量义，即张三只/最多读了三本书。但该最大化的量级会话义也可以轻易被[24b] 中第二句取消。对比来看，[23]两例句中，“早知道*S*”条件句的反事实义q 不能被轻易取消，说明反事实义不能看作简单的语用会话义。

[23] a. 早知道，我不参加毕业典礼。*实际上，我确实没参加毕业典礼。

b. 早知道，我带一把伞。*实际上，我确实带了一把伞。

[24] a. 张三认识小李或者小王。实际上，他两个人都认识。

b. 张三读了三本书，实际上，他读了五本。

总结来看，这两个小节分别探究了“早知道”的句法分布及其条件语义。虽然“早知道”句法表现类似于插入语成分，但“早知道*S*”句式的条件结构是典型的假设条件结构。此外，该句式的反事实义较难被取消，与会话语用义表现不同，而应该被视为预设的背景信息。在介绍我们的分析方案之前，我们先简单介绍现有的条件句的形式语义。

3. 已有的研究

3.1 模态与条件语义

Kratzer（1977, 1981, 1991, 2012）在一系列研究中提出的模态语义学（modal semantics）为刻画自然语言模态和条件结构提供了有力的工具。按照她的观点，模态算子如英语情态助动词 must/may 的量化域是由两种不同的会话参数（conversational parameters），即模态基础（modal base）***f***和排序序列（ordering source）***g***，共同决定的。具体来讲，***f***和***g*** 语义类型都是<*s*,<<*s*,*t*>,*t*>>，当它们被提供一个可能世界变量*w*时，***f*** (*w*)和***g*** (*w*)给出与*w*相匹配的命题的集合。由***f*** (*w*)决定的命题集合的交集（即可能世界的集合）称为模态背景（modal background）。此外，排序序列***g***对于模态背景中的可能世界按照某一标准进行排序。不同模态词的不同解读，比如情态词must可以得出认识情态或道义情态解读，取决于语境中模态基础和排序序列的组合。因此取决于情态词的量化域，英语情态助动词must可以得到的两种解读如下。

[25] a. [**In view of the available evidence**] John must be at home.
就现有证据来说，约翰一定在家。
b. [**In view of the regulations**] John must be at home. （Kaufmann, 2013）
就现有规定来说，约翰必须在家。

本文假设对于前序关系$\leq_{g(w)}$总存在一些最佳的可能世界（best worlds），这些可能世界集合可以用Portner（2009）提到的最佳算子**Best**获得。该最佳算子基于模态基础***f***和排序序列***g***计算出一个最佳排序的可能世界集合。英语情态动词must/may 的词项语义可以表达如下，它们的语义贡献是对特定的量化域分别作为全称和存在量化：

[26] a. $[\![\text{must}/\Box]\!]^{f,g,w} = \lambda p_{st}.\ \forall w' \in \textbf{Best}\,[\cap \boldsymbol{f}(w)](\boldsymbol{g}(w)) \rightarrow p(w') = \top$
b. $[\![\text{may}/\Diamond]\!]^{f,g,w} = \lambda p_{st}.\ \exists w' \in \textbf{Best}\,[\cap \boldsymbol{f}(w)](\boldsymbol{g}(w)) \wedge p(w') = \top$

重要的是，按照Kratzer的观点，条件句可以视为涉及进一步受限制的模态（restricted modals）。从理论上来讲，条件结构本质上是一个三分量化结构（tripartite quantificational structure）。以英语条件句“ifϕ, then Opψ”为例，条件句前件ϕ作为量化算子*Op*的限定域（restrictor），而后件ψ作为量化算子的核心域（nuclear scope）。尽管在非条件句中，模态算子的模态背景是由语境决定的，如例[27a]所示。条件句中的模态算子的模态背景需要进一步被if引导的前件所限制，如例[27b]所示。此外，不论陈述条件句例[28a]还是虚拟条件句例[28b]，模态词will和would都类似于必然性逻辑算子，量化所有划火柴的可能世界的集合。

[27] a. John must be at home. $\Rightarrow \Box^{\text{must}}$ **(John home)**
约翰一定在家。

b. If the lights are on, John must be at home. $\Rightarrow\Box^{\text{must}}{}_{\text{lights on}}$ **(John home)**

如果灯亮着，约翰一定在家。

[28] a. If this match is struck, it will light. $\Rightarrow\Box^{\text{will}}{}_{\text{match struck}}$ **(match light)**

陈述语气：如果擦一下这根火柴，它将亮起。

b. If this match were struck, it would light. $\Rightarrow\Box^{\text{would}}{}_{\text{match struck}}$ **(match light)**

虚拟语气：如果擦一下这根火柴，它将亮起。（Kaufmann, 2013）

如例[28a]与例[28b]对比所示，英语虚拟条件句相比于陈述条件句多出额外的过去时态标记。较有影响力的对于虚拟条件句“ifϕ，$\Box^{\text{would}}\psi$”的真值语义的分析是基于Stalnaker（1968）和Lewis（1973a, b）的研究。简单来讲，这一分析认为“ifϕ，$\Box^{\text{would}}\psi$”为真，当且仅当在所有满足前件ϕ且与现实世界最为相似的可能世界中ψ成立。Stalnaker-Lewis 传统借用了相似性排序$\preccurlyeq^{w}{}_{\text{Sim}}$来衡量可能世界与现实世界相似的程度。具体来讲，$w_1 \preccurlyeq^{w}{}_{\text{Sim}} w_2$表示可能世界$w_1$就目标可能世界$w$来讲比可能世界$w_2$更相似。按照Stalnaker-Lewis观点，我们将Kratzer对于模态语义中的前序关系$\leq \boldsymbol{g}(w)$更新为基于相似性概念的排序$\preccurlyeq^{w}{}_{\text{Sim}}\ \boldsymbol{g}(w)$。那么，虚拟条件句的真值条件如下所示：

[29] $[\![\text{if } \phi, \Box^{\text{would}} \psi]\!]^{f, g, w} = \top$ 当且仅当 $\forall w' \in \textbf{Best}\ [\cap\{\boldsymbol{f}(w) \cup \boldsymbol{\phi}\}]$

$(\boldsymbol{g} \preccurlyeq^{w}{}_{\text{Sim}} (w)) \rightarrow \boldsymbol{\psi}\ (w') = \top$

3.2 虚拟条件句的语义组合

基于上一节介绍的模态—条件语义，我们可以进一步讨论英语虚拟条件句的组合语义。与汉语“早知道S”句式密切相关的问题是，如何推导出观察到的反事实条件义。以英语对比对例[30]来说，虚拟条件句涉及额外的形态标记。

[30] a. If Oswald **hadn't** killed Kennedy, someone else would **have**.

虚拟：如果奥斯瓦尔德没有杀死肯尼迪，其他人也会杀死肯尼迪。

b. If Oswald didn't kill Kennedy, someone else did.

陈述：如果奥斯瓦尔德没有杀死肯尼迪，其他人也会杀死肯尼迪。

对于额外标记在英语虚拟条件句中的作用有两种不同的观点。第一种观点将英语虚拟条件句的过去时态当作真正的时态成分，第二种观点将虚拟条件句中的过去标记当作模态成分（Schulz, 2014; Mackay, 2019）。我们先介绍第一种观点。按照这种观点，虚拟语气中的过去成分依然贡献时制语义（Arregui, 2009; Ippolito, 2013; Khoo, 2015），并且相对于整个条件结构取宽域，将条件句的评估时间（evaluation time）转换到过去。因此，虚拟条件句是关于过去某一个时间的，而没有额外过去时标记的陈述条件句则是关于现在时间的。按照这种观点，例[30]中的虚拟条件句和陈述条件句分别分析为以下结构：

[31] a. 虚拟：PAST ≫ [ifϕ, $\Box\psi$]　　　　b. 陈述：PRES [ifϕ, $\Box\psi$]

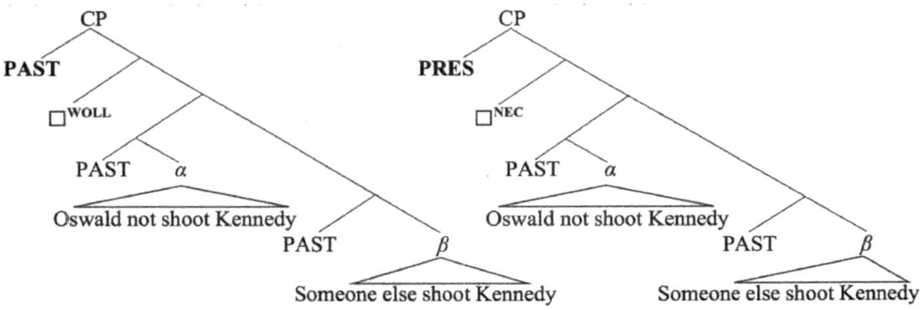

按照虚拟条件句中额外过去时态表时制的观点，虚拟条件句是在历史模态基础（historical modal base）上来评估，这里经常谈到的历史模态基础可以用$f_{\mathcal{H}}$来表示（Khoo, 2015）。为了更好地刻画时间与模态两个维度，一种办法是采用Thomason （1984）的二维$T\times W$-框架，不同可能世界的发展脉络会随着时间变化而变化，如图1所示。给定任何一个特定的时间t，可及的不同可能世界可以构成一个等效的集合。这些可能世界在时间t之前都有同样的历史，但在时间t之后会有不同的分支。比如在可能世界$w_{@}$ 中的事件e在时间t_2之后可以有不同的发展可能性。 之所以虚拟条件句需要借助额外的过去时标记从而将整个条件结构的评价时间转换为过去则根植于过去与未来的不对称性。一般而言，诸多不同的可能性会随着时间发展而被确定，而虚拟条件句的过去时态可以回溯一些历史的可能性。

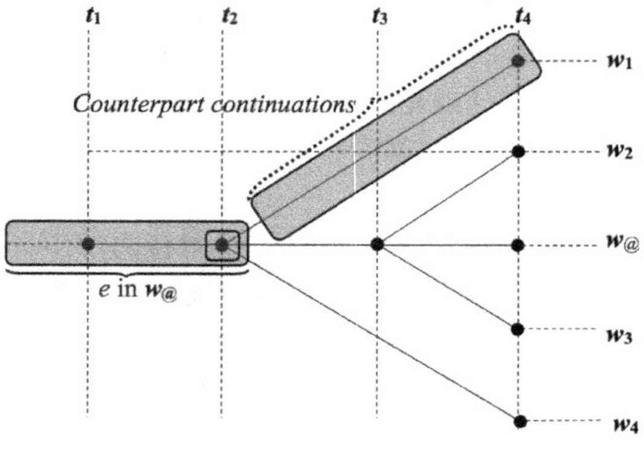

图1　虚拟条件句的分支模型（branching model）

按照此观点，虚拟条件句额外形态标记起到转变条件结构评估时间变量的作用。我们可以将Kratzer提到的模态算子的模态基础和排序序列都增加一个时间变量，那么虚拟条件句的语义阐释将按照以下方式进行，此时时间变量t_1受到取宽域的过去时制算子约束。

[32] $[\![\text{PAST}\ [\text{if}\ \phi, \Box\psi]]\!]^{t^*, f, g, w} =$

$$\exists t_1 < t^* \wedge$$

$$\forall w' \in \mathbf{Best}\begin{bmatrix}[\mathcal{MB}^{\text{his}}_{8} \cong \cap \boldsymbol{f}_1(w, t_1) = \boldsymbol{f}_{\mathcal{H}}(w, t_1) \cup \phi] \\ (\mathcal{OS}^{\text{Sim}}_{5} \cong \boldsymbol{g}(w, t_1))\end{bmatrix} \longrightarrow \psi(w') = \top$$

按照第二种观点，虚拟条件句中的额外时态标记并非是真正用来表示过去，而是代表更抽象的模态意义上的疏远/替代作用（distancing/displacing），因而算作假性时态（fake tense）。换言之，虚拟条件句中的额外过去时态并非表示时间轴上的过去，而是相对于可能世界范畴的重新阐释（Iatridou, 2000; Schulz, 2014）。将虚拟条件句中的过去时看作模态成分跟Stalnaker（1975）在区分陈述—虚拟条件句时提到的量化域扩展（domain expansion）观点有些相通之处。按照Stalnaker的观点，陈述条件句描述的可能性一般与会话参与者的共同语境背景（common ground/context set）相兼容，而虚拟条件句需要考虑共同语境背景之外的较为疏远的可能性。基于Stalnaker的虚拟条件句涉及量化域扩展的观点，Mackay（2019）认为额外的过去时标记恰恰起到了标记默认共同语境背景之外的可能性的作用。

4. 本文的分析

我们在第2节观察到汉语“早知道”在主句中分布灵活，在嵌套句法环境中分布受限，同时，“早知道S”句式涉及典型的假设条件结构并带有不易被取消的反事实义。我们这一小节基于已有的对于模态—条件语义的研究，尝试给“早知道S”句式所观察到的句法—语义特性提供一个解释。具体来讲，我们将“早知道S”句式分析为隐性的条件结构。其中，“早知道”和其附接的S句分属条件结构的前件与后件。汉语作为主、宾语都可以省略的语言，在常用的“早知道”标记中，述实动词“知道”省略了主语和宾语，其主语是一个空代词，通常指向说话人。而“知道”的宾语是空的命题补语，指向语境中显著的事实。作为条件句后件的S句，S可以含有显性的模态算子，比如之前讨论到的“应该”。当显性模态算子不出现的时候，我们假设一个相应的隐性模态算子$\odot\!\!\longmapsto$起到对条件句的量化作用，即S句中的“应该”或者$\odot\!\!\longmapsto$对应Kratzer的条件句中的模态算子。

[33] “早知道*S*”句的条件语义

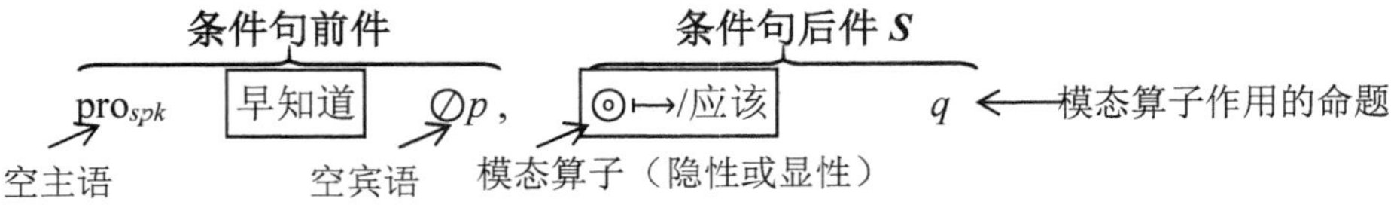

具体来讲，◎⟼算子是必然性模态算子□，带有历史的模态基础和基于相似性的排序序列（Lewis, 1973a, b）。因此，“早知道*S*”句式逻辑表达式涉及“如果说话人pro_{spk}早知道一个特定语境显著事实*p*，则必然*q*成立”，其真值条件语义定义如下：

[34] $[\![(\text{如果})\ pro_{spk}\ \text{早知道}\ p, S = \circledcirc\!\mapsto q]\!]^{f,g,w} = \top$ 当且仅当

$$\forall w' \in \mathbf{Best}\,[\cap\{\boldsymbol{f}_{\mathcal{H}}(w) \cup [\![pro_{spk}\ \text{早知道}\ p]\!]\}](\boldsymbol{g} \preccurlyeq^{w}_{\mathbf{Sim}}(w)) \rightarrow \boldsymbol{q}(w') = \top$$

那么，如果“早知道*S*”句式本质上是一个典型的假设条件结构，如何推出在2.2小节观察到的反事实条件义呢？我们在3.2小节看到英语带有反事实义的虚拟条件句，通常需要借助额外的形态标记。如前所述，现有文献对于出现在虚拟条件句中的过去时态有两种不同的分析，第一种观点将过去时态真正当成时制算子，将整个条件句的评估时间转换为过去的某一个时间；第二种观点将额外的过去时标记看作假性时制算子，起到类似于模态算子的作用。那么问题是，汉语“早”在“早知道*S*”句式中是否起到类似于英语虚拟条件句中额外的过去时态算子的作用？

可以明确的是，汉语的“早”肯定不能算作时态标记，“早”具备等级（gradable）形容词/副词的诸多属性。比如例[35a]和例[35b]中“早”可以被量级（scalar）副词“挺”“更”修饰。同时，例[35b]中“早”还具备比较的语义属性，即张三到达的时间相比于说话人的更早。因此，我们认为在“早知道”标记中用来修饰动词“知道”的“早”起到比较等级的作用，即可以在时间轴上比较说话人知道某一事实的早晚程度，如例[35c]也涉及虚拟情景。

[35] a. 张三来得**挺早**的。
b. 张三比我来得**更早**。
c. 要是我比现在早知道外面下雨就好了。

基于“早”具备的时间轴上的等级比较作用，我们认为它在推导“早知道*S*”句式反事实条件义当中起着重要的作用。具体来说，“早”并非像英语的额外过去时算子一样将整个条件结构的评估时间转换为过去或者起到量化域扩展以

考虑更疏远的可能性的作用。恰恰相反，汉语“早”则直接比较了说话人在现实世界晚知道某一事实与早知道某一事实这两种可能性对于指导决策的作用。以例[36a]为例，这里“早”的等级比较对象包含的是说话人在现实世界里知道今天下雨比较晚的程度/时间与说话人在可能世界里比现实世界早知道今天下雨的程度/时间，见例[36b]。例[36a]条件句表达说话人如果早一点知道今天下雨这一事实，会做出更优决策，比如带一把伞避免淋湿等。因此，说话人在虚拟情况下早一点知道今天下雨就带伞与说话人在现实世界里晚一些知道今天下雨而没带伞形成了两种可能性的对比。

[36] a. **早知道**，我应该带一把伞。 [*S*=我应该带一把伞]

条件句前件 条件句后件

b. （如果）（我）**比现在** **早** **知道**([$_p$ 今天下雨])， 我应该 [$_q$ 带一把伞] 。

等级比较 述实动词 动词补语 模态算子

从这个角度上来说，不难理解为何知道某一个事实对于说话人做出相应决策起到重要作用，也不难理解为何人们通常用“早知道*S*”句式来表达后悔。说话人早一些知道某一事实*p*做出的决策*q*会优于在现实世界里不知道该事实所做出的选择。这也就可以解释为何关于*q*的反事实条件义较难取消。

5. 结论

本文从句法—语义界面探讨汉语“早知道*S*”句式的条件语义，观察到“早知道”通常表说话人的补充信息，可以灵活出现在主句句首、句中和句末等位置，同时韵律上与*S*相对独立，其句法表现与插入语成分类似。同时，“早知道”在嵌套语境中分布受限。就其语义特性来讲，“早知道*S*”系统性传达较强的反事实条件义，即*S*关涉的命题在现实世界为假。本文运用Kratzer的模态条件语义给汉语“早知道*S*”句式提供一个形式语义学的解释方案，将“早知道*S*”句式分析为条件句结构。根据我们的分析，*S*作为条件句的后件，“早知道”出现在条件句的前件，同时述实性动词“知道”的主语（指向说话人，标记为pro_{spk}）和宾语（通常为语境可以复原的事实，标记为$\varnothing p$）被省略。此外，“早”作为时间副词在条件句前件中起到程度比较的作用，从而生成反事实义。

参考文献

Adams, E. 1970. Subjunctive and indicative conditionals. *Foundations of Language* 6: 89-94.

Arregui, A. 2009. On similarity in counterfactuals. *Linguistics and Philosophy* 32 (3): 245-278.

Chao, Y.-R. 1959. How Chinese logic operates. In Answar S. Dil (ed.), *Aspect of Chinese Sociolinguistics: Essays by Yuen Ren Chao*. Stanford: Stanford University Press. 201-243.

Crowley, P. 2024. Modal tense: *if* and *wish*. *Linguistics and Philosophy* 47(3): 401-443.

von Fintel, Kai & S. Iatridou. 2023. Prolegomena to a theory of X-marking. *Linguistics and Philosophy* 46: 1467-1510.

Grice, H. P. 1989. *Studies in the Way of Words*. Cambridge, MA: Harvard University Press.

Haegeman, L. & M. Schönenberger. 2023. The external syntax of conditional clauses. In S. Kaufmann et al. (eds.), *Conditionals*. Palgrave Studies in Pragmatics, Language and Cognition.

Iatridou, S. 2000. The grammatical ingredients of counterfactuality. *Linguistic inquiry* 31(2): 231-270.

Ippolito, M. 2013. *Subjunctive Conditionals: A Linguistic Analysis* (Vol. 65). Cambridge, MA: MIT Press.

Ippolito, M. & J. Su. 2014. Counterfactuals, Negation and Polarity. In L. Crnič and U. Sauerland (eds.), *The Art and Craft of Semantics: A Festschrift for Irene Heim* 1: 225-243.

Lewis, D. K. 1973a. *Counterfactuals*. Cambridge, MA: Harvard University Press.

Lewis, D. K. 1973b. Counterfactuals and comparative possibility. *Journal of Philosophical Logic* 2(4): 418-446.

Li, C. N. & Thompson, S. A. 1981. *Mandarin Chinese: A Functional Reference Grammar*. Berkeley: University of California Press.

Karttunen, L. 1971. Some observations on factivity. *Papers in Linguistics* 4 (1): 55-69.

Kaufmann, S. 2013. Causal premise semantics. *Cognitive Science* 37(6): 1136-1170.

Khoo, J. 2015. On indicative and subjunctive conditionals. *Philosopher's Imprint* 15(32). 1-40.

Kiparsky, P., & C. Kiparsky. 1971. Fact. In D. Steinberg and L. Jacobovits (eds.), *Semantics: An Interdisciplinary Reader*. Cambridge: Cambridge University Press.

345-369.
Koev, T . 2022. *Parenthetical Meaning*. Oxford: Oxford University Press.
Kratzer, A. 1977. What “must” and “can” must and can mean. *Linguistics and Philosophy* 1(3): 337-355.
Kratzer, A. 1979. Conditional necessity and possibility. In *Semantics from Different Points of View*. Berlin: Springer. 117-147.
Kratzer, A. 1981. The notional category of modality. In H. J. Eikmeyer and H. Rieser (eds.), *Words, Worlds, and Contexts: New Approaches to Word Semantics*. Berlin: de Gruyter. 38-74.
Kratzer, A. 1986. Conditionals. *Chicago Linguistics Society* 22: 1-15.
Kratzer, A. 1991. Modality. *Semantics: An International Handbook of Contemporary Research* 7: 639-650.
Kratzer, A. 2012. *Modals and Conditionals: New and Revised Perspectives* (Vol. 36). Oxford: Oxford University Press.
Mackay, J. 2019. Modal interpretation of tense in subjunctive conditionals. *Semantics and Pragmatics* 12: 2.
Portner, P. 2009. *Modality*. Oxford: Oxford University Press.
Stalnaker, R. 1968. A theory of conditionals. In *Studies in Logical Theory*. *American Philosophical Quarterly Monograph Series* (Vol. 2).98-112.
Stalnaker, R. 1975. Indicative conditionals. *Philosophia* 5(3): 269-286.
Schulz, K. 2014. Fake tense in conditional sentences: a modal approach. *Natural Language Semantics* 22(2): 117-144.
Thomason, R. H. 1984. Combinations of tense and modality. In D. Gabbay and F. Guenthner (eds.), *Extensions of Classical Logic*. Reidel, Netherlands: Dordrecht. 135-165.
Wang Y. 2012. The Ingredients of counterfactuality in Mandarin Chinese, Hong Kong Polytechnic University, Hong Kong.

On the conditional semantics of Standard Chinese *zǎo zhīdào S*

Abstract: This paper examines Standard Chinese *zǎo zhīdào* lit. “early know” at the syntax-semantic interface. It is observed that *zǎo zhīdào* behaves like a parenthetical element, and typically signals supplemental information from the speaker, which can be flexibly inserted into various syntactic positions in root contexts and prosodically separated from the rest of the sentence. Moreover, closer examination reveals that the clause to which *zǎo zhīdào* attaches to conveys strong counterfactuality, which can’t be easily cancelled. To derive the observed counterfactual semantics, this paper argues that *zǎo zhīdào* contains more structure than meets the eye and involves a full-fledged conditional semantics: (i) the clause to which *zǎo zhīdào* is attached to corresponds to the consequent of the conditional whereas *zǎo zhīdào* appears in the conditional antecedent; (ii) *zhīdào* "know" as a factive predicate selects a proposition that is presupposed to be true and can be recovered from the context, and its null subject canonically anchored to the speaker; (iii) the temporal adverbial *zǎo* "early" functions as a degree quantifier that plays a vital role in generating a counterfactual semantics. It is also argued that several properties of the *zǎo zhīdào*-construction can be derived from this analysis.

Keywords: conditional semantics; factivity; counterfactuality

（责编编辑：梁煜、隋绍丹、胡旭辉）

汉语MOST类居间量词的解释机制

复旦大学 冯予力
香港中文大学/复旦大学 储 雷*

[提　要] MOST类量词指表达“过半数”这一量级梯度的居间量词。现有研究将英语most的比例义分析为广义量词或形容词最高级，其语义包含严格的逻辑要求以确保得到“过半数”的解读，而其他语言的MOST类量词研究则往往借鉴这些方案。本文指出汉语MOST类量词（包括“大部分”“大多数”“大半”）不适用上述两种方案。汉语MOST类量词均可出现于各类谓词性位置，与广义量词解释有冲突；其形态构成不含极量成分，无法为最高级分析提供足够理据；其语义解读较most更为松散灵活，与两种分析都不匹配。据此，本文认为：汉语MOST类量词属于比例维度的程度谓词，通过更松散的程度比较机制来获得“过半数”的解读。此外，本文亦描写汉语MOST类量词之间的差异，并从语义、语用角度给出解释。本文针对汉语的考察说明：量化范畴在自然语言中的实现机制比从英语出发的研究所显示的要更多样。

[关键词] 居间量词；比例；过半数；程度谓词；形容词

1. 引言

居间量词指介于“全量”和“存在”这两个基本量级之间的量化范畴，用来表示数量及比例的不同高低程度。居间量词的一个主要类别是MOST类比例量词（亦称“majority quantifier”）（包括英语most、汉语“大部分”等），其共性在于可表示“过半数（>50%）”这一量级（Dobrovie-Sorin & Giurgea, 2021）。

自然语言量化研究源于西方，对于这类量词的分析往往基于英语most，并将

* 作者简介：冯予力，复旦大学英文系副教授。研究方向：形式语义学。Email：fengyuli@fudan.edu.cn。通讯地址：200433 上海市杨浦区复旦大学英文系。
储雷，香港中文大学语言学及现代语言系科研助理，复旦大学英文系硕士研究生。研究方向：形式语义学。Email：22210120001@m.fudan.edu.cn。通讯地址：200433 上海市杨浦区复旦大学英文系。
本项目得到国家社科基金资助，批准号22BYY149。

其他语言中的相关表达看作与most等价的形式。而本文则考察汉语MOST类量词（包括“大部分”“大多数”“大半”）并指出：现有的两种对英语most“过半数”用法的解释，即广义量词解释与形容词最高级解释，都不适用于汉语。汉语MOST类量词的形态构成及句法分布具有谓词性成分的特点，不宜分析为广义量词；其形态构成不含有表示极量的成分，且可以被各种程度算子修饰，因此也不适用形容词最高级的分析。更关键的是，虽然汉语MOST类量词的默认解读是“过半数”，但在合适的语境中也可关联未超半数的比例，这与现有两种解释亦有冲突。据此，本文认为：汉语MOST类量词适宜分析为程度义修饰语，其核心功能是建立实体与比例程度这两个维度的关系，其引入的程度论元可被各类程度算子约束以激发所关联比例与某个中性标准或语境中其他比例信息的比较，而正是这种程度比较令汉语MOST类量词得以表达“过半数”义以及允准其他更灵活的解读。

本文研究说明：“过半数”这一量化范畴可以通过多种方式在自然语言中得以实现，虽说汉语“大部分”等量词的解读与most相近，但两者的语义解释机制却有本质区别。

下文第2节简要说明英语most的两种主流解释；第3节从句法和形态角度说明汉语MOST类量词不是典型广义量词，而是谓词性成分；第4节则指出此类量词不含有最高级算子；第5节描写此类量词的内部差异并提出汉语MOST类量词的程度比较分析；第6节为结语。

2. 英语most的两种分析

对于most，现有研究的主要争论在于它到底是广义量词还是形容词最高级。这两种分析的出发点不同，但都能够保证most得到“过半数”的解读。

Most的广义量词分析将其比例义解释为两个集合间的数量关系（Barwise & Cooper, 1981；Higginbotham, 1994）。如[1a]所示，most要求集合A和B的交集的元素数量大于A相对B的差集的元素数量。对于[1b]，most关联的集合A对应其后的名词students，集合B对应谓语like linguistics；按照[1a]，若要使[1b]为真，则喜欢语言学的学生人数（即$|A\cap B|$）要大于不喜欢语言学的学生人数（即$|A-B|$）。要满足该要求，那么喜欢语言学的学生必然超过学生的一半（参考[1c]中的等价关系）。

[1] a. $[\![most]\!](A)(B)=1$ iff $|A\cap B|>|A-B|$

b. Most students like linguistics.

大部分学生喜欢语言学。

c. $[\![most]\!]=[\![more\ than\ half]\!]=\lambda A\lambda B(|A\cap B|>|A-B|)=\lambda A\lambda B\ (|A\cap B|>\frac{1}{2}|A|)$

Most之所以被分析为广义量词，很大的原因在于其分布和典型广义量词all、every等可形成类比。Most、all、every被统称为强限定词，它们都无法出现于表存在的there-be结构或形容词后（Landman, 2004），如[2]所示。

[2] a. There are many/some/two/*all/*most children in the garden.
花园里有很多/一些/两个/*所有/*大部分孩子。
b. We shipped the ferocious fifty/*most lions to Blijdorp, and the meek thirty /*every lion to Artis.
我们把那凶猛的50头狮子运往了Blijdorp，并把那温顺的30头狮子运往了Artis。

Most的形容词最高级解释则旨在统一其比例用法和形容词用法。[3a]是most的形容词最高级用法，表示：（相对其他人，）约翰会的语言最多。

[3] a. John knows the most languages.
约翰会的语言最多。
b. John knows most languages.
约翰会大部分语言。

Hackl（2009）则提出[3b]中的比例用法也表示“最多”，此时“最多”是相对语言本身而言。假设世上仅有五种语言{a, b, c, d, e}，most挑出其中的一部分，并要求该部分的数量程度高于任何剩余的部分（即数量相对任何剩余部分最多）。要满足该要求，most挑出的语言必须超过所有语言的半数，若most挑出集合{a, b}，则显然剩余部分{c, d, e}的数量程度更高。可见，形容词最高级解释认为most的两种用法具有相同本质，两者只在数量比较对象的选取上有差异。而且，most作为形容词，只关联其修饰的名词，并限制其数量程度，而不似广义量词那样关联两个集合。

3. 汉语MOST类量词不适用广义量词解释

汉语MOST类量词中，“大部分”最常用，“大多数”较为常用，“大半”用的最少[①]。此类量词的研究很有限，其中最早也最具代表性的是Lin（1998）关于“大部分”的分析，而后续研究（如Yang, 2000；Chen, 2004；Cheng, 2009等）则多认同其分析。Lin（1998）认为“大部分”是most的等价形式，并参考

① 对CCL语料库的穷尽性检索分别得到“大部分”“大多数”及“大半”的用例198862条、177954条、24911条，且其中大量“大半”的用例是作副词或“大半夜”这样的固定搭配的情况，由此可见相关量词的使用频率。下文的汉语例句（除特殊注明的个例外）均出自CCL及BCC语料库。

后者给出了“大部分”的广义量词解释。而我们认为，“大部分”等汉语MOST类量词的句法分布和most（以及其他典型广义量词）有明显不同，前者更适合名词修饰语的分析；就语义类型而言，前者属于一元谓词性成分，不表达广义量词那种二元的集合间关系。

第一，与most不同，汉语MOST类量词可以单独出现作宾语。Lin（1998）认为“大部分”作为广义量词必须与“都”共现，如[4]所示，“大部分的国家”无法留在宾语位置，而是需要移到“都”的左边。

[4] a. ??我去过大部分的国家。
b. *我都去过大部分的国家。
c. 我大部分的国家都去过。
d. 大部分的国家我都去过。（引自Lin, 1998: 218）

事实上，汉语MOST类量词构成的短语完全可以留在宾语位置，如[5]所示。若认为汉语量化短语的辖域与其表层结构一致（Huang, 1982），则此类情况无法适用广义量词解释。[5a]中，宾语位置的MOST类量词，其表层辖域只含有一个集合，即所修饰的“细菌”，无法满足广义量词需要关联两个集合的逻辑要求。[5b]则更特殊，MOST类量词单独出现，甚至无法在其后补出相应的名词。这类情况显然与表达二元集合关系的广义量词解释不匹配。

[5] a. 把毛巾拿出来晒一下，可以消灭**大部分/大多数/大半的细菌**。
b. 大学生中，女生占了**大部分/大半/大多数（*大学生）**。

第二，与most及其他典型广义量词不同，汉语MOST类量词均可以出现于指示词后（参考[6]）。指示词之后通常接普通名词或修饰性名词短语，如“这事情”“这三位老师”等，这类普通名词和修饰性名词短语①都属于谓词性成分。“这”之后也可以承接MOST类短语，说明此类短语也是谓词性成分，因此MOST类量词属于谓词性修饰语而非广义量词。

[6] a. 十二经脉大部分上达于头，运动带正贯穿**这大部分/一些经脉**。
b. 处于塔尖的高消费者是少数，更多的是处于塔底的普通消费者，所以公司主要应为**这大多数/一些消费者**服务。
c. 我**这大半/几年的人生**，可谓跌跌宕宕，起起伏伏。

① Chierchia（1998）指出汉语普通名词具有类指义，在语义类型上类似专名，可以直接做论元。“这”之后不是论元位置，因此其类指义需要先通过隐形的∪-算子转化为实体的集合，而“这”则从集合中挑出特定的实体。

第三，汉语MOST类量词可以出现于表存在的“有”之后，如[7]所示，这与most的表现有明显差异（参考[2a]）。一般而言，与存在结构相容的量词（如数词）都被分析为谓词性修饰语而非典型广义量词，既然MOST类量词亦与存在结构相容，说明它们更适宜谓词性的分析。

[7] a. 他们中**有大多数人**每天把时间耗费在各种手机信息里面。
b. 粮食根本没有整理就催着赶快送。因此**有大部分的公粮**没有检验过。
c. 这个组**有大半妇女**参加了锄地、除虫等劳动。

第四，一些汉语MOST类量词可出现于形容词后，如[8]所示，而most及其他典型广义量词只能出现于形容词前（参考[2b]）[①]。能否出现于形容词后是甄别典型广义量词的经典测试：形容词属于谓词性成分，只能与谓词性成分组合，若修饰广义量词短语，会导致语义冲突。因此，典型广义量词必须出现于形容词前，如在every meek lion中, every可吸收meek lion作为论元，而meek作为修饰语，只能与谓词性成分组合，因此可以说the meek fifty lions, the meek little lions, 而无法说the meek every lion。然而，“大多数”“大部分”都可出现于形容词后，说明它们是谓词性成分。

[8] a. 理发业，是否也该让**普通的大多数消费者**可以无拘无束踏进理发店之门？
b. 主办银行不包企业贷款，但要对企业**合理的大部分贷款**优先安排。

第五，一些汉语MOST类量词[②]可以被表无定的数词“一”所修饰，而most等典型广义量词无法被数词修饰，这是因为数词修饰的是谓词性成分（或者说名词性成分），而广义量化短语的逻辑语义比名词性成分复杂，数词无法吸收其作为修饰对象。如[9]所示，“大部分”和“大半”都可以被“一”所修饰，再次佐证它们是谓词性成分。

[9] a. 几年来**一大部分同学**都备有“难题本”，上课遇到的难题都记在这上面。
b. 我们代表团中许多人甚至可以说是**一大半人**都穿过军装。

---

① 在语料库有限的“大半”的用例中，笔者未找到其出现于形容词后的例子，可能的原因是“大半”本身不是常用的比例量词。
② 直觉上，“大多数”无法被“一”修饰，尽管我们在CCL语料库中找到相应的例子（如[i]所示），但年代都较早，可见“一大多数”的用法如今基本不被接受。
[i] 俄罗斯、印度与中国占世界总人口的绝大多数，而这一大多数正以非常的速度卷入争取解放的斗争中。（1949年，《人民日报》）

需要注意，“大部分”亦可被其他数词修饰，但此时“大部分”没有比例解读，而是表示事物实体性的具体组成，如[10]所示。相比之下，表比例义的“大部分”仅表示占比较大的部分，其组成并不固定，比例也允许浮动。

[10] 全厂分为三大部分，一为抗生素厂，二为淀粉葡萄糖厂，三为玻璃厂。

综上所述，英语most的比例用法的表现与典型广义量词（如all、every等）一致：它们都与存在结构不相容，无法出现于形容词、数词、无定成分或指示词之后，更无法单独出现作宾语。然而，汉语MOST类量词的分布则与most形成鲜明对比。“大部分”“大多数”“大半”可以出现于宾语位置，且有时甚至无法在其后补出名词性成分；它们都能与存在结构相容，亦都可出现于指示词之后。“大部分”和“大多数”甚至可以出现于形容词后，“大部分”和“大半”则可以被数词“一”所修饰。上述环境都无法允准广义量词的出现，因为广义量词的逻辑结构及语义类型复杂，在上述环境中出现会导致语义类型冲突或语义组合困难。相反，上述环境只能允准句法意义上的名词性成分（或者说语义上的谓词性成分）。以上的种种证据显示，汉语MOST类量词的句法分布与复杂的广义量词解释不适配，其句法分布显示其属于名词修饰语，在语义上适用谓词性解释。

4. 汉语MOST类量词不适用形容词最高级解释

我们已知汉语MOST类量词具有谓词性本质，不适用广义量词解释。形容词在逻辑上属于谓词，那么汉语MOST类量词是否适用形容词最高级解释呢？我们认为这种解释与汉语亦不匹配。

首先，英语most同时具有形容词最高级用法（即“最多”义）和“过半数”的比例用法，两种用法在形态上的关联为比例用法的形容词最高级解释提供了理据。然而，最高级和比例义在汉语中以不同的手段实现，汉语MOST类量词无法表示“最多”之义，这就为此类量词的最高级解释打上了问号。

其次，汉语MOST类量词在显性层面不含表示最高级的成分（如“最”等），这亦不支持最高级解释。当然，我们可以假设此类量词内部含有隐性的最高级形位，从而令这些表达仍然适用最高级解释。但是，这样的做法有削足适履之嫌。主要原因有三。第一，汉语MOST类量词都可以进一步被表示极量的算子（如“绝”“最”“极”）修饰，如[11]所示，而最高级形容词一般无法再被极量成分修饰，因此假设“大部分”等量词内含有隐性的最高级算子不合适。

[11] a. 经过二十二天半的学习，**绝大部分学员**能掌握俄文的基本语法。
b. **绝大多数的树籽**都在秋后成熟，采集容易，各种果核也好找。

c. 大新象牙厂出品的牙雕作品中，人物雕刻占了**最大部分**。
d. 北京市各区联合提出的候选人，得到了**最大多数选民**的拥护。
e. 若能在出生不久发现疾病，确诊治疗，那么**极大多数患儿**的身心将得到正常的发育。
f. **极大部分的教师**，没有板书设计，这十分可惜。

第二，一些汉语MOST类量词也可以被肯定性算子“很”以及表示比较的“较”“更”所修饰，如[12]所示，而逻辑上，若程度论元已被最高级算子约束，则无法再受其他算子约束。这表明此类量词不含最高级算子。

[12] a. 尽管资金紧缺，公司仍挤出**很大部分资金**进行软硬技术改革。
b. 对于**很大多数筹资者、投资者**而言，经济权利观念、股票知识、风险意识几乎为空白。
c. 这样的乞讨行为，已经损害了**更大多数人**的生活自由。
d. 动漫衍生产业和动漫主题公园贡献了动漫产业的**较大部分产值**。

第三，汉语MOST类量词都含有“大”，“大”是常用的程度谓词，这支持此类量词的谓词性分析。但需要注意，文献中亦提到，“大”可表极量，如“大哥”表排行第一的兄长（吕叔湘，1980）、“四大名校”表最好的四所名校（Jin & Chen, 2019）。若认为“大”本身含有最大化算子（或者最高级算子）所以可表极量，则针对这类表达的形容词最高级解释亦说得通。然而，极量用法的“大”往往不允许进一步的程度修饰（如无法说“最大哥”），且无法被无定成分修饰（如无法说“一些四大名校”）。相反，“大部分”等MOST类量词却允许程度算子和无定成分的修饰。基于这一反差，我们认为“大部分”的“大”仅表程度，不含极量义。

综上，汉语运用不同手段表达比例义和最高级义，我们无须从极量角度去解释汉语MOST类量词的比例义，而且就形态构成而言，从显性和隐性层面假设“大部分”等量词中含有最高级算子也没有可靠的理据。

5. 汉语MOST类量词的语义解释及内部差异

上文已从句法和形态两个角度指出，汉语MOST类量词不是广义量词或形容词最高级。就语义解释而言，汉语MOST类量词的解读与英语most有差异，且此类量词之间也有差异。本节先讨论“大部分”“大多数”与most的解读差异并提出“大部分”和“大多数”的解释方案，继而说明“大半”的解读特点并给出解释方案。

5.1 “大部分”与“大多数”的解读

我们从COCA收集most的语料175291例，从BCC、CCL及微博收集“大部分”的语料77634例、“大多数”的语料67582例，以考察“大部分”“大多数”与most在解读上的共性和差异。面对庞大的数据，我们先剔除非比例义用法（如the most people、at most three、“三大部分”），为保证比较的客观性，在余下的比例义用法中，又剔除了由副词或无定数词“一”修饰的情况，只保留量词的“光杆”用法，最后再筛选出上下文中说明了量词对应比例的例子，共得到“大部分”177例、“大多数”112例、most 863例，其对应比例统计如图1。

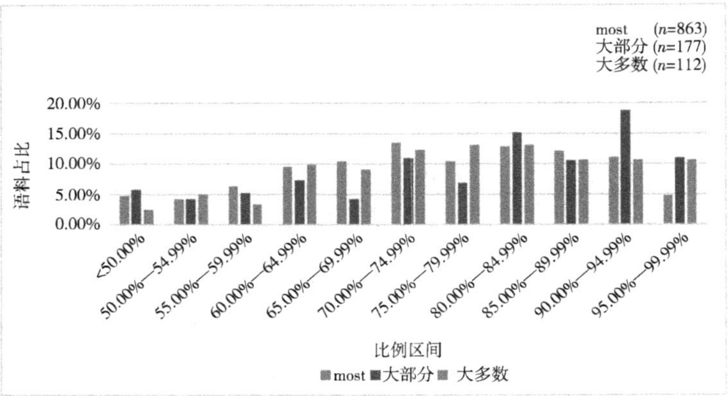

图1 “大部分”“大多数”、most的比例区间

如图1所示，这三个量词的共性在于：其对应的占比基本都“过半数”，“过半数”是其默认解读，这应和了对此类量词的两种主流分析；这三个比例量词都倾向于指远超半数的比例（70%—95%之间），这与文献中的观察一致（参考Solt, 2016）。但文献中对英语most的考察并未充分关注most表“未超半数”的情况。我们发现，most、“大部分”“大多数”都可以指未过半数的比例。

对此类“偏离”默认解读的用法的核查显示：在此类用法中most总是对应整个集合中占比最大的部分，其上下文（或文中图表）会对100% 中各部分的占比进行说明，以允准“最大部分”解读，如[13]所示。因此，对most而言，形容词最高级解释更有解释力①。

[13] Most female athletic directors (40%) held teaching positions. The remaining female respondents reported that they were administrators (21%), coaches of sports other than football (16%), or fulltime athletic directors without any additional duties (16%).

---

① 和 Hackl（2009）的分析不同，比例义的 most 所表达的“最多义”，其比较的对象不总是任何剩余部分，而可以是一个集合中由语境信息划分出的各个部分，所以 most 有时可以表达未过半数的比例。

大部分女性体育总监（40%）承担教学工作。其余女性受访者表示她们是管理人员（21%）、足球以外的体育教练（16%），或者是无其他任职的专职体育总监（16%）。

而“大部分”和“大多数”的用法则更松散。它们可以对应整个集合中最大的部分，如[14]所示；也可以仅指语境中占比较大的部分，如[15]所示，上下文中并未穷尽性地说明（亦无法推测出）整个集合中各部分的占比。

[14] 我国城市居民家庭**大部分**住房面积在40—60平方米。据调查，在城市居民家庭中，17%的住房面积在30平方米以下，17%为30—40平方米，21%为41—50平方米，20%为51—60平方米，17%为61—80平方米，8%在80平方米以上。

[15] a. 平均每天阅读时长在30—60分钟的小镇青年用户占比为30.2%，阅读时长在60—120分钟占比为32.6%，**大部分小镇青年用户**平均每天阅读一小时以上（48.6%）。

b. 从气泡水可接受的单价上限来看，**大部分（43.8%）消费者**最高可接受的气泡水单价为7—10元。

c. 在过去12个月，上述城市成年人群睡眠障碍发生率高达57%。**大多数人**的失眠主要表现为睡眠维持困难，这个比例高达44%。

d. 与外界设想的不同，有49.5%的学生支持加强对信息的监控，占了**大多数**。

“大部分”和“大多数”在解读上的灵活性与第3、4节对其句法分布和形态构成的描写呈对应关系。句法上，它们的表现类似谓词性成分，不适用广义量词解释，更适合分析为修饰语；语义上，它们的解读容许弹性，这与广义量词严格的过半数要求也不相容。形态上，不适合假设它们含有最高级算子；而语义上，它们也不总表达整体集合中的“最大部分”。[15a]中，“大部分”对应上下文中相对其他占比较高的比例，即“语境中较大的部分”；[15c]中，“大多数”对应的44%并没有参照对象，但从“高达44%”这种表达可以看出44%相对言者的标准而言是“较大的部分”；[15d]中，由“与外界设想的不同”可知49.5%是相对一般外界判断而言的“较大的部分”。

由于语料库中含有比例信息的用例很有限，我们亦在百余位母语者中调查了“大部分”表达未过半数比例的用法，发现过半数的母语者都能接受在[16]的语境中使用“大部分”①。其中，“大部分”对应未过半数的比例45.6%，因语境未明确余下48.4% 选民的投票情况，45.6% 可能是也可能不是整体中占比最大的

① 因篇幅有限，我们将另文详述相关实证研究。

部分。若判断[16]中的测试句为真，则说明“大部分”表示相对语境中的6% 来说占比较高。

[16] 语境：在F州，A党人在第一轮参议员选举中获得45.6%的支持率，B党人获得了6%的支持率。
测试句：大部分F州选民支持A党。

5.2 “大部分”与“大多数”的解释方案

基于“大部分”“大多数”的句法、形态和语义特点，我们认为它们是程度谓词，其核心语义是比例维度的比较。一般而言，“大”对应的维度是尺寸、排行等，而由于“部分”与“整体”、“多数”与“少数”的相对关系，“大部分”“大多数”所激发的是比例维度的比较。作为程度谓词，“大部分”和“大多数”负责将实体映射到其具体的占比程度d。程度论元d需要受到程度算子的约束，而正是约束算子的不同，造成了此类表达在语义上的灵活性。

当“大部分”“大多数”单独出现，前面没有修饰语时，程度论元d可受到肯定性算子POS的约束，POS要求占比程度d超过某个中性标准（Solt, 2009），一般而言比例的中性标准是中位50%，因此这类表达的默认解读是“>50%”；也就是说，汉语MOST类量词的“过半数”解读是通过与中位比例程度的比较获得的。然而，中性标准也可随言者的预期进行调整，如[15d]所示，可能一般认为支持信息监管的学生不会太多，因此标准随之下调，49.5%也可以算作“大多数”。

“大部分”“大多数”单独出现时，其携带的程度论元d也可受比较算子COMP的约束，要求“大部分”或“大多数”关联的占比达到某种程度，而语境中的其他部分则未达到，由此得到“占比较大”的解读。如对于[16]而言，“大部分”所关联的45.6%的部分相对于占比6%的部分，显然符合“占比较大”的要求，即45.6%的那部分达到了某种程度，而6%那部分未达到。与英语不同，汉语程度比较没有-er这样的显性标记，因此对光杆的“大部分”或“大多数”假设隐性的COMP算子符合汉语事实（Zhang, 2023）。[14]中，“大部分”关联的是语境中最大的部分，我们认为COMP所表达的“相对语境中某个部分较大”的解读也可以涵盖此类情况，无须为此专门假设隐性的最高级算子。

综上，当“大部分”“大多数”单独出现时，其解读比most更灵活，可表示（相对语境中某部分或者相对某个中性标准）较大的占比。现有的形容词最高级解释只允许比例量词的程度论元被最高级算子约束，只能允准“最大部分”的解读，这与汉语MOST类量词的解读不匹配。基于“大部分”和“大多数”解读的灵活性，我们认为这两个表达在语义上是比例维度的程度谓词，本身无法决定约束其程度论元的算子为何。这样的分析除了能解释光杆“大部分”“大多数”的解读，也可以解释它们被各类显性程度算子（如“最”等）进一步修饰时所呈现出的多样化解读。

至于“大部分”和“大多数”的差异，最明显的是两者在可数性上的不同：“大部分”可以关联认知层面不可数的实体（如“大部分水”），而“大多数”则不可以；“大部分”可以关联单个个体中的部分（如“这面墙的大部分”），而“大多数”也不可以（Feng, 2014）。除此之外，由图1可知，“大多数”相对“大部分”更难关联未过半数的比例，这一点我们认为可从两者的内部构成加以解释：“多数”与“少数”相对，若将一个集合分为两份，则“多数”就相当于一半以上，也就是说“多数”本身也常有“过半数”的解读，若言者认为“多数”和“大多数”构成梯级选项的关系，则“大多数”就倾向于关联远过半数的比例；而“部分”与“整体”相对，“部分”在数量占比上没有额外的语义要求，因此“大部分”的解读相对更具有弹性。

5.3 “大半”的解读及语义解释

我们考察了CCL中24911条“大半”的用例，从中剔除“大半夜”等固定搭配以及“大半”作副词的情况，并在剩余的“‘大半’+（量词）/（‘的’）+名词”的搭配中筛选出上下文中含有比例信息的用例，最终仅得到12例。其中“大半”对应的占比在[55%, 70%)区间内，如[17]所示。

[17] a. 30岁以下的年轻教师中女性所占比例高达62.5%，占据了**大半壁江山**。

b. 在1860年，**大半的密西西比人口**（55%）去做了奴隶。

我们认为，“大半”亦适用程度谓词分析。“大半”中的“半”将名词域划分为两部分，而“大”作为程度形容词则将两部分映射到其占比程度。与“大部分”“大多数”不同，“半”将比较对象限制为集合中一分为二的两部分，由于“大半”与“小半”相对，“大半”中的“大”受到比较算子COMP的约束，所以“大半”总是表示“相对整体中的另一半较大的部分”，只能关联超过50%的占比，其语义不具有另两个比例量词的灵活性。

至于为何“大半”对应的比例上限较低，可以从语用角度加以解释。“大半”的“半”表示“中分”，因此“大半”可以激发其他比率作为量级选项，如“七成”“五分之四”等。在语用层面，“大半”可产生量级含义，即其关联的部分还未达到更高的比率，换言之，其比例上限较低是语用推理的结果（亦参考Solt, 2016；Carcassi & Szymanik, 2021）。

6. 结语

本研究基于汉语MOST类量词与英语most的差异，提出前者本质上是程度谓词，其“过半数”解读是通过程度比较获得的。这说明，居间量化义“过半数”

在不同语言中可由不同方式实现，包括集合间数量比较、程度最高级、程度比较等。本文亦讨论了汉语MOST类量词之间的解读差异，这些差异与其形态构成的关系是值得进一步研究的问题。

参考文献

Barwise, J. & Cooper, R. 1981. Generalized quantifiers and natural language. *Linguistics and Philosophy* 4: 159-219.

Carcassi, F. & Szymanik, J. 2021. An alternatives account of "most" and "more than half". *Glossa: A Journal of General Linguistics* 6: 1-40.

Chen, L. 2004. *Dou*-(dis)harmony in Chinese. In L. Bateman and C. Ussery (eds.), *Proceedings of NELS 35*. Amherst, MA: GLSA. 127-142.

Cheng, L. L.-S. 2009. On every type of quantificational expression in Chinese. In A. Giannakidou and M. Rathert (eds.), *Quantification, Definiteness, and Nominalization*. Oxford: Oxford University Press. 53-75.

Chierchia, G. 1998. Reference to kinds across languages. *Natural Language Semantics* 6: 339-405.

Dobrovie-Sorin, C. & Giurgea, I. 2021. *Majority Quantification and Quantity Superlatives: A Crosslinguistic Analysis of Most*. Oxford: Oxford University Press.

Feng, Y. 2014. *A Semantic Study on Distributive Effects in Mandarin Chinese*. Ph.D. Dissertation, City University of Hong Kong.

Hackl, M. 2009. On the grammar and processing of proportional quantifiers: *most* versus *more than half*. *Natural Language Semantics* 17: 63-98.

Higginbotham, J. 1994. Mass and count quantifiers. *Linguistics and Philosophy* 17: 447-480.

Huang, C.-T. J. 1982. *Logical Relations in Chinese and the Theory of Grammar*. Ph.D. Dissertation, Massachusetts Institute of Technology.

Jin, D. & Chen, J. 2019. Scalarity, degree reading and maximality in a Mandarin numeral construction. *Language and Linguistics* 20: 148-179.

Landman, F. 2004. *Indefinites and the Type of Sets*. Oxford: Blackwell.

Lin, J.-W. 1998. Distributivity in Chinese and its implications. *Natural Language Semantics* 6: 201-243.

Solt, S. 2009. *The Semantics of Adjectives of Quantity*. Ph.D. Dissertation, The City University of New York.

Solt, S. 2016. On measurement and quantification: The case of *most* and *more than half*. *Language* 92: 65-100.

Yang, R. 2000. Chinese NPs: Quantification & distributivity. *Semantics and Linguistic Theory* 10: 273-289.

Zhang, L. 2023. Degree expressions in Chinese. *Oxford Research Encyclopedia of Linguistics*. Retrieved 24 Feb. 2025, from https://doi.org/10.1093/acrefore/9780199384655.013.906.

吕叔湘 主编，1980，《现代汉语八百词》。北京：商务印书馆。

On the semantic interpretation of MOST-quantifiers in Chinese

Abstract: The proportional *most* is analyzed as a generalized quantifier or a superlative adjective, both of which encode a strict logical requirement of above 50%, and MOST-quantifiers in other languages are normally defined on a par with *most*. Yet, this paper argues that Chinese MOST-quantifiers, i.e., *daduoshu*, *dabufen* and *daban*, cannot be treated as superlative adjectives or generalized quantifiers. They appear in various predicative positions, which does not align with the distribution of generalized quantifiers, and their morphological composition does not encode superlativity, casting doubt on a superlative analysis. Moreover, their semantic interpretation is more flexible than *most*, clashing with the logical requirement exerted by both existing proposals. In this light, this paper proposes that Chinese MOST-quantifiers are degree predicates on the proportional dimension, and the interpretation of "above 50%" is derived via degree comparison with a contextually-sensitive standard. In addition, this paper also describes the differences among MOST-quantifiers in Chinese, and provides explanations from the perspectives of semantics and pragmatics. Essentially, it reveals that the quantificational category of "above 50%" can be realized in more diverse ways than that shown by studies on English *most*.

Keywords: intermediate quantifier; proportion; above 50%; degree predicate; adjectival semantics

（责任编辑：王思雨）

言据性与偏向性的结合
——对孟加拉语中*naki*问句的形式语义学分析

华中农业大学　徐贝贝　耿云冬*

[提　要]　本文探讨了孟加拉语中含句末*naki*的是非问句中推断言据性与认知偏向性的相互作用，分析了偏向性如何从推断言据中产生并在言语行为层面运作。研究表明，*naki*问句必然表达一种认知偏向性，即说话者基于推断言据倾向于正极性答案为真，尽管这种偏向性并非是对该答案的完全承认。通过将*naki*问句与其他语言中的推断言据性疑问句进行比较，本文认为*naki*问句中的偏向不仅仅源于言据性，还涉及对可能答案之间的认识情态比较判断。本文基于Kratzer（1991）的情态框架和Lassiter（2011）提出的"更加可能性"概念，从形式语义学的角度分析了言据性意义与偏向性之间的相互作用，提出偏向性意义是通过将推断言据信息更新至话语中的情态基准和排序根源中得到的。研究结果表明，*naki*问句在言语行为层面对认识情态进行了排序和比较，这为推断言据如何与说话者的认识状态相互作用提供了新的见解。

[关键词]　偏向性问句；言据性；认识偏向；孟加拉语*naki*问句

1. 引言

言据一般是指形态学上"表示命题中信息来源的标记"（Bybee, 1985:

---

* 作者简介：徐贝贝，华中农业大学外国语学院副教授、博士。研究方向：形式语义学、句法—语义界面研究。Email: billyxu@mail.hzau.edu.cn。通讯地址：430070 湖北省武汉市华中农业大学外国语学院。
耿云冬，华中农业大学外国语学院副教授、博士。研究方向：词典学、翻译学、词汇语义研究。Email: benedict_geng@mail.hzau.edu.cn。通讯地址：430070 湖北省武汉市华中农业大学外国语学院。
本文系教育部人文社会科学研究青年基金项目"形式语言学视角下汉英偏向性问句的句法—语义–语用接口研究"（23YJC740077）、湖北省教育厅哲学社会科学研究指导性项目"偏向性问句的句法–语义–语用接口研究"（22G042）阶段性成果，并受到广东外语外贸大学外国语言学及应用语言学研究中心的资助。文中未标注来源的语料皆出自孟加拉语顾问Diti Bhadra、Ambalika Guha和Satarupa Das，作者特致谢忱！

184），由一组处理知识来源的语法化语素组成。自然语言中也有其他“非强制表达知识来源的词汇手段”（Aikhenvald, 2003: 1），比如，hear这样的转述谓语（predicate of reporting）或者guess这样的推断谓语（predicate of inference）。不过，言据和这些是截然不同的。首先，其他的词汇手段聚焦于信息获得事件（比如hearing事件、reporting事件或者guessing事件），而含有言据的句子主要表达的仍然是嵌入到言据中的嵌入句命题，而不是命题内容的来源，也不是获得该信息的事件。再者，那些谓语的施事是句中的主语，而言据的（隐含）施事则一般是当前话语的会话参与者（即说话者或受话者）。

按照信息的来源渠道，Willett（1988）和Aikhenvald（2004）将言据系统细分为多类，其中一类就是推断类言据。推断言据是指信息主体源自可见或有形证据或结果的推理，而不是来源于直接的感官观察或各种传言——这里的推理或演绎通常由句子的说话者（陈述句或疑问句中）、受话者（疑问句中），甚至是嵌入从句的言语行为施为者（嵌入从句中）来完成。

[1] Ó ájtyumɨ́ tsa-já-hjá-a jaa aíívye-ja.（Bora语）
I see-⟨t⟩ that-⟨shelter⟩-nwit-rem shelter burn-sIn-⟨shelter⟩
我看见了一间失了火的房子（但是我没有亲眼看到其发生）。
（修改自Thiesen & Weber, 2012: 307）

虽然Thiesen和Weber（2012）将言据*-hjá*标记为“nwit”（未见证的），Aikhenvald（2004）认为它是一种推断言据，表明说话者从结果推断出过程，尽管其没有亲自见证这个过程。这样看来，*-hjá*实际上是一个根据结果进行推断的言据标记词。

孟加拉语中也有类似现象，

[2]（Shumi第一次来到旅社。她看到她朋友用两个桶储水。她可能会立即问到，）
hotTel-e jOl-er Obostha kharap naki?
hostel-LOC water-GEN condition bad naki①

① 本文注释所用缩略语如下（由于文献来源不同，同一注释可能有多种缩略语）：nwit = nonwitnessed; rem = remote past; LOC = locative; GEN = genitive; YNQ, Y/N.Q=Yes/No Question; 2, 2P = 2nd person; PROG = progressive; IFR, INFR, INF, INFER = inference; 3, 3P = 3rd person; INTER, INTERROG, Q = interrogative; sg, SG = singular; PL = plural; AGENT = agentive; ABL = ablative; IMPF, IPFV = imperfective; R.DEM = remote demonstrative; SBJN = subjunction; DIR = directional; poss, POSS = possessive; ERG = ergative; DET = determiner; ABS = absolutive; NOM = nominative; ACT = active; EXIS = existential; APPL = applicative; O, OBJ = object; IRL = irrealis; REL = relativizer; CND = conditional; S = subject; PREP = preposition; NEG = negation; CL = classifier; PRES = present; REP = reportative; ACC = accusative; BPG = best possible grounds; ADD = additive; PST = past; NPI = negative polarity item; REFL = reflexive.

（我推断）旅社里的用水条件很差，对吧？

（修改自Mukherjee, 2008: 14）

例[2]中*naki*所表达的意思是说话者根据源于当前语境中可察的证据，或根据其直觉、逻辑以及说话者其他的心理状态对前景命题进行推断。这种意思和推断言据是一致的。因此，本文将其视为一个推断言据标记词，并标记为$naki_{\mathrm{IFR}}$。[①]

但和其他推断言据标记词不同的是：

一、$naki_{\mathrm{IFR}}$ 只能出现在是非问句中。

[3] 是非问句 + $naki_{\mathrm{IFR}}$: √

tumi(-ki)	jaccho	naki?↑
You(-Y/N.Q)	go.2P.PROG	naki.IFR

（我推断）你要去，对吧？

[4] 陈述句 + $naki_{\mathrm{IFR}}$: ×

* tumi	jaccho	naki.↓
You	go.2P.PROG	naki.IFR

（预想的）（我推断）你要去。

[5] 特指问句 + $naki_{\mathrm{IFR}}$: ×

* tader	-ki	labh	naki?↑
they.GEN	what	profit	naki.IFR

（预想的）（我推断）这对他们有什么好处呢？

[6] 选择问句 + $naki_{\mathrm{IFR}}$: ×

* brishti	porche	kina	naki?↑
rain	fall.3P.PROG	or.not	naki.IFR

（预想的）（我推断）是否在下雨？

和例[1]等其他语言中含有推断言据的句子相比，$naki_{\mathrm{IFR}}$的句类敏感性应该是其自身特有的属性，而不是来源于推断言据的普遍句法属性。

二、含$naki_{\mathrm{IFR}}$的问句（下文简称$naki_{\mathrm{IFR}}$问句或*naki*问句）必然表达偏向性。

这种问句不能出现在中立语境中，

---

① Mukherjee（2008）和 Bhadra（2013）指出 *naki* 也可用于句中，表示传信言据（reportative evidential），但其句法分布和句末 *naki* 有显著区别。本文依据 Mukherjee（2008）和 Bhadra（2013）的观点，认为这两个不同位置上的 *naki* 是两个不同的词项，因此本文不讨论句中 *naki* 的用法和意义。与此不同的意见可见 Bhadra（2020）。

[7]（Ram在一间没有窗户的房间里坐了好几个小时，Sita走了进来，Ram问她：）

# Baire	brishti	por-che	naki?
outside	rain	fall-PROG	naki.IFR

（预想的）（我推断）外面在下雨，对吧？

并且，*naki*问句中的偏向性是正极性的（positive）：在*p-naki?*中，说话者总是表达偏向于*p*答案；而在*not-p-naki?*中，说话者总是偏向¬*p*答案。

[8]（Shumi第一次来到旅社。她看到她朋友用两个桶储水。她可能会立即问道，）

a.

hotTel-e	jOl-er	Obostha	kharap	naki?
hostel-LOC	water-GEN	condition	bad	naki.IFR

（我推断）旅社的用水条件很差，对吧？

b.

hotTel-e	jOl-er	Obostha	bhalo	nOye	naki?
hostel-LOC	water-GEN	condition	good	NEG	naki.IFR

（我推断）旅社的用水条件不好，对吧？

（修改自Mukherjee, 2008：14）

例[8b]中可以看出，和常见的偏向性问句不一样的是$naki_{\mathrm{IFR}}$没有显现“极性反转”（polarity reversal）效应（Han, 2002；Xu, 2013）：$p\text{-}naki_{\mathrm{IFR}}?$中$naki_{\mathrm{IFR}}$所表示的偏向性极性与其嵌入句的极性相同（例[8a]），即使嵌入句是否定句（例[8b]）。

2. 问句中的推断言据

“在问句中，推断标记是存在的，不过极为罕见”（Maslova, 2003: 228）。当言据用于疑问句中时，信息的来源可以是说话者或者受话者，具体是哪者由具体语言决定。Aikhenvald（2004）认为第一种类型比另一种可能性“更稀少些”（224）。Eastern Pomo语和Yukaghir语中的推断言据就属于第一类。

[9]

k'e · héy=**t'a**	mí ·	ka · dá-k-k'-**ine**	（Eastern Pomo语）
self=**INTER**	2SG.PATIENT	cut-PUNCTUAL-REFL-**INFR**	

你切到自己了吗？（当看到绷带或带血的刀子等等的时候）

（McLendon, 2003: 116）

例[9]中，问句是用来从受话者那边寻求信息的，而推断言据*-ine*则是用来表示说话者有足够的证据来做出关于问句核心命题信息的推断。

[10] qodo ti:-t kebej-nu-**l'el-ŋi**?（Yukaghir语）
how here-ABL go-IPFV-**INFR-3PL:INTR**
人们是怎么离开这里的？（N35: 513）（Maslova, 2003: 228）

当说话者根据未见证的证据推断出人们离开此地时，就可以问出例[10]。

由于疑问这一言语行为涉及寻求受话者的回答，因此信息来源可能会发生变化，以表明受话者是信息来源。这种现象通常被称为"疑问翻转"（Speas & Tenny, 2003）。比如，在Magar语中，推断言据在问句中指向受话者。

[11] kus-kat kitab a-laŋ mu-le-**sa**
which-one book R.DEM-LOC sit-IMPF-**INF**
哪本书（你认为）留在了那里？（说话者认为回答者必须推断。）
（Grunow-Hårsta, 2007: 163）

而在藏缅语族的羌语中，问句中的推断言据指向可能会根据问句主语的不同而指向说话者或者受话者。

[12] the: ha-qə-**k** ŋua?
3sg DIR-go-**INF** Q
他去了吗？（LaPolla & Huang, 2003: 208）

当推断言据-*k*用于含非第二人称主语的问句中时，其表达的意思是说话者假定受话者"没有关于被询问情况的见证类证据"（同上：207）。这种情况下，-*k*指向受话者。

另一方面，当问句的主语是第二人称时，问句中的推断言据-*k*指向说话者，表示说话者"关于问句的某个方面"的猜测（同上：208）。

[13] ʔũ ʑdʑyta: ɦa-qə-**k-ən** dʑa?
2sg Chengdu:LOC DIR-go-**INF-2sg** Q
你去成都了吗？（同上）

例[13]中，说话者猜测受话者去的地方是成都。

和问句中其他推断言据相比，孟加拉语中的$naki_{\text{IFR}}$属于第一种类型的言据，其总是**指向说话者**，而不是指向受话者（Bhadra, 2020）。

另外，关于问句中推断言据，Littell等（2010）还发现一个有趣的现象：在一些美洲印第安语言中（包括St’at’imcets、Nłeʔkepmxcín和Gitksan），当推断言据用于问句中时，问句就没有询问的意思。这种情况可以出现在是非问句或者特指问句中。

[14] St’at’imcets

a. lan=as=**há=k’a** kwán-ens-as

already=3.SBJN=**YNQ=INFER** take-DIR-3.ERG

ni=n-s-mets-cál=a

DET.ABS=1sg.POSS-NOM=write-ACT=EXIS

我想知道她收到我的信没有。/我不知道她收到我的信没有。

b. **swát**=as=**k’a** ku=lhwál-ci-ts-as ti=ts’úqwaz’=a

who=SBJN=**INFER** DET=leave-APPL-1sg.OBJ-3ERG DET=fish=EXIS

我想知道谁把这条鱼留给我了。 （Littell et al., 2010: 90）

[15] Nłeʔkepmxcín

a. **kéʔ**=ws=**nke** k=s-y’e-mín=s e=Meagan

whether=SBJN=**INFER** IRL=NOM-good-REL=3.poss DET=Meagan

e=ti

DET=tea

我想知道 Meagan 是否喜欢茶。

b. **stéʔ**=ws=**nke** xeʔ

what=SBJN=**INFER** DEM

我不知道那是什么。 （同上：90-91）

[16] Gitksan

a. **nee=ima**=hl sdin=hl x̲biist-a

YNQ=INFER=CND be.heavy=CND box=INTERROG

我想知道盒子重不重。

b. **naa=ima** ’an-t gi’nam-(t)=hl xhlaw̓sxw ’as John

who=INFER S.REL-3 give-3=CND shirt PREP John

我想知道谁把这件衬衫给了John。 （同上：91）

Littell等（2010）将这三种美洲印第安语言中含有推断言据的问句称为推测问句。推测问句的答案“既不被说话者也不被受话者所知，并且这两者都认为对方也不知道答案”（96）。从这个意义上来说，说话者或受话者都不偏向于某特定的疑问句选项，即推测问句并不具有任何偏向性。

以上这些都说明，问句中的推断言据并不能必然导致偏向性，只是在孟加拉语的*naki*$_{\text{IFR}}$中两者得以融合产生了一种特殊的偏向性问句。

3. 推断言据标记词*naki*的偏向性

虽然言据表达的是信息的来源，但$naki_{\mathrm{IFR}}$问句中所含有的偏向性不是Büring和Gunlogson（2000）以及Sudo（2013）研究中所描述的语境证据偏向性。

首先，问句中的推断言据不一定会表达偏向性意义。比如，St'at'imcets、Nłeʔkepmxcín和Gitksan中的推测问句，以及Yukaghir中的例[10]。

其次，下面的这个例子显示出$naki_{\mathrm{IFR}}$问句所表达的偏向性，其本质上还是一种**主观认识情态偏向性**。

[17] Brishti porche naki? # Amar mone hoy na brishti porche
rain falling naki.IFR I.GEN mind.LOC happen.3P NEG rain falling
（预想的）（我推断）正在下雨，对吧？#（但是）我不认为正在下雨。

例[17]告诉我们$naki_{\mathrm{IFR}}$问句表达的内容包含说话者的一种认识状态，这可以从后句中添加相反的说话者认识状态而导致的矛盾情形中看出。也就是说，$naki_{\mathrm{IFR}}$问句除了表达言据性意义以外，还额外地带有一种表示说话者认识状态（即其对所有可能答案中的某个答案的认识状态）的意义。正是这个说话者的认识状态构成了$naki_{\mathrm{IFR}}$问句中偏向性的主体。例[17]也显示出$p\text{-}naki_{\mathrm{IFR}}?$中所偏向的是问句核心所指谓的命题。

我们从Mukherjee（2008）对句末*naki*用法的描述中也能得出这一事实。其将*naki*当作确认问句的标记词，而确认问句是用来寻求“对说话者信念状态或预设的确认”（15），这说明偏向性并不等同于对正极疑问选项的完全承认（full commitment）。如果说话者完全相信言据中所推断的信息，那么就完全没有必要提出确认问句。从这个意义上来说，我们认为孟加拉语中的$naki_{\mathrm{IFR}}$确实表达了说话者的一种认识情态偏向性，即正极性答案比反极性答案更加有可能为真。

然而，也需要指出的是这种认识情态偏向性并不是一种基于说话者对可能答案的先验认识状态（prior epistemic states）而产生的认识情态偏向性。

[18]（张三和李四从监狱中逃跑出来了。李四带着张三来到了一个阴暗的废弃房子。张三以前都不知道这个地方，于是他就问李四关于这个房子的问题。）
Bari.te keu nei naki?
home.LOC someone is.NEG naki.IFR
（我推断）这个房子里没人，对吧？
言据：说话者从证据中推断出这个房子里没人。
偏向性：说话者希望得到一个否定的答案，即房子里没有人。

例[18]中，虽然张三对于这个房子中有没有人没有任何先验信念（prior belief），但是*naki*$_{IFR}$问句仍可以在此语境中适恰地说出来。正因为如此，*naki*$_{IFR}$问句甚至可以用于偏向性和说话者的先验信念不一致的场景中。

[19]（张三和李四从监狱中逃跑出来了。李四带着张三来到了一个阴暗的房子。房子似乎已经被遗弃了。张三对这个房子很熟悉，因为他的亲戚住在那里。他认为他们可能还住在里面。当他看到房子现在的样子时，他很惊讶。）

Bari.te	keu	nei	naki?
home.LOC	someone	is.NEG	naki.IFR

（我推断）这个房子里没人，对吧？

言据：说话者从证据中推断出这个房子里没人。

偏向性：说话者希望得到一个否定的答案，即房子里没有人。

例[18][19]都说明说话者的偏向性来自基于证据的推断，即疑问句所偏向的选项命题与推断证据提示的命题相一致。

naki$_{IFR}$问句的用法也确认了Xu（2017）对偏向性下的定义，即其涉及说话者对某个疑问选项的认识状态。这种偏向性的认识状态可以是当前的持续信念[比如汉语中的“难道”问句（Xu, 2018）和德语中的*etwa*问句（Gieselman & Caponigro, 2010）]，也可以是推断言据更新过的信念（比如*naki*$_{IFR}$问句）。

就言据意义和偏向性意义两者之间的关系而言，*naki*$_{IFR}$问句的偏向性来自这样一个事实，即根据推断言据所得到的推断进入说话者的认识状态中，是通过按照推断在认识情态领域中对所有疑问选项进行偏好排序完成的。换言之，*naki*$_{IFR}$携带了两种语义，一种是言据义，另一种是认识情态义。

当推断言据只带有言据义而不与说话者的认识领域产生互动时（即说话者根据语境证据推断出一些信息，但其本身却并不对该信息或其对应的选项信息持有任何信念），就绝不可能产生偏向性解读。推测问句就是这种情况的绝佳例证。

总的来说，*naki*$_{IFR}$问句既表达了识别信息来源以及信息类型的言据义，也表达了对正极性答案的偏向性。这种偏向性解读是从推断言据义得来的认识情态义所带来的结果。偏向性中所偏向的命题内容和言据中的前景命题都与问句核心所指谓的命题内容相一致。

4. 推断言据标记词*naki*的语义特性

和自然语言中其他许多言据一样，孟加拉语中的推断言据标记词*naki*具有许多独特的语义特性。比如，其具有最广辖域。

[20] $naki_{\text{IFR}}$ > 否定

A: Cabi-ta protibeshi-r kache rekhe ashish ni naki?

key.CL neighbor.GEN close keep com.2P.PRES NEG naki.IFR

你没有把钥匙留给邻居，对吧？

言据=‘A推断受话者没有把钥匙留给邻居。’ $naki_{\text{IFR}} > \neg$

偏向性=‘A认为更有可能受话者没有把钥匙留给邻居。’ $naki_{\text{IFR}} > \neg$

言据≠‘A无法推断受话者把钥匙留给了邻居。’ $* \neg > naki_{\text{IFR}}$

偏向≠‘这并不为真：A认为受话者把钥匙留给了邻居。’ $* \neg > naki_{\text{IFR}}$

[21] $naki_{\text{IFR}}$ > 情态

A: Tor jawa uchit naki?

you go.GEN should naki.IFR

你应该去，对吧？

言据=‘A推断受话者应该去。’ $naki_{\text{IFR}}$ > 情态

偏向性=‘A认为更有可能受话者应该去。’ $naki_{\text{IFR}}$ > 情态

言据≠‘A应该推断受话者去。’ * 情态>$naki_{\text{IFR}}$

偏向性≠‘A应该认为受话者去。’ * 情态>$naki_{\text{IFR}}$

Murray（2011）发现“在所有的语言中，言据带来的通常都是新信息”（338）（也参见Faller, 2014）。这句话不仅仅适用于$naki_{\text{IFR}}$的言据义，也适用于它的偏向性意义。在听到$naki_{\text{IFR}}$问句之前，受话者不必知道说话者对于所问问题中所有可能答案的立场或者态度。而当说话者说出 $naki_{\text{IFR}}$问句的时候，受话者立马就明白了说话者是倾向于得到正极性答案。也正是因为如此，我们提出$naki_{\text{IFR}}$问句所表达的偏向性意义为**新信息**。这一特性也能解释为什么$naki_{\text{IFR}}$不能表示基于说话者对可能答案的先验认识状态所产生的认识情态偏向性，因为后者属于旧信息。

Faller（2002，2014）和Murray（2011）都指出言据是非在言成分编码语，因为言据义不能被直接质疑。

[22] Cuzco Quechua 中的传信言据：

A: mana=s phalay-ta ati-n=chu

not=REP fly-ACC can-3=NEG

p=‘它不会飞……’

言据：*s*被告知*p*

B: # mana=n chiqaq=chu ni pi=pas chay-ta willa-ra-sunki=chu

not=BPG true=NEG no who=ADD this-ACC tell-PST-3S2O=NEG

（预想的）这不是真的。没有人这么告诉你。（修改自Faller, 2014：67）

类似地，$naki_{IFR}$问句的偏向性意义也不能被直接否定。

[23] A: se ta jane naki?
he that know.3P.PRES naki.IFR
他知道，对吧？
B: na, se jane na.
no he know.3P.PRES not
不，他不知道。
B': # na, tomar mone hoy na se jane.
no you.GEN mind.LOC happen.3P NEG he know.3P.PRES
（预想的）不，你认为他知道。

另外，例[23]还告诉我们$naki_{IFR}$的偏向性意义（以及言据义）不属于问句形式的命题中任何一部分。按照Zimmermann（2008）的“辖域广于问句形式测试”，$naki_{IFR}$不在其所在问句的辖域内，反而其辖域还包括问句形式。

不过，$naki_{IFR}$所管辖的问句是是非问句？还是陈述型问句？抑或者两者都有可能？我们将通过否定极性词允准测试来回答这些问题。

和汉语中是非问句句末助词“吗”一样，孟加拉语中的是非问助词*-ki*在是非问中也是可有可无的。当没有*-ki*时，是非问句必须是上升句调。这种情况下，我们无法仅仅通过句调或词序来区分陈述型问句和是非问句，因为两者的句调是一样的。Gunlogson（2008）为这种情况提供了一个非常有用的诊断测试。其发现陈述型问句和陈述句有着相同的表层句法结构，这样它们也有着同样的否定极性词准允条件。也就是说，和正极性陈述句一样，否定极性词不能够在正极性陈述型问句中得到准允（例[24]—[25]）。

[24] * You've ever tried complaining to the supervisor?
（预想的）你试过向主管投诉？
[25] * They've reported any problems?（Gunlogson, 2008: 107）
（预想的）他们报告过问题？
[26] Have you ever tried complaining to the supervisor?
你试过向主管投诉吗？
[27] Have they reported any problems?
他们报告过问题吗？

现在，我们将这个诊断测试应用于孟加拉语中。在孟加拉语中，*kono*是一个否定极性词，表示“任何（any）”，[①]因为其可以出现在否定陈述句中而不能出现在肯定陈述句中。

[28] * ram kono chele-ke dekhlo.↓
Ram some.NPI boy-ACC see.3P.PST
（预想的）Ram 看到了任何男孩。

[29] ram kono chele-ke dekhe-ni.↓
Ram some.NPI boy-ACC see.3P-NEG.PST
Ram 没看见任何男孩。

*kono*也可以用于是非问句中，不管有没有*-ki*。这是因为是非问句可以产生一个否定极性词允准环境（Klima 1964）。

[30] ram kono chele-ke dekhlo?↑
Ram some.NPI boy-ACC see.3P.PST
Ram 看见任何男孩了？

[31] ram (-ki) kono chele-ke dekhlo (-ki)?
Ram (-Y/N.Q) some.NPI boy-ACC see.3P.PST (-Y/N.Q)
Ram 看见任何男孩了吗？

关于前述问题的决定性证据来自例[32]。

[32] ram kono chele-ke dekhlo naki?↑
Ram some.NPI boy-ACC see.3P.PST naki.IFR
（我推断）Ram 看见了某个男孩，对吧？

由于否定极性词可以用于$naki_{\mathrm{IFR}}$问句中，因此我们可以得出结论，$naki_{\mathrm{IFR}}$下嵌入的是一个真正的是非问句。

5. $naki_{\mathrm{IFR}}$问句的组合语义

如前所述，我们知道一个*p-naki?*问句表达了两层非在言成分，即确定信息来源和来源类型的推断言据意义以及说话者的主观认识情态偏向性。总的来说，*p-naki?*问句的意义可以描写如下。

---

① 非常感谢 Ambalika Guha（个人通讯）让笔者注意到了这个否定极性词。

[33] $naki_{IFR}$将所辖问句的指谓作为论元。其表达了一个说话者对p有推断证据的非在言意义以及另一个说话者根据该推断证据相信p比$\neg p$更有可能的非在言意义。

我们首先从$naki_{IFR}$的推断言据义开始讨论。文献中关于言据语义的处理有好几种方案。比如，Faller（2002，2003，2014）在言外之力的真诚条件层面处理言据语义。Faller将所有的言据处理为言外之力修饰语。为此，其特意修改了言语事件（如ASSERT、PRESENT）和其对应的真诚条件。比如，Cuzco Quechua语中的直接言据标记词-*mi*通过添加说话者有最佳可能理由相信p来修改真诚条件。另一方面，传信言据标记词-*si*则不同。其将断言言语事件改变为一个新类型的原始呈现（PRESENT）言语事件。这些改变使得说话者不必对言据所在句的前景命题作出承诺。因此，断言的真诚条件被完全放弃并且转换成解释信息来源（即除了说话者和受话者之外的s_2）以及类型（s_2断言p）。这个方案的好处是该方案符合作为言外之力修饰语的句法和语义属性（参见Faller, 2002, 2014）。然而，这个方案也有一些问题。首先，每一个言据好像都要引入一个新的独特的言外之力，这显然不符合经济性原则（Murray, 2011）。再者，不清楚该方案如何能拓展应用于除了断言以外的其他言语行为，比如疑问。

另外一种研究言语语义的方法依赖于这样一种假设，即言据主要贡献情态意义，其预设了信息来源和来源种类（如Matthewson et al., 2007）。这个解释的问题在于并不是所有的言据都有情态义。此外，正如我们前面所讨论的，至少在孟加拉语中，通过推断言据*naki*传递的信息（言据和偏向性信息）是新信息，不可能是预设。在这种情况下，言据义的预设方案并不可行。

充分考虑了上述方案的问题后，本文采用Murray（2011，2014）的言据义方案。Murray提出了一个作为言外之力修饰语的言据在多维语义层面更新的方案：在言成分和非在言成分在不同层面运作。非在言成分不会被提出来更新到语境集合中，而是直接更新到共识域中。这样，其和言据的预设解释方案类似，都是将言据信息处理为共识域的一部分。区别在于Murray的方案考虑到言据信息是新信息这一事实，并将之构建为共识域的更新而不是作为共识域的背景信息。因此，按照Murray的方案，我们将$naki_{IFR}$的推断言据义定义为共识域更新中的语境改变潜力（context change potential, CCP）。

[34] 言据义：$[\![p\text{-}naki?]\!](cg_i) = cg_o = cg_i \cup \{\text{IFR}(s, p)\}$①

例[34]说的是言据义通过添加说话者对p有推断证据这一信息来限制共识域。这样做的结果是新的共识域将仅存那些有p的推断证据的世界。

① i = 输入端，o = 输出端，s = 说话者。

除了言据义外，*p-naki?*还有主观认识情态偏向性意义，即说话者认为p比$\neg p$更有可能。这里的认识情态“有可能”可以用Kratzer（1991）的双重相对情态（doubly relative modality）模型来构建，即相对于情态基准f和排序根源g，至少在一个可及世界中前景命题为真。而对于“更有可能”，则可以使用 Lassiter（2011）的“更加可能性”（Better Possibility）概念。不过，这里值得注意的是偏向性的来源会对情态基准和排序根源产生影响。如前所述，这个偏向性来源于说话者对推断证据的认识情态评价。由于言据义更新了共识域，说话者的认识情态基准也随之发生了变化。当言据义更新进入共识域后，其成为所有可及世界中的一条事实。其效果是共识域的更新限制了w可及世界的范围。同时，说话者针对p还是$\neg p$的认识判断是基于p的推断证据。鉴于该推断言据，说话者倾向于相信p但又不完全相信。换一句话说，当考虑p还是$\neg p$时，理想的情况就是考虑那些有着p推断证据的世界。所以，p的言据信息既更新了情态基准，也更新了衡量p和$\neg p$之间可能性的认识情态排序根源。因此，我们需要基于推断言据的信息更新对“更加可能性”给出一个新的定义。

[35] 考虑到$\mathrm{IFR}(s,\chi)$对情态基准和排序根源的更新（记作$\phi \overset{\mathrm{IFR}(s,\chi)}{\succ^{s}_{g'(w)}} \psi$），$\phi$比$\psi$更有可能为真，当且仅当$\phi \overset{\mathrm{IFR}(s,\chi)}{\succcurlyeq^{s}_{g'(w)}} \psi$且$\psi \overset{\mathrm{IFR}(s,\chi)}{\not\succcurlyeq^{s}_{g'(w)}} \phi$，其中$\overset{\mathrm{IFR}(s,\chi)}{\succcurlyeq^{s}_{g'(w)}} := \{(\phi,\psi) | \forall u \in \psi\, \exists v : v \preccurlyeq_{g'(w)} u \wedge v \in \phi\}$，而$u, v \in \bigcap(f(w) \cup \{\mathrm{IFR}(s,\chi)\})$并且$g'(w) = g(w) \cup \{\mathrm{IFR}(s,\chi)\}$。

例[35]可以更直白地表述为，

[36] ϕ比ψ在世界w中更有可能为真，当且仅当在所有受限于命题$\mathrm{IFR}(s,\chi)$的w可及世界中，对于所有的ψ世界，总存在一个ϕ世界在更新过的排序根源$g(w) \cup \{\mathrm{IFR}(s,\chi)\}$下优于它们。

有了例 [35]，我们现在可以将*p-naki?*的基本意思构建为$p \overset{\mathrm{IFR}(s,p)}{\succ^{s}_{g'(w)}} \neg p$。

另外，和言据义一样，认识情态偏向性也呈现为新信息：在听到偏向性问句之前，受话者无须知道说话者对正极性答案有偏向性。当其听到偏向性问句后，立马就了解了说话者对于正极性答案的认识态度，这表明说话者的个人信念公开化了。简单地说，通过使用*p-naki?*问句，说话者公开承认p比$\neg p$更有可能这一信息。这部分语义可以通过更新 Gunlogson（2001）提出的说话者会话承认集（discourse commitment, DC）来构建：孟加拉语中的$naki_{\mathrm{IFR}}$问句的语境改变潜力是更新说话者的会话承认集合，即公开说话者对可能答案的偏向性。

[37] 偏向性意义：$[\![p\text{-}naki?]\!](DC_{s,i}) = DC_{s,o} = DC_{s,i} \cup \{p \succ^{\mathrm{IFR}(s,p)}_{g'(w)}{}^{s} \neg p\}$

至于$naki_{\mathrm{IFR}}$的句类选择问题，本文认为这是由偏向性所决定的。偏向性意义的核心是对所有提议更新共识域的命题进行认识情态对比、排序，并公开告诉所有会话参与者最有可能更新共识域的提议命题是哪个。因此，对于只有单个提议命题的陈述句和虽含多个命题但无法选出最有可能更新共识域的答案的特指问和选择问来说，$naki_{\mathrm{IFR}}$和它们都不匹配。据此，本文运用徐贝贝（2022）基于凸显的新结构问句语义，提出$naki_{\mathrm{IFR}}$含有一个旨在检查作为论元所嵌入小句类型的预设（例[38]中画线部分）。换言之，该论元需要有一个唯一的凸显选项p，并且该选项的互补选项$W \setminus p$必须也包含在论元的指谓中。这种条件下，也只有是非问句能够满足$naki_{\mathrm{IFR}}$的词汇预设条件。

[38] λQ: $\underline{\exists_1 p[p \in \bigcup\bigcap Q \wedge (W\setminus p) \in \bigcup\bigcup Q]}$. $\iota q{\in}\bigcup\bigcap Q \succ^{\mathrm{IFR}(s,\,\iota q\in\bigcup\bigcap Q)}_{g'(w)}{}^{s} W\setminus\iota q{\in}\bigcup\bigcap Q$

有了以上这些部分，我们现在就可以在基于Farkas和Bruce（2010）言外之力更新语义的修订框架下呈现$naki_{\mathrm{IFR}}$问句的语义。①

[39] $[\![\mathbf{ForceP}]\!] = [\![\mathbf{naki_{IFR}\text{-}QUEST}]\!](Q, s, K_i) = K_o$满足

(i) $DC_{s,o} = DC_{s,i} \cup \{\lambda Q: \exists_1 p[p \in \bigcup\bigcap Q \wedge (W\setminus p) \in \bigcup\bigcup Q].\ \iota q{\in}\bigcup\bigcap Q \succ^{\mathrm{IFR}(s,\,\iota q\in\bigcup\bigcap Q)}_{g'(w)}{}^{s} W\setminus\iota q{\in}\bigcup\bigcap Q\}$

(ii) $T_o = push(Q, T_i)$

(iii) $ps_o = ps_i \cup \bigcup\bigcup Q$

(iv) $cg_o = cg_i \cup \{\mathrm{IFR}(s, \iota q{\in}\bigcup\bigcap Q)\}$

用更加通俗的话语来说就是，

[40] 在$naki$问句中，$naki_{\mathrm{IFR}}$通过修改输入语境K_i并输出语境K_o来修饰疑问行为QUEST，使得语境K有如下变化：

(i) 说话者新近公开承认在考虑了推断言据信息$\mathrm{IFR}(s, \iota q{\in}\bigcup\bigcap Q)$后认为结构问句$Q$中唯一的凸显答案$\iota q{\in}\bigcup\bigcap Q$比另一个否定答案$W\setminus\iota q \in \bigcup\bigcap Q$更有可能性（偏向性意义）；

(ii) 结构问句Q被推至信息堆栈T的顶端成为最新在议问题（问句Q意义）；

(iii) 说话者提议从结构问句Q所有可能答案中选取一个添加到共识域中（问句Q意义）；

---

① 该修改框架的详细信息请见 Xu（2017）§3.5.2。

(iv) 说话者将言据信息$\mathrm{IFR}(s, \iota q \in \cup \cap Q)$直接更新到共识域中（言据意义）。

6. 结语

本文探讨了孟加拉语中含句末*naki*的是非问句中推断言据性与认知偏向性的相互作用，分析了偏向性如何从推断言据中产生并运作的：当作为推断言据标记词的句末*naki*所呈现的基于说话者推理的言据信息影响到了说话者的信念领域（doxastic domain）（即说话者所推断的变成了其所相信的），偏向性语义就产生了。从形式语义学角度来看，偏向性意义是通过将推断言据信息更新至话语中当前语境下的情态基准和排序根源中而得到的。这种更新是句末*naki*作为言外之力修饰语在言语行为层面修饰疑问行为，并在言语行为层面对认识情态进行排序和比较所得到的结果。本文的分析为推断言据如何与说话者的认识状态相互作用提供了新的见解。

参考文献

Aikhenvald, A. 2003. Evidentiality in typological perspective. In A. Y. Aikhenvald & R. M. Dixon (eds.), *Studies in Evidentiality*. Amsterdam: John Benjamins. 1-32.

Aikhenvald, A. 2004. *Evidentiality*. Oxford: Oxford University Press.

Bhadra, D. 2013. *Bangla 'naki': Evidentiality and bias* [Ms., Rutgers University].

Bhadra, D. 2020. The semantics of evidentials in questions. *Journal of Semantics* 37(3): 367-423.

Büring, D. & Gunlogson, C. 2000. *Aren't positive and negative polar questions the same?* [MS., UCSC].

Bybee, J. L. 1985. *Morphology*. Amsterdam: John Benjamins.

Faller, M. 2002. *Semantics and pragmatics of evidentials in Cuzco Quechua* [Doctoral dissertation, Stanford University].

Faller, M. 2003. Propositional- and illocutionary-level evidentiality in Cuzco Quechua. *Proceedings of SULA* 2: 19-33.

Faller, M. 2014. Reportativity, (not-)at-issueness, and assertion. *Proceedings of the Annual Meeting of Berkeley Linguistics Society (BLS)* 40: 62-84.

Farkas, D. & Bruce, K. 2010. On reacting to assertions and polar questions. *Journal of Semantics* 27(1): 81-118.

Gieselman, S. & Caponigro, I. 2010. *Two sides of the same pragmatic move: The German discourse particles etwa and nicht* [Ms., UCSD].

Grunow-Hårsta, K. 2007. Evidentiality and mirativity in Magar. *Linguistics of the Tibeto-Burman Area* 30(2): 151-194.

Gunlogson, C. 2001. *True to form: Rising and falling declaratives as questions in English* [Doctoral dissertation, UCSC].

Gunlogson, C. 2008. A question of commitment. *Belgian Journal of Linguistics* 22(1): 101-136.

Han, C.-H. 2002. Interpreting interrogatives as rhetorical questions. *Lingua* 112: 201-229.

Klima, E. 1964. Negation in English. In J. A. Fodor & J. J. Katz (eds.), *The Structure of Language*. Englewood Cliffs, NJ: Prentice-Hall. 249-323.

Kratzer, A. 1991. Modality. In A. von Stechow & D. Wunderlich (eds.), *Semantik/ Semantics: An International Handbook of Contemporary Research*. Berlin: Walter de Gruyter. 639-650.

LaPolla, R. J. & Huang, C. 2003. *A Grammar of Qiang: With Annotated Texts and Glossary*. Berlin: Walter de Gruyter.

Lassiter, D. 2011. *Measurement and modality: The scalar basis of modal semantics* [Doctoral dissertation, New York University].

Littell, P., Matthewson, L., & Peterson, T. 2010. On the Semantics of Conjectural Questions. In T. Peterson & U. Sauerland (eds.), *Evidence from Evidentials*. UBC. 89-104.

Maslova, E. 2003. Evidentiality in Yukaghir. In A. Y. Aikhenvald & R. M. Dixon (eds.), *Studies in Evidentiality*. Amsterdam: John Benjamins. 219-236.

Matthewson, L., Davis, H., & Rullmann, H. 2007. Evidentials as epistemic modals: Evidence from St'át'imcets. *Linguistic Variation Yearbook* 7(1): 201-254.

McLendon, S. 2003. Evidentials in Eastern Pomo with a comparative survey of the category in other Pomoan languages. In A. Y. Aikhenvald & R. M. Dixon (eds.), *Studies in Evidentiality*. Amsterdam: John Benjamins. 101-130.

Mukherjee, A. 2008. *Evidentiality: The case of Bangla 'naki'* [MA Thesis]. Jawaharlal Nehru University.

Murray, S. E. 2011. A Hamblin semantics for evidentials. In E. Cormany, S. Ito, & D. Lutz (eds.), *Proceedings of Semantics and Linguistic Theory (SALT) 19*. eLanguage. 324-341.

Murray, S. E. 2014. Varieties of update. *Semantics and Pragmatics* 7(2), 1-53.

Speas, M. & Tenny, C. 2003. Configurational properties of point of view roles. In A.M. Di Sciullo (ed.), *Asymmetry in Grammar*. Amsterdam: John Benjamins. 315- 345.

Sudo, Y. 2013. Biased polar questions in English and Japanese. In D. Gutzmann & H.-M. Gaertner (eds.), *Beyond Expressives: Explorations in Use-Conditional Meaning*. Leiden: Brill. 275-296.

Thiesen, W. & Weber, D. 2012. *A Grammar of Bora: With Special Attention to Tone*. Dallas: SIL International.

Willett, T. 1988. A cross-linguistic survey of the grammaticization of evidentiality. *Studies in Language* 12(1): 51-97.

Xu, B. 2013. *Nandao*-Question as a special kind of Rhetorical Question. In A. Chereches (ed.), *Semantics and Linguistic Theory (SALT)* 22: 508-526.

Xu, B. 2017. *Question bias and biased question words in Mandarin, German and Bangla* [Doctoral dissertation, Rutgers University].

Xu, B. 2018. Dedicated bias word *nandao* as an illocutionary modifier. In W. G. Bennett, L. Hracs, & D. R. Storoshenko (eds.), *Proceedings of the 35th West Coast Conference on Formal Linguistics*. Cascadilla Proceedings Project. 448-457.

Zimmermann, M. 2008. Discourse particles in left peripher. In P. Cook, W. Frey, C. Maienborn, & B. Shaer (eds.), *Dislocated Elements in Discourse: Syntactic, Semantic, and Pragmatic Perspectives*. New York/London: Routledge. 200-231.

徐贝贝，2022，一种基于凸显的结构问句语义理论。《复旦外国语言文学论丛》(2): 13-22。

Evidentiality and bias: A formal semantic study of Bangla *naki* questions

Abstract: This article explores the interaction between inferential evidentiality and epistemic bias in *naki*-Qs in Bangla, investigating how epistemic bias emerges from inferential evidential at speech act level. The study shows that *naki*-Qs necessarily express an epistemic bias towards the positive polarity answer on the speaker's part based on the inferential evidential without full commitment to it. By comparing *naki*-Qs with questions containing inferential evidentials in other languages, the article argues that the epistemic bias in *naki*-Qs not only stems from evidential grounds, but also concerns a probability comparison between the possible answers. Based on the modal framework of Kratzer (1991) and "Better Possibility" of Lassiter (2011), this article analyzes the interplay between inferential evidentality and epistemic bias by proposing that the bias meaning is a result of updating the inferential evidential into the modal base and the ordering source of the context. *naki*-Qs, therefore, embed an epistemic degree comparison at speech act level, providing new insights into how inferential evidential interacts with the speaker's epistemic state.

Key Words: biased questions; evidentiality; epistemic bias; Bangla *naki*-Qs

（责任编辑：李臻）

语言学理论研究

会话含义可取消性的理论与实证探索

“并存不悖”还是“势不两立”？
——构式网络中的横向关系与纵向关系

会话含义可取消性的理论与实证探索

山东理工大学　阿卜杜外力·热合曼　刘振前*

山东大学　孙田丰

[提　要]　本文从交叉学科视角对会话含义取消的理论基础与心理现实性进行探索。通过辨析含义取消与言者意图、所言、话语真值以及听者识解之间的关系，本文认为会话含义不会被言者显性取消，但可显性修正；可被听者语境取消，但不同类型含义的取消存在程度上的差异。基于手部运动轨迹跟踪技术的实验数据为会话含义的语境取消性及其梯度性提供了有力支撑。

[关键词]　会话含义；显性修正；语境取消；话语类型

1. 引言

1975年，语言哲学家Grice根据所言和所含两类言者意义的区分，提出了会话含义理论。他认为所言是跟句子的语义内容相关的明示意义，包含言者身份、话语时间、确定指示、消除歧义等少量语境敏感成分。含义则是听者推导出来的隐含意义，分为规约含义和会话含义。前者是词汇的搭配意义所产生的，后者则是合作原则所要求的，细分为一般与特殊两种。前者是所言通常产生的含义，后者是语境赋予的含义。Grice（1975: 57-58）概括了会话含义的五个特征：可取消性、不可分离性、可推导性、非规约性和不确定性。其中可取消性最为典型。会话含义若与会话情景发生冲突就会被取消，由其他意义所代替。会话含义的可取消性体现为两种形式：显性取消和语境取消。前者指言者在表达某一含义[1a]语句（John has three cars）后附加取消性小句（In fact, he has four），提示他已

*　作者简介：阿卜杜外力·热合曼，山东理工大学外国语学院副教授、博士。研究方向：语用学、应用语言学。Email：staratux@sdut.edu.cn。通讯地址：255000 山东理工大学外国语学院。
刘振前，山东理工大学讲座教授、博士。研究方向：应用语言学、心理语言学等。Email：levinliu1964@163.com。通讯地址：255000 山东理工大学外国语学院。
孙田丰，山东大学翻译学院讲师、博士在读。研究方向：应用语言学。Email：suntianfeng@sdu.edu.cn。通讯地址：264209 山东大学翻译学院。
本项目得到国家社科基金资助，批准号24BYY113。课题负责人：阿卜杜外力·热合曼。

经阻断原有含义[1a]的推导。后者则指通常表达默认含义的话语形式，在特定语境中，会使含义和言者意图不兼容。如，在默认情况下，话语[1]表达的是含义[1a]。但假设规定有3辆以上车辆的家庭，每户多收取200元停车费，言者说出同样的话语[1]，就意味着John至少有3辆车[1b]。

[1] He has three cars.（他有3辆车。）
a. John has exactly three cars.（约翰正好有3辆车。）
b. John has at least three cars.（约翰至少有3辆车。）

此后，会话含义的可取消性成为语用学研究的热门话题，学界至今对会话含义能否取消问题仍然存在较大的理论分歧，而且实验结果相互矛盾，导致人们对其莫衷一是。本文首先对含义取消性的相关理论做概述。其次，从语用学、语言哲学和心理语言学等学科的相关理论，围绕言者的意图、所言的界定、话语的命题及听者的解读四个方面探究会话含义可否取消。再次，在此基础上，提出会话含义不可显性取消，但可显性修正；可语境取消，但存在梯度性的论点。最后，采用实验语用学研究方法对会话含义语境取消的可行性及其梯度性进行验证。

2. 理论争议

关于会话含义的可否取消问题，学界一直存有两种对立观点：可取消论和不可取消论。

2.1 可取消论

有学者（Blome-Tillmann, 2008; Geurts, 2010: 19）认为，可取消性检验是将会话含义与其他语言现象区分开来的有效手段。所言、规约含义、语义蕴含和语义预设等都与话语的真值命题条件有密切关系。因为话语的真值条件不可取消，因此它们均不可取消。相反，会话含义不会影响话语的真值条件命题，故可取消。会话含义（“会话含义”和“含义”两个术语在下文中互换使用）的取消不会导致取消原有含义后的交际意义与所言之间的逻辑矛盾或语义冲突。新格赖斯（Grice）论者进一步认为，一般含义通常基于词汇信息（Levinson, 2000）、语法元素（Chierchia, 2004）默认生成，容易理解。如果语境不支持一般含义，在推理出其他代替意义之前，此项含义会被取消。此过程需要依靠多方面的语用信息和额外的加工步骤①。

---

① 一开始，后格赖斯论者认为，作为语用推论的含义，包括显义（explicature），具有可取消性（Carston, 2002: 96, 138）。Wilson和Sperber（1981: 159）甚至认为不止含义，字面意义如解歧和指派也可取消。

2.2 不可取消论

Weiner（2006）在讨论含义的显性取消时指出，有时实施含义取消的小句“but not P”不但没有取消，反而会强化话语的原型含义。Jaszczolt（2009）指出，在真实话语中，含义的显性取消很难跟修正区分开来。后格赖斯论者也否定了含义的语境取消（Noveck & Sperber, 2012），认为话语理解是在语境中识别言者意图。无论是所言还是含义，都是在关联原则下，在同一个系统内对其概念假设进行调整的平行认知结果（Wilson & Sperber, 2004）。若语境适当有偏向，含义的理解难度不高。同样，若语境偏向于所言，与含义相比，所言和言者意图的距离更近，理解不需要很多加工努力。故所言与含义都不存在默认解读及语境取消问题（孙玉，2010）。

3. 问题瓶颈

由上文可知，会话含义可否取消之争，根源在于各家理论对言者意图的实现、所言的界定、话语真值命题的建构及听者的语用推理的侧重点不同。只有正确认识四者与含义取消的内在关系，才能对含义的取消性做出合理解释。下面就用例[1]来探讨这四个瓶颈问题。

3.1 意图不可取消，但可以澄清

心理语言学认为，言语产出包括概念形成、语言构成、发音和自我监控四个阶段（Levelt, 1989）。在概念形成阶段，为实现说话意图，言者基于话语模式、情景知识和百科知识选择有关前语言信息，构思想要表达的概念命题。在语言构成阶段，将概念结构转化为语言结构，即将前语言信息传递到语法、词汇及语音编码等语言表征，并产生内部语音计划。在发音阶段，执行语音计划，产生言语。在最后一个阶段，言者对自己的话语进行监控，若发现言语中构成器与发音器所涉及的语义内容、句法形式、语词选择、语音编码的失误，则进行修补。

由此可推断，言语产出始于交际意图的确定。为了精确传达意图，言者能够注意话语语境中可及的资源，确定需要表达的语言内容，并根据语用关联原则以合适的表达形式产出话语。这说明言者意图在话语产出前已生成，不易取消（周红辉，2012）。但同时，若言者关注到听者不能完全接受刺激信息，准确地识别交际意图，可对话语内容与表达形式加以修补，澄清交际意图。如例[1]中的话语情境跟言者拥有的车辆数量和是否需要缴纳200元停车费有关，交际意图很明确。若言者检测到想要传递的概念意义[1b]与语言形式表达的默认意义[1a]不匹配，或跟听者的期待存在偏差，就会对潜在的原型含义进行修正，并对其交际意图进行澄清，如[2]。诚然，此处纠正的是与意图相关的语言内容与表达形式，并非意图本身。

[2] He has three cars, in fact, he has more than three.（约翰有3辆车，其实不止3辆车。）

3.2 所言不可取消，但可与含义分离

所言是话语明示表达的，由语义编码内容组成的静态意义，受语言形式的约束，故不能取消。如Korta和Perry（2007）所说，在不考虑指示、句法省略、索引和代词消解等极少的语境敏感成分的情况下，某一句子类型在不同语境中的所有话语表达具有相同最简意义的所言释义。哲学家Bach（1994）用隐型含义（impliciture）来指称一般会话含义，认为所言在逻辑形式上可与隐型含义分离开来，即使从话语[1]中分离（移除）某一隐型含义，如[1a]，移除前后形成的两个语义内容相同，即（John at least has three cars），说明无论含义是被复原还是取消，人们对所言的直觉保持不变，难以取消。此外，Rahman和Xu（2023）认为，即使所言明示表达完整的语义内容，但多数情况下可能不够具体，不能构成一个完整的交际命题。话语的真值命题是对所言未明确表达的隐含内容及不同来源的语境假设进行评估的语用结果[1a/b]。如此一来，作为构成话语真值的语用推论，含义超越所言的语义内容，所言不简单地等同于真值命题（除非真值内容完全明示）。

3.3 命题不可取消，但其真值条件具有相对性

当今普遍认为，构成交际意义的命题不可取消。虽然新格赖斯语用学（Levinson, 2000）和后格赖斯语用学（Sperber & Wilson, 1995; Carston, 2002）关于命题的本质是语义或语用问题观点不同，但两者都认为所言和显义不可取消，因为根据其理论，这两个术语均被赋予了话语真值条件命题的特征。本文赞同言者对话语的真值条件已有明确的想法，即话语的真值条件命题意义不可取消的观点，但认为话语的真值条件不仅与新格赖斯论者所谓的语言规约或后格赖斯论者所谓的语境因素有关，而且还与语义相对论（MacFarlane, 2012）主张的话语参与者对客观语境的主观评估有关。从这点讲，真值条件命题具有相对的特点，涉及不同程度的语用假设，从而导致言者（如[1b]）和听者（如[1a]）可能获得不同的真值条件命题。

3.4 含义是假设，具有不确定性

由于话语发生在一定的时空中，言者意图会涉及话语以明示或隐性方式传递的信息。其中隐性特征导致话语理解的多样性和不确定性（如John has exactly/at least/at most/about three cars）。听者借助语言知识、共享背景和语境信息，努力猜测言者意图，同时甄别与话语相关的一系列意义备选项，确定符合当前语境的最佳解释，以满足自己的交际期待。亦即，会话含义是言者不明确表达的语用假设。与言者意图关联的含义，从言者角度来看，已经确定；而从听者角度来看，则不那么确定。语境不同，同样的话语产生的语用假设不同，听者所获得的含义

也不同。同样，如果言者意图和听者期待之间存在偏差或不对应关系，那么听者实际推导出来的含义与言者意欲表达的含义不相容或有错位（王晓飞，2012）。从这一点来看，含义也许在有些情况下不会产生或被取消（甚至不会被抑制）。

概言之：（1）言者的交际意图早已包含在话语情境中，无法撤回（除非言者意识到自己说错话了），但为了避免听者的误解，可自我补全修正；（2）话语明示表达的字义即所言释义稳定不变，但因语义限定而不能明确表达完整的交际命题，需要通过语用充实加以确定由其触发的含义假设；（3）若意义已经构成了真值条件命题，就不可取消，但真值命题的推理过程是相对的；（4）含义包含的假设是话语的未言成分，其推论随语境可及程度的不同而异。

4. 解决途径

通过以上讨论可以发现：（1）言者一旦说话，通过话语的真值条件，传递了含义，自己便不能显性取消，但可以修正该含义；（2）听者在特定语境下可以取消自己认知范围中的某一含义假设，推导出正确的言者意向意义①。下文将探讨含义的显性修正与语境取消，以及不同含义类型的可取消性程度差异。

4.1 含义的显性修正

含义是言者意欲表达的交际意义。若某一意义不是言者向听者表达真实意图的反映，那它就不必传递。在这种情况下，言者可以澄清自己将要表达的意图意义。例如，[1]通常表达的一般含义是[1a]。而在[2]中，为了避免听者误解言者要表达的意图，言者通过在可能触发默认含义的句子“约翰有3辆车”之后，附加小句“其实不止3辆车”，从而阻断原话语默认含义[1a]的产生，而不是取消已经产生的含义。值得注意的是，这里实际发生的是一个单独的完整话语[2]，不能视为话语[1]再加附加小句（其实不止3辆车）。在话语[2]的情境中，根本不存在含义的取消，含义的传递过程可看作言者主动对意向含义进行澄清的行为。

含义的显性修正亦适用于特殊含义。如，在例[3]中，B对A的回答暗示他们不能再喝啤酒的特殊含义。而在[4]中，B其实已经有可以喝啤酒的念头了，因此通过语言产出中的自我监控机制，即在“Every bottle is empty”之后附加“but we can buy a few”的语言修补方式抑制了（并非先产出再取消的两步式加工）可能从前半句产生的不能再喝啤酒的潜在含义，并传递了可以再喝啤酒的实际含义。

[3] A: Let’s drink some more beer.（我们再喝点啤酒吧。）
B: Every bottle is empty.（所有的瓶子都是空的。）

① Meibauer（2012）也指出，含义的显性取消不可能，但语境取消则有可能。但是作者并未对这一观点进行深入讨论。

[4] A: Let's drink some more beer.（我们再喝点啤酒吧。）
B: Every bottle is empty, but we can buy a few.（所有的瓶子都是空的，但我们可以买几瓶。）

4.2 含义的语境取消

含义产出是言者的意图表达行为，而其理解是听者推断言者意图的行为。当听者理解言者发出的句子时，他/她在获知言者意图的基础上满足自己的交际期待。因此，在理解话语的过程中，他/她基于会话原则，对可及的语言信息和语境假设的真值条件进行评估，意在通过这些线索构成一个完整的交际命题。当听者发现其对话语的期待和当前语境不相符时，他/她可能取消或抑制大脑中预先存有的一般含义[1a]，再推导出符合语境的特定意义[1b]①。

同样，在例[3]中，A将B的话语理解为不能再喝啤酒的特殊含义。假如A能够找到一个语境信息，如B的语音、语调、脸部表情、手势等情感因素（姜望琪，2014）、双方经验等，B的实际意图并不是其话语可能产生的假定含义，那么A对B的话语进行重新分析，取消在大脑中已经生成的他们不能再喝啤酒的原型含义，再推导出符合语境和B意向的实际含义，即他们可以再喝啤酒。

总之，含义的显性修正和语境取消是两种不同的认知。就前者而言，实际产出的含义由言者澄清；就后者来说，实际获得的含义由听者推理②。两者的共同之处是，均不与原型话语形成语义对立。这样，既可以有效地避免含义的修正或取消与所言发生逻辑冲突，或与言者的意图产生矛盾，破坏话语的真值条件意义；同时也能较好地解释含义推论的不确定性。

4.3 含义取消的梯度性

含义在隐性条件下可以由听者语境取消，但语境取消性与言者意图和听者期待之间的匹配有内在关系。若发生失配，含义难以取消。王晓飞（2012）指出，话语交际是言者言语生成和听者言语理解的互动导致的意义协商过程，故含义取消的可能性不能等同于实际的成功取消。刘龙根等（2020）也认为，含义可否取消并不是非此即彼的二元对立，而是在一定程度上存在梯度性。本文进而阐明，含义取消的梯度性主要体现在以下两个方面。

其一，一般含义和特殊含义相比，特殊含义难以取消。Burton-Roberts（2010）认为，特殊含义是基于言者意图的实际含义，故不易取消；相反，一般

---

① 周红辉（2012）也注意到含义从听者的角度可被取消，含义取消乃是听者推断言者意图过程中的误测。但是，周红辉所关注的是言者所产出的含义，而本文所谓含义取消则是相对由言者的话语所触发的在听者长期记忆中已存在的含义而言的。

② 回溯 Grice 的经典论断："如果假定含义 p 允许其后附加'但不是 p'或'我并不意在 p'，那么含义 p 就可被显性取消；如果话语参与者可以推测出一个语境，抑制 p 的传达，那么 p 就可以被语境取消"（1989: 44）。这意味着所谓含义的显性取消与言者有关，语境取消则与听者有关。就本文而言，言者的显性修正逻辑式不可应用于听者的行为（如"但不是 p"或"我并不理解 p"），否则会导致模糊或荒谬；含义的语境取消限定于听者，是因为言者在给定的语境中已经传递了具备真值条件的意图意义。

含义是独立于言者意图的潜在含义，因此在非合作语境中可被取消。本文进一步认为，特殊含义难以取消，因为它有下列两个特点：（1）特殊含义的理解涉及更复杂的认知过程。特殊含义是言者间接传递的暗含意义，听者在特定语境中通过全局语用过程才能推断出来，需付出更多的加工代价，故很难被取消。相反，一般含义是言者直接表达的隐含意义（Rahman & Xu, 2023），即潜在于话语中的话语类型意义（Levinson, 2000: 25）。若听者发现语言形式默认触发的一般含义在当前语境下与言者意图不相符，可先取消，再推导出符合语境的特定意义。（2）特殊含义依赖于言者意图在特定语境中的显著性，其识解范围较窄①。如例[3]中，言者B话语的特殊含义限于“他们能喝啤酒”或“他们不能再喝啤酒”两种识解。相比之下，一般含义与言者心理意图之间的关联性没有那么强，其识解范围较宽。[3]的一般含义通常是（[这里]所有啤酒瓶子都是空的），但也可能是（[那里]~）（[冰箱里]~）（[箱子里的]~）等多种可替代意义选项之一。

其二，一般含义的可取消性也有程度上的差异。陈新仁（2017）将由语言形式、语境和百科知识驱动的语用充实意义分为五类。张延飞和刘洪东（2022）将默认意义进一步区分为语言结构意义、社会文化意义和话语语境意义，三者的语境依赖程度依次增强。因此，鉴于语言规约和语境因素的制衡关系，不同类型的话语所触发的一般含义的可取消性也会有所不同。一些含义具有相对不确定性，在物理语境中需对概念信息进行语用加工，方能确定其交际命题。故这类含义的取消也不难。如话语“下雨了”表达的潜在含义一般是言者说出话语的时刻和地点在下雨。但如果下雨的地方不是言者所在地，那么听者取消该含义，同时借助语言编码信息及话语情景推导出具有最佳关联的实际含义。另有一些含义具有规约性，相对固定，即使语境否定其存在，仍不易取消。如话语“我吃过早饭了”的非字面用途经过反复使用，形成绑定于语言形式的默认含义“言者当天吃过早饭了”。这种意义已存储在长期记忆里，因此被称为约定俗成的标准义。人们通过对语言形式的默认认知及先前经验优先获得这类含义，物理语境的调节作用较小。

5. 实证依据

前文论证了会话含义的语境取消性及其梯度性。这是基于语言自省和直觉提出的观点，需要用实证数据加以佐证。特殊含义的认知需要借助于普通语用系统，依据合作原则对语言输入和语境假设做出评估；但一般含义的认知模式及其可取消性具争议性（Breheny et al., 2006: 435）。因此，本实验将考察范围限定于一般含义。

① 这里的识解范围是相对同一个言外语力（illocutionary force）而言的，另见Rahman和Xu（2023: 9）。

5.1 背景

随着实验语用学的兴起与发展，学者们对会话含义的可取消性进行了实证探索，但得出了截然不同的结论。新格赖斯论者（Chierchia, 2004; Levinson, 2000）所谓含义可语境取消的观点（详见 § 2.1）得到Gibbs和Moise（1997）的支持，研究发现最简命题在偏离显义的下限语境中的选取率远高于偏向显义的上限语境中的选取率。Bezuidenhout和Cutting（2002）得出类似的结果，目标句在下限语境中阅读时间比上限语境长。相反，Breheney等（2006）的研究发现，级差词项在下限语境中阅读时间短于上限语境中，说明所言或替代含义的意义可直接获得，不需要先取消含义。刘龙根和朱晓真（2015）的研究显示，受试不能接受显义的取消。这些为后格赖斯论者（详见 § 2.2）提供了依据。然而，上述研究都采用了传统的离线和在线阅读任务，很难对被试的加工过程进行实时测量。此外，它们虽然在实验任务中使用了不同话语类型并获取了相应的数据，但对这些数据之间的差别却少有关注。因此，有必要借助新的实验范式，对不同类型话语的含义取消的时间进程与动态表征进行深入探索。

5.2 方法

本研究采用手部轨迹追踪技术与真值判断任务法，对一般含义的可取消性以及话语类型对其的影响进行实证考察。实验采用六种话语类型作为实验材料和四种话语类型作为对照材料（见表1）。

表1 刺激材料实例

组别	话语类型	实例
实验项	所属	她弄伤了 [自己的] 一根手指。
	基数	有 [正好] 3 口人。
	定量	[聚会上] 没人会吃烤全鸡。
	时间距离	要去滑雪场需要 [相当长的] 一段时间。
	现在完成时	她 [今晚] 吃过晚饭了。
	地点	[这里] 下雨了。
对照项	指示	他把手表放在 [这里] 了。
	索引	他和牙医预约好了 [明天] 下午去看病。
	代词消解	[他] 穿着警服。
	省略	张三吃了苹果、橘子和香梨，李四 [也是]。

两组材料都包含语境敏感成分。区别在于，实验组语用不确定，所表达的意义可通过语用加工来确认或取消；对照组通常产生话语的逻辑语义或所言解释，此种意义难以取消。如例[5][6]所示，每个刺激材料由三个话轮构成，话轮1是一名男士的提问，话轮2是女士A的回答，话轮3是女士B提供的相关事实。女士

A的回答是目标语句。实验为每一目标语句设定了两类事实情景：偏向默认意义（对照项目的所言释义[5a]及实验项目的含义释义[6a]）的上限语境与偏向可替代意义[5b][6b]的下限语境。要求33名受试判断女士A的回答与女士B给出的事实内容是否一致。

[5] 男：我能看看你儿子的手表吗？
女A：当然可以，他把手表放在这里了。
a. 女B：手表在这里，而不在那个抽屉里。
b. 女B：手表不在这里，而是在那个抽屉里。
[6] 男：今天，张三怎么了？
女A：他弄伤了眼睛。
a. 女B：张三在打篮球时不小心弄伤了自己的眼睛。
b. 女B：张三在打篮球时不小心弄伤了李四的眼睛

在上限语境中，目标语句传递的默认意义与事实内容对应，所以受试会做出更多的肯定判断。在下限语境中，若受试取消该默认意义，就会做出肯定判断；但若仍然理解该话语的默认意义，不予取消，就会做出否定判断。具体方法详见刘振前等（2018）。

本研究关注了受试的肯定判断，借助Mouse Tracker系统（Freeman & Ambady, 2010）记录了受试的判断次数、处理时间[包括初始时间（IT）和反应时间（RT）]和空间吸引分析[包括曲线下方面积（AUC）和最大偏差值（MD）]。其AUC与MD值越大，表明受试在做出判断时，目标意义的确定受非目标意义的干扰越大。

对于本研究实验，新格赖斯论者预测，虽然所言和含义都涉及一定的语境因素，但两者的认知机制有本质差别，含义在下限语境中可被取消，故对照项与实验项的数据之间可能有差异。相反，后格赖斯论者则认为某一意义的替代意义，在给定的语境中同样会得到激活，那么对照项和实验项的处理方式不会有明显的差别。

5.3 结果

我们将研究结果分两个部分汇报，以分别考察所言与含义的可取消性差异以及不同含义类型之间的可取消性差异。

5.3.1 所言与含义的可取消性差异

实验结果显示，在上限语境中，受试对实验项和对照项的判断均值无显著差异（90.20% vs. 85.86%, $p>0.1$），但在下限语境中实验项的肯定判断比例高于对照项（43.42% vs. 19.10%, $p<0.001$），表明与所言相比，受试倾向于接受

含义的取消。处理时间分析表明，实验项在下限语境的反应时间长于上限语境（1329.91ms vs. 1238.16ms, $p<0.05$），说明含义的取消需要一定的加工时间。空间吸引分析表明，当受试对对照项做出反应时，其在下限语境中的反应DM值明显高于上限语境中的反应（0.29 vs. 0.08, $p<0.01$）；实验项的DM值在上限语境和下限语境之间无显著差异（0.12 vs. 0.14, $p>0.1$），表明跟含义相比，所言不可取消。即使听者寻找其他替代意义，其推论亦受规约化的所言释义的干扰。

为了进一步了解被试何时开始对意义的理解和取消之间产生认知差异，本研究对鼠标轨迹进行原始时间分析（见图1）。结果显示，被试对于对照项开始做出反应300—400毫秒后，在*X*轴坐标上开始出现上限与下限语境之间空间吸引力的差距。然而，就实验项而言，两种语境的*X*轴坐标在整个时间段内均没有出现偏离差异。这意味着含义的推理与取消在时间进程上没有显著差异。与此相比，若要压制所言，其加工比原型解读要延迟300—400毫秒。

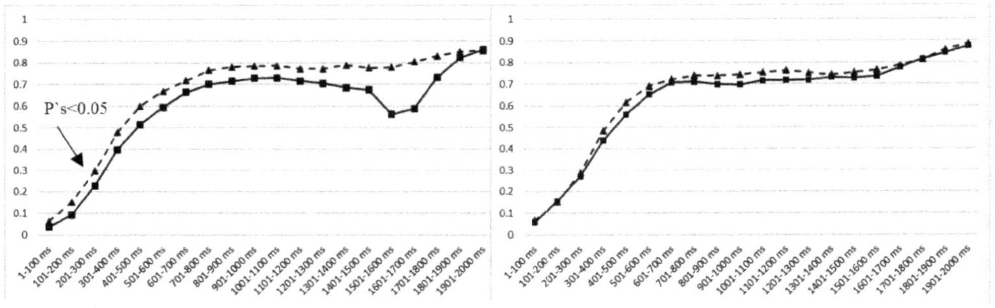

图1　对照项（左）和实验项（右）的原始时间轨迹，实线：上限语境，虚线：下限语境

5.3.2　不同含义类型之间的可取消性差异

结果显示，六组实验项目在上限语境中的判断频率、加工时间、鼠标运动轨迹数据均值没有明显的差异（P’s>0.05），但在下限语境中的均值却有显著差异(P’s<0.01)①。（1）地点（82.99%）、定量（79.45%）两组的“是”判断均值显著高于现在完成时（7.76%）、基数（15.90%）、所属（26.70%）、时间距离（32.79%）四组，说明前者的默认含义在非合作语境下会被取消，反而后者的默认含义即使语境不利仍然优先获得，不易取消。（2）所属类含义的初始反应速度（177.41ms）明显慢于时间距离（73.52ms）和地点（82.89ms）两类含义；现在完成时组的反应速度（1851.75ms）明显慢于定量（1264.16ms）和地点（1215.88ms）两组的反应速度；此外，现在完成时（1851.75ms vs. 1301.08ms）和基数（1570.82ms vs. 1209.90ms）两组在下限语境中的反应时间明显长于上限语

① 对照项话语类型在各项数据指标分析上的主要效应不显著，不予以分析。

境。这表明与其他话语类型相比，所属、现在完成时和基数三组的含义取消需要更多的时间。（3）现在完成时（AUC: 1.96, MD: 0.71）和基数（AUC: 1.17, MD: 0.55）两组的曲线值都高于定量（AUC: 0.11, MD: 0.03）和地点（AUC: 0.40, MD: 0.12），说明受试对现在完成时和基数类话语进行取消时，其可替代意义的推理过程涉及较为复杂的认知过程。

5.4 讨论

实验结果表明，总体来看，受试对产生所言的对照项与产生含义的实验项做出了不同的认知反应，表明所言和含义的理解方式不同。所言受制于语义内容，不可取消（§3.2）；而含义在一定语境下可取消（§3.4）。但与含义的获得相比，其取消需要更多的加工时间。这在一定的程度上证实了新格赖斯论者（Levinson, 2000）以及§4.2所提出的含义可语境取消假设，而不支持后格赖斯论者（Noveck & Sperber, 2012）关于所言和含义以同样的认知方式来解读，均不可取消的假设。

本研究进一步发现不同话语类型的可取消性具有程度上的差异。譬如，就现在完成时、基数和所属等话语类型而言，信息量较大的下限语境也不能有效地阻碍其原型含义的产生。被试仍将其看作交际意义。地点和定量类话语的结果与此相反。而且，这两组话语的取消不涉及额外的加工时间及认知努力。实验结果与近来关于不同话语类型的含义理解有所不同的结论一致（Rahman & Liu, 2023），同时为§4.3讨论的含义取消的梯度观提供了实证依据。

6. 结语

本研究对会话含义的可取消性进行了理论探讨与实证探究。本文首先从言者的意图、所言的界定、话语的真值和听者的推理四个方面对会话含义的可取消性进行了辨析。在此基础上，本文认为从言者的角度来看，含义不可取消，但为了避免听者误解，言者可对含义进行修正；从听者的角度来看，当语境不支持认知系统中已存储的含义时，他/她会取消此含义，以此推导出言者意向关联的特定意义，而且不同含义类型的语境取消性存在难易梯度。另外，本研究通过实验数据探索了含义的语境取消性及话语类型对其的影响。结果显示，与表达字面意义的所言相比，含义取消的概率较大、速度较快、处理较易；然而不同话语类型的含义取消性在程度上有差异。研究表明，与传统的观点相比，含义的可取消性却更为复杂多样。在未来研究中区分含义的修正和取消，以及认清含义认知的多样性是解决含义争论的一个有效途径。

参考文献

Bach, K. 1994. Conversational impliciture. *Mind and Language* 9: 124-161.

Bezuidenhout, A. & Cutting, J. C. 2002. Literal meaning, minimal propositions, and pragmatic processing. *Journal of Pragmatics* 34: 433-456.

Blome-Tillmann, M. 2008. Conversational implicature and the cancellability test. *Analysis* 68:156-160.

Breheny, R., Katsos, N. & Williams, J. 2006. Are generalised scalar implicatures generated by default? An on-line investigation into the role of context in generating pragmatic inferences. *Cognition* 100: 434-463.

Burton-Roberts, N. 2010. Cancellation and intention. In B. Soria & E. Romero (eds.), *Explicit Communication. Robyn Carston's Pragmatics*. Basingstoke: Palgrave Macmillan. 138-155.

Carston, R. 2002. *Thoughts and Utterances: The Pragmatics of Explicit Communication*. Oxford: Blackwell.

Chierchia, G. 2004. Scalar implicatures, polarity phenomena, and the syntax/pragmatics interface. In A. Belletti (ed.), *Structures and beyond*. Oxford: Oxford University Press. 39-103.

Freeman, J. B. & Ambady, N. 2010. MouseTracker: Software for studying real-time mental processing using a computer mouse-tracking method. *Behavior Research Methods* 42: 226-241.

Geurts, B. 2010. *Quantity Implicature*. Cambridge: Cambridge University Press.

Gibbs, R. & Moise, J. 1997. Pragmatics in understanding what is said. *Cognition* 62: 51-74.

Grice, H. P. 1975. Logic and conversation. In P. Cole & J. Morgan (eds.), *Syntax and Semantics 3: Speech Acts*. New York: Academic Press. 41-58.

Grice, H. P. 1989. *Studies in the Way of Words*. Cambridge, MA: Harvard University Press.

Jaszczolt, K. M. 2009. Cancellability and the primary /secondary meaning distinction. *Intercultural Pragmatics* 3: 259-289.

Korta, K. & Perry, J. 2007. How to say things with words. In S. L. Tsohatzidis (ed.), *John Searle's Philosophy of Language: Force, Meaning and Mind*. Cambridge: Cambridge University Press. 169-189.

Levelt, W. J. M. 1989. *Speaking: From Intention to Articulation*. Cambridge, MA: MIT Press.

Levinson, S.C. 2000. *Presumptive Meaning: The Theory of Generalized Conversational Implicature*. Cambridge, MA: MIT Press.

MacFarlane, J. 2012, Relativism. In G. Russell & D. G. Fara (eds.), *Routledge Companion to the Philosophy of Language*. New York: Routledge. 331-348.

Meibauer, J. 2012. Pragmatic evidence, context, and story design: An essay on recent developments in experimental pragmatics. *Language Sciences* 34: 768-776.

Noveck, I. & Sperber, D. 2012. The why and how of experimental pragmatics: the case of "scalar inferences". In D. Wilson & D. Sperber (eds.), *Meaning and Relevance*. Cambridge: Cambridge University Press. 307-330.

Rahman, A.（阿卜杜外力・热合曼）& Liu, Z. Q（刘振前）. 2023. The cognitive psychological distinctions between levels of meaning. *Language Sciences* 100: 101583.

Rahman, A.（阿卜杜外力・热合曼）& Xu, W. Z（徐万治）. 2023. Moderate semantic minimalism: An eclectic approach to trichotomy of meaning. *Humanities and Social Sciences Communications* 10(244): 1-22.

Sperber, D. & Wilson, D. 1995. *Relevance: Communication and Cognition*. London: Blackwell.

Weiner, M. 2006. Are all conversational implicatures cancellable? *Analysis* 66: 127-130.

Wilson, D. & Sperber, D. 1981. On Grice's theory of conversation. In Werth, P. (ed.), *Conversation and Discourse*. New York: Croom Helm. 155-181.

Wilson, D. & Sperber, D. 2004. Relevance Theory. In L. R. Horn & G. Ward (eds.), *Handbook of Pragmatics*. Oxford: Blackwell. 607-632.

陈新仁，2017，基于谚语理解的语用充实新探。《外语教学与研究》（6）：890-899+960。

姜望琪，2014，语用推理之我见。《现代外语》（3）：293-302.

刘龙根、朱晓真，2015，可取消性检验对显义的适用性——一项基于语义直觉判断的实证研究。《中国外语》（3）：32-41。

刘龙根、朱晓真、王晓飞，2020，"可取消性检验"可否取消？《中国外语》（2）：34-43。

刘振前、阿卜杜外力・热合曼、徐万治，2018，一般会话含义理解中语境作用的鼠标追踪研究。《现代外语》（5）：633-646。

孙玉，2010，会话含义的可取消性再探。《外国语》（3）：52-59。

王晓飞，2012，论取消会话含义的潜在可能与实际发生——兼驳"含义不可取消论"。《外语与外语教学》（3）：37-40。

张延飞、刘洪东，2022，新文科背景下语言界面研究瓶颈的解决路径。《当代外语研究》（1）：103-110。

周红辉，2012，外显义的发展及不可取消性考察。《西南交通大学学报（社会科学版）》（5）：44-48。

A theoretical and experimental study of Cancelability of Implicatures

Abstract: This paper attempts to explore the theoretical basis and psychological reality of implicature cancellation from an interdisciplinary perspective. By identifying the potential relationships between the cancelability of implicature and the speaker's intention, what is said, truth-conditional proposition, and the hearer's construal, this paper has shown that implicatures cannot be explicitly cancelled but rather clarified by the speaker; they can be implicitly cancelled by the hearer in uncooperative contexts, and there are various degrees to which they are cancelled. The data from the hand-movement tracking experiment further confirmed that implicatures could be contextually cancelled and that different implicatures differ in cancelability.

Keywords: conversational implicatures; explicit clarification; context cancellation; utterance types

（责任编辑：李臻）

"并存不悖"还是"势不两立"？
——构式网络中的横向关系与纵向关系

陕西师范大学　傅宏杰*

[提　要] 构式语法的一个核心假设是构式以网络的形式储存在心智中。然而，这个网络的内部结构仍没有定论。以往的研究大多只关注构式网络中纵向的继承关系，很少涉及横向关系。目前，横向关系开始受到关注的同时也伴随着争议。一种观点认为横向关系与纵向关系是两种不同的关系，需要区别对待；另一种观点认为横向关系和纵向关系并没有本质区别，只是不同的符号表征而已。本文基于以下三个理由，即（1）图式节点缺失，（2）图式节点功能受限，（3）横向关系比纵向关系更为基础，认为横向关系和纵向关系并不相同，支持对两者做区分处理。

[关键词] 横向关系；纵向关系；构式语法；构式网络

1. 引言

构式语法认为描写语言知识只需设立"构式"这一形义配对单位（form-meaning pairings）即可。语言知识就是由构式所组成的一个复杂网络（或构式库）（Goldberg, 1995; Hoffmann & Trousdale, 2013; Hilpert, 2014; Hoffmann, 2022）。Goldberg（2013）曾指出所有构式语法分支流派[①]都认同的四个基本假设，其中之一就是构式的网络模型。构式不是孤立存在的，而是相互联结，以网络的形式储存在大脑中。

网络模型有很多优点，但是其内部结构并未得到充分的研究（Lynfelt, 2018; Smirnova & Sommerer, 2020）。一般认为，网络由节点（即构式）以及连接这

---

* 作者简介：傅宏杰，陕西师范大学外国语学院博士研究生。研究方向：构式语法、认知语法。Email: hongjie.fu@snnu.edu.cn。通讯地址：710062 西安市雁塔区长安南路199号陕西师范大学外国语学院。

本文得到陕西师范大学研究生领航人才培养项目基金资助，批准号 LHRCTS23044。

① 构式语法是由多个分支流派所共同组成的一个理论框架，包括基于语符的构式语法、认知构式语法、激进构式语法等。本文讨论的构式语法主要指 Goldberg（1995, 2006）的认知构式语法。

些节点的链接（即关系）所构成。已有文献基本都认可不同层次的构式之间存在一种纵向关系（vertical links），其中下层构式可以继承上层构式的特征。在Cappelle（2006）提出“构式变体”（allostruction）后，同一层次构式之间的横向关系[①]（horizontal links）开始进入构式语法学家的视野，并逐渐受到关注（Van de Velde, 2014; Diessel, 2015, 2019; Perek, 2015; Sommerer & Smirnova, 2020; Bloom, 2021; Zehentner, 2023; Ungerer, 2024）。

目前，一种观点认为横向关系和纵向关系是两种不同的关系，需要区别对待（Audring, 2019; Diessel, 2019, 2023; Zehentner, 2019）；另一种观点则认为横向关系和纵向关系并没有本质区别，只是不同的形式符号表征而已（Ungerer, 2024）。那么，横向关系到底存不存在？如果存在，它与纵向关系又有什么区别？

本文的观点是横向关系存在，尽管其与纵向关系有诸多相似之处，但仍有重要差异。首先需要明确的是，本文所讨论的纵向关系和横向关系都是分类层次网络（taxonomic network）中的关系。纵向关系指“不同层次（即不同的抽象程度）构式间的关系”，而横向关系指“同一层次（即相同的抽象程度）构式间的关系”（Diessel, 2015: 306）。

文章剩余部分的结构安排如下：第2节先简要讨论纵向关系，主要关注其与继承关系的密切关联。第3节则指出设立横向关系的缘由。第4节讨论为什么横向关系与纵向关系是两种不同的关系。第5节则阐述两者是同一种关系的理由。第6节将具体论证本文的观点。最后，第7节是对全文的总结。

2. 作为纵向关系的继承关系

纵向关系和继承关系（inheritance）密不可分，本节先论述两者的关系。“继承”这个概念最早来自计算机科学，指在面向对象的（object-oriented）编程语言中，低层级的对象（子对象）可以从高层级的对象（母对象）处继承某些信息（Shieber, 2003; Diessel, 2023）。认知构式语法借用了继承关系来解释人们对语言知识的概括是如何在构式库中表征的，即不同抽象程度的构式通过继承关系相互关联。

Goldberg（1995）曾提出以下四种继承关系：例示关系（instance links）、多义关系、隐喻关系和子部分关系（subpart links）。限于篇幅和本文的研究目的，我们下面仅简要介绍例示关系和子部分关系。例示关系是一种标准的继承关系，指在不同层次的构式中，一个构式要比另一个构式更加具体。比如，[eat NP]构式和[V NP]及物构式就属于例示关系。子部分关系则指两个构式在形式

① 也被称为姐妹关系（sister relations）（Audring, 2019）或侧边关系（lateral relations）（Diessel, 2019）。

或语义上存在部分相似，但并非例示关系。比如，及物构式[1a]和双宾构式[1b]就属于子部分关系。

[1] a. John wrote a letter.（约翰写了一封信。）
b. John wrote Mary a letter.（约翰给玛丽写了一封信。）
（Hilpert, 2014: 62）

继承关系，顾名思义，似乎可以很自然地被看作是一种纵向关系。事实上，很多文献也不严格区分两者。比如，Hilpert和Diessel（2017: 59）就明确指出"继承描述的是构式网络中的纵向关系"。然而，根据我们对横向关系的定义（见第1节），继承关系中的子部分关系实际上有可能会被解读为横向关系，Hilpert（2014: 63）自己也写道："在构式库中，例示关系、多义关系和隐喻关系连接较高和较低抽象层次的构式，而子部分关系可能连接相同抽象层次的构式。"

可见，继承关系或许不能简单地与纵向关系画等号。但由于本文的主要目标在于论证横向关系是否存在以及其与纵向关系的区别，我们可以暂且把继承关系看作是纵向关系。那么下一节，我们就讨论为什么要设立横向关系。

3. 设立横向关系的缘由

随着构式语法研究（特别是历时研究）的不断深入，越来越多的学者发现在构式网络中不能只有纵向关系，还需要设立横向关系。Cappelle于2006年发表的文章通常被认为是最早涉及横向关系的文献。我们在上文已经提及，横向关系指的是同一抽象程度构式之间的关系，并不涉及继承机制。目前对横向关系的研究主要有两种路径（Smirnova & Sommerer, 2020）：一是构式变体路径，主要关注构式的交替现象（alternation）；二是构式聚合（paradigm）路径，主要关注一个构式集合内部成员间的关系。

3.1 构式变体路径

构式语法早期并不关心交替现象，因为交替带有浓重的转换生成味道，与构式语法注重表面形式的原则相抵触。Goldberg（2006: 25）就认为"最好是以分析每个构式自身的特点为主"，而Cappelle（2006）认为构式语法也可以很自然地处理交替现象。他注意到在英语的"及物动词—小品词"构式（the transitive verb-particle construction）中，小品词有两个句法位置，既可以接在动词的直接宾语前[2a]，也可以接在动词的直接宾语后[2b]。

[2] a. She turned off the TV.（她关掉了电视。）
b. She turned the TV off.　（Cappelle, 2006: 4）

Cappelle认为[2a]与[2b]的这种交替并非派生关系，而应该把它们看作是构式变体①，即一个部分结构还未明确（underspecified）的构式可以实现为两个不同的变体形式。这个结构未完全明确的构式就被称为超级构式（supercategory）。

超级构式与构式变体之间的关系如图1所示。图中的{Prt}表示小品词（Particle）的句法位置还未确定，它既可能位于直接宾语（NP $_{\text{Direct O}}$）前，也可能位于直接宾语后。

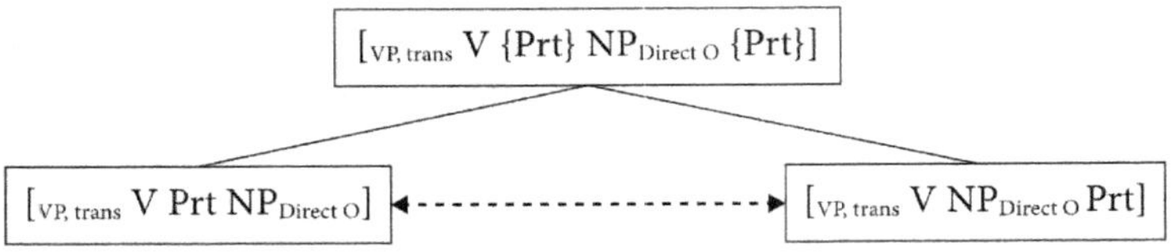

图1　带有两个构式变体的及物动词—小品词构式（Cappelle, 2006: 18）

在图1中，尽管位于下方的两个构式变体用了虚线箭头相连，但Cappelle并没有对其进行更加明确的阐述，他只是说"交替"本身也是一种储存在人们心智中的语言知识。因此，虽然Cappelle可能暗示了横向关系的存在，但他实际上强调的还是纵向关系，即这两个构式变体是超级构式的不同交替实现。

由此可见，构式变体这个概念是否真正反映横向关系还值得怀疑。比如，Perek（2015）沿用Cappelle的思路分析了与格构式的交替现象（the dative alternation），如[3]所示。[3a]与[3b]在语义上很接近，只是形式上略有差别，可以被看作是与格构式的两个构式变体。

[3] a. Mary gave John a book.（玛丽给了约翰一本书。）
　　b. Mary gave a book to John.　　　　（Perek, 2015: 155）

图2是Perek为这个交替现象所附的图。在图2中，上方的虚线框表示抽象的与格构式，其中$?_Y$表示间接宾语，$?_Z$表示直接宾语，{$?_Y$ $?_Z$}代表它们的句法位置还未明确。下方的两个实线框则表示构式变体，即上层的这个抽象构式要么实现为双及物结构（NP_X V NP_Y NP_Z），要么实现为to形式的与格结构（NP_X V NP_Z *to* NP_Y）。然而有意思的是，图2中的这两个构式变体并没有用任何线段进行相连（试对比图1），由此我们可以推断出Perek似乎并不认为构式变体之间存在横向关系。

① 形态层面有词素变体（allomorph），Cappelle 认为既然词素也是构式的一种，那么提出构式变体的概念也很自然。如此一来，词素变体就可以视作构式变体的一种特殊形式。

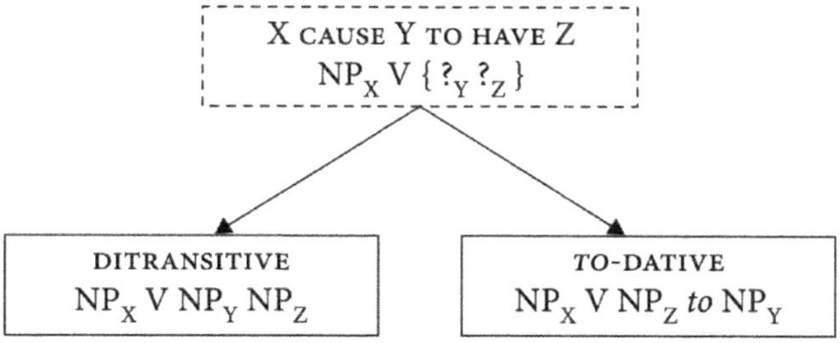

图2　与格构式及其构式变体（Perek, 2015: 156）

3.2　构式聚合路径

除了构式变体路径外，另一种研究横向关系的路径是构式聚合路径。Van de Velde（2014）认为在形态学中很常见的聚合体思想也可以应用到句法中，他称之为句法聚合体（syntactic paradigm）。位于句法聚合体中的构式在功能上互斥。比如在荷兰语中，限定性动词在小句中可以有3种句法位置。动词如果出现在句子的中间位置（V-finite-2），如hij komt morgen中的komt，那么这是一个陈述句。动词如果出现在句首位置（V-finite-1），则通常是极性疑问句、祈使句、条件句等。动词如果出现在句尾（V-finite-n），那么一般这会是一个从句。它们的关系如图3所示。

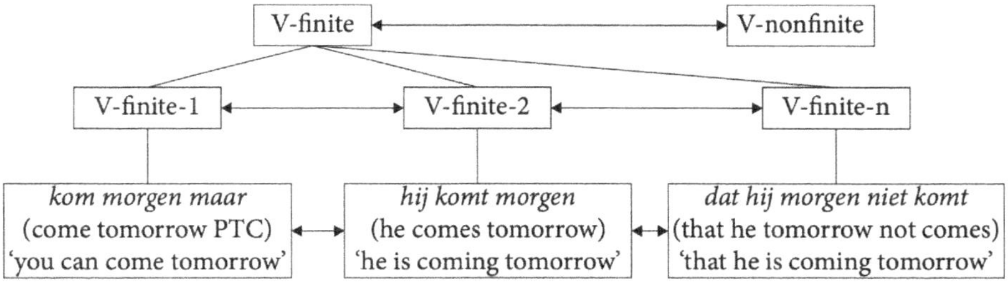

图3　荷兰语小句中限定动词的位置（Van de Velde, 2014: 150）

以上这些不同的动词位置就构成了一个聚合体。Van de Velde（2014: 147）认为一个构式的形式和功能会受到其邻近构式的影响[①]，而这就需要通过横向的对比关系（即图中的横向箭头）来体现。

可见，构式聚合路径建立在对比的基础上，而构式变体路径则更强调相似性。这似乎让人觉得两种路径截然不同。然而"相似"和"对比"实际上紧密相关，可以被看作是一个事物的两面（Diessel, 2023）。Langacker（2022）也认为"类比"和"对比"不是两个不同选项，而是共同构成"比较的相关方面"

① 这个思想也可参见 Taylor（2004: 49）。

（related aspects of comparison）。因此，本文认为无论是哪种路径，横向关系都建立在相似性的基础上。

3.3 证据：构式污染现象

构式污染现象（constructional contamination）（Pijpops & Van de Velde, 2016）被认为是横向关系存在的一个有力证据（Diessel, 2023）。下面我们通过例子来进行说明。

副词在英语中的句法位置通常十分灵活。比如，当widely出现在被动句构式中时，无论是位于分词之前[4a]还是分词之后[4b]都是合法的。而且[4a]和[4b]的意义和形式均非常相似，可以被看作是被动句构式的两个变体。

[4] a. Garlic is widely believed to help protect against infections.
（大蒜被普遍认为有助于预防感染。）
b. Garlic is believed widely to help protect against infections.
（Hilpert & Flach, 2022: 284）

那么，当有这两种变体模式可供人们选择时，它们被选中的概率是相同的吗？理论上很可能是这样，但语料库的调查结果表明人们会明显偏好使用[4a]这种副词在前的模式（Hilpert & Flach, 2022）。这种偏好很可能并非偶然。实际上，[4a]中的widely believed这种搭配模式不仅出现在被动句中，更普遍的情况是出现在名词短语中。然而名词短语对于修饰成分有严格的词序要求，只允许[5a]，而不允许[5b]。

[5] a. a widely believed myth（一个广为流传的神话）
b. *a believed widely myth （Hilpert & Flach, 2022: 284）

那么，名词短语的这种词序要求是否会影响副词在被动句中的位置？也就是说，人们在[4a]和[4b]中会强烈偏好选择[4a]，是不是受到了[5a]的影响？Hilpert和Flach（2022）通过计量分析证实了这个假设。他们使用多种方法对名词短语构式和被动句构式进行了频率测量，发现widely believed这种搭配在名词短语中有很高的频率，并最终导致了人们在被动句中也倾向使用副词在前的模式。也就是说，名词短语中“副词前置于分词”这种模式的高频使用“污染”了副词在被动句中的位置。其中，名词短语构式是污染源构式，被动句构式则是被污染的构式。由于名词短语构式并不是被动句构式的上层构式，这种影响难以用纵向关系来解释，这也就意味着[5a]、[4a]、[4b]三者之间存在一种横向关系。

4. 横向关系与纵向关系是不同的关系

通过上一节的讨论，我们有理由认为横向关系是存在的。但问题是它与纵向关系有什么本质区别？否则，根据奥卡姆剃刀原则①（Occam's Razor），没有必要设立两个关系。下面，我们列举3个可能的差别。

4.1 只能由横向关系编码的信息

我们首先观察[6]，不难看出这3组词有一些共同点。其中短横线左边的词都以-ful结尾（helpful/hopeful/powerful），右边的词都以-less结尾（helpless/hopeless/powerless）。而且它们整体都是形容词，词根部分则都为名词。观察到这些特点后，人们就可以概括出一种抽象关系，即[7]。

[6] helpful – helpless /hopeful – hopeless /powerful – powerless

[7] $[N\text{ -ful}]_A – [N\text{ -less}]_A$

Audring（2019）指出[7]中存在一种系统性的关联②，人们之后如果遇到了一个新造的词"wugful"，就知道很可能还会有对应的"wugless"存在。但是，并没有一个更上层的图式来允准这种关系。也就是说，这种情况就只存在横向关系而不存在纵向关系。

4.2 只能由纵向关系抽象出的图式所编码的信息

有一些信息只能由横向关系编码，那么也有一些信息只能由纵向关系编码。Audring（2019）认为能产性信息就需要由纵向关系抽象出的图式来编码。能产性需要作为一种特征被标记在图式中的变量上，否则人们就不能区分能产性很高的构式（如英语中的复数构式）和能产性较差的构式（如[ADJ-en]构式）。

除了能产性外，Audring（2019）认为另一个需要由图式编码的信息是基底词（base）在图式中的用途一致性（equivalence）。我们首先观察boyish和childish这两个词。它们共享同一个后缀-ish，也都有一个基底词，分别为boy和child。尽管boy和child是两个不一样的词，但它们的用途是一样的，即都是在形态句法层面充当词干，在语义层面充当论元。但是，Audring认为这种用途一致性不能用横向关系编码，因为boy和child是两个不同的词，无法体现同一性（sameness）。

要理解这一点，不妨对比后缀-ish，无论是在boyish还是在childish中，它都是不变的。因此，Audring认为想要编码这种用途一致性的话，只能把基底词抽象为一个变量N，也就是通过图式$[N\text{-ish}]_A$来表达。

① 其基本精神可表述为"如无必要，勿增实体"。关于该原则的历史可参见 Sober（2015）。
② 这种关联被称为次等级图式（second-order schema）（Booij & Masini, 2015）。

4.3 横向关系要比纵向关系更为基础

Zehentner（2019）在分析与格交替现象时指出，横向关系是上层图式得以产生的前提条件。她认为横向关系在很多构式之间都可能存在，但只有非常强的横向关系才可以抽象出上层图式，而且横向关系的固化程度要高于图式节点。反过来，如果两个构式间的横向关系比较弱，那么就不会产生纵向关系，也就无法抽象出上层图式。

她的这个观点在图4中有明确的表示。我们从图中可以看到，两个构式变体之间用了加粗的实线相连，这表示横向关系有着很高的心理固化程度。而上层抽象图式则是用虚线框表示，它与下层的两个构式变体同样也是用虚线相连，这说明上层图式的心理固化程度相对就要低一些。

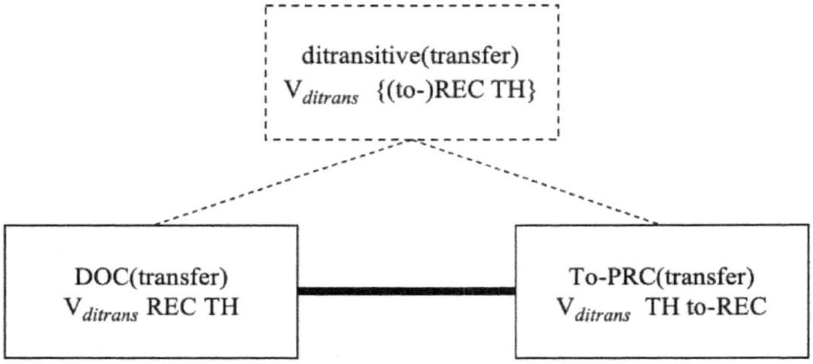

图4　双宾构式与其构式变体（Zehentner, 2019: 324）[①]

5. 横向关系与纵向关系是一体两面

与上述看法不同，Ungerer（2024）认为横向关系和纵向关系本质上是同一种关系，它们仅仅是符号表示上的差别（notational variants）。他给出了以下四个具体理由：

第一，横向关系和纵向关系都以相似性作为概念基础。不管是横向关系还是纵向关系，本质上都体现相似性。通过第3节的讨论，横向关系体现相似性已经比较清楚。而纵向关系本质上是一种范畴化关系，范畴化关系又建立在成员间的相似性基础上。因此，横向关系和纵向关系具有相同的概念基础。

第二，横向关系和纵向关系只是不同的符号表征方式，且可以互相转换。这并不是说横向关系就直接等于纵向关系，而是指两个构式间的横向关系（图5中用实线标出的部分）相当于一个上层图式加上两个纵向关系（图5中用虚线标出的部分）。

① DOC 表示 double object construction，REC 表示 recipient，TH 表示 theme，to-PRC 表示 to-prepositional recipient construction。该图和图 2 本质上是一样的，都表示一个抽象与格构式实现为（1）双宾构式，或（2）带 to 的形式。

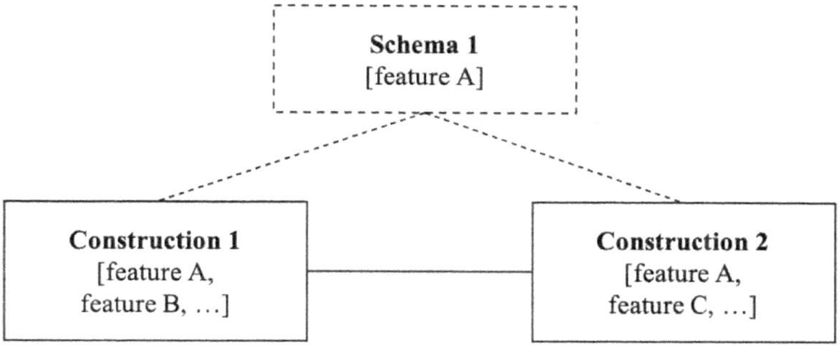

图5 横向关系和纵向关系的转换（Ungerer, 2024: 43）

第三，横向关系和纵向关系虽然本质上一样，但在实际应用时会呈现出各自的优缺点。主要体现在以下三个方面：（1）紧凑性（compactness）。由于不需要额外增加一个图式节点，一般来说横向关系在形式上要更为紧凑。然而当一个图式有较多例示的时候①，则是纵向关系更为紧凑。（2）明确性（explicitness）。纵向关系通过图式节点可以把构式之间的相似性更清楚地表示出来。（3）心理机制的可解读性。人们得先从具体的语言使用事件中发现相似性，然后才概括出图式。因此，横向关系直观上更加符合语言的浮现观。

第四，图式与例示密不可分。Ungerer采用Langacker（2006: 141）所主张的"图式通过例示储存"的观点，认为图式不独立于例示，而是内化于例示的。因此，信息到底是储存在例示还是图式其实是一个伪问题。这也意味着事实上我们难以明确区分开横向关系和纵向关系。

除了以上4点理由外，Ungerer还反对Audring（2019）提出的有一些信息只能由图式来编码（见4.2节）。首先，他认为Audring所说的同一性站不住脚，因为实际上没有哪两个构式会完全一致。不管是横向关系还是纵向关系，都只能捕捉到不同程度的相似性。不可否认Ungerer的反驳也有一定道理，但本文认为Audring更想强调的是变量在图式中所起的概括作用。

其次，Ungerer认为能产性问题也可以用横向关系解释。一个构式的能产性是人们通过先前遇到的例示推断出的。这就需要说话人追踪例示的形符频率，然后得出类符频率，再与能产或不能产的构式进行对比，那么也可以用横向关系表示。但是，Ungerer没有具体说明怎么用横向关系表示。本文还是倾向于认可Audring对能产性的看法。

① 比如有 1 个图式和 6 个例示，如果用纵向关系表示，只需要 6 条线段。而用横向关系表示的话，因为每两个例示（而不只是相邻的两个例示）都需要建立关系，一共需要 15（5+4+3+2+1）条。

6. 本文的观点

认知语言学有两大承诺，其中之一是认知承诺（Lakoff, 1990）。这意味着我们应该要最大程度地追求认知合理性。本文认为构式网络中存在横向关系，因为横向关系具有心理现实性，它建立在相似性这个概念基础上，而不仅仅是一种形式符号工具。虽然同时设立横向关系和纵向关系有信息重复存储的可能，但对于基于使用的构式语法来说，信息的冗余储存并不是问题。本文认为有以下3个理由支持横向关系和纵向关系存在差异。

6.1 图式节点缺失

图式节点是通过纵向关系抽象出来的。在有图式节点的情况中，或许我们可以认为横向关系与纵向关系编码的信息是一致的。但是，也存在一些没有图式节点的情况，这说明此时不存在纵向关系。这类情况多出现在形态层面（见4.1节），我们再举一例进行说明。

在[8]中，短横线左边都是以-id结尾的形容词，右边则都是以-or结尾的名词。[8]的特殊之处在于这些词的词根部分（*cand/*ferv/*splend）自身是不能独立成词的，如果用Ø来表示这些非词汇词根（non-lexical root）的话，则可以概括出一个对应关系[9]。

[8] candid – candor /fervid – fervor /splendid – splendor

[9] $[\text{Ø -id}]_{A}$ – $[\text{Ø -or}]_{N}$ (Audring, 2019: 288)

但是，我们无法在[9]的基础上再抽象出一个更上层的图式节点。也就是说，此时图式节点是缺失的。有意思的是，Cappelle本人近期也承认当没有共同的上层图式节点时，构式之间很可能是存在横向关系的。而且即使有上层节点，它在心智中的固化程度可能也不如下层的两个子构式高。在他看来，构式语法最开始提出网络模型时，只有纵向的继承关系。接着，发展出构式变体和部分结构信息未明确的图式性构式（见3.1节）。目前，也出现了仅需横向关系的看法（Cappelle et al., 2021）。

6.2 图式节点功能受限

上一小节讨论了图式节点缺失的情况，还有一种情况是即便可以抽象出一个图式节点，这个节点实际上也不能发挥作用。比如，我们通过层层抽象最终得出一个高度图式性的NPN构式，这是否真的可行？要说明这一点，不妨先观察[10]。

[10] a. day by day/inch by inch/row by row

b. hour upon hour/brick upon brick/mile upon mile

c. day to day/door to door/shoulder to shoulder

(Sommerer & Baumann, 2021: 124)

从[10a]我们可以抽象出[CN_{sg}^{i} by CN_{sg}^{i}][①]，其表达一种连续义。从[10b]我们可以抽象出[CN_{sg}^{i} upon CN_{sg}^{i}]，其表达一种堆积义。从[10c]我们可以抽象出[CN_{sg}^{i} to CN_{sg}^{i}]，其表达接续/对立/并列等含义。那么，在这三个构式的基础上，我们能否再继续抽象出一个更上层的图式——比如[CN_{sg}^{i} P CN_{sg}^{i}]构式甚至是[NPN]构式？

Sommerer和Baumann（2021）认为这不太可能。一个很重要的原因是，在[CN_{sg}^{i} P CN_{sg}^{i}]这个构式中，不是所有介词都是能产的。退一步讲，即使勉强认为可以抽象出[CN_{sg}^{i} P CN_{sg}^{i}]构式，但[NPN]构式是绝不可能存在的。由于[NPN]构式不限制名词和介词的种类，因此会出现各种各样的结构，以至于无法概括出一个共有的意义。换句话说，或许[NPN]这种构式只有形式而没有意义（Jackendoff, 2008），但这样一来相当于破坏了我们对构式的定义（即形式与意义的配对）。

正如Lieven和Tomasello（2008: 186）所说，类似NPN这种极端抽象的图式节点“可能只存在于语言学的论文中，一般普通人的语言知识里是没有的”。也就是说，不一定在任何情况下我们都能建立有效的纵向关系。

6.3 横向关系的固化先于纵向关系

本文还认为横向关系的建立要先于纵向关系。我们先看通过横向关系来建立图式的过程，如图6所示。首先，我们观察到底部的3个instance具有相似性，这时相当于在建立横向关系。之后，我们再通过纵向关系（即图中的schematization）抽象出一个上层图式（constructional schema）。有了这个图式后，它又可以允准新的例示（即categorization）。

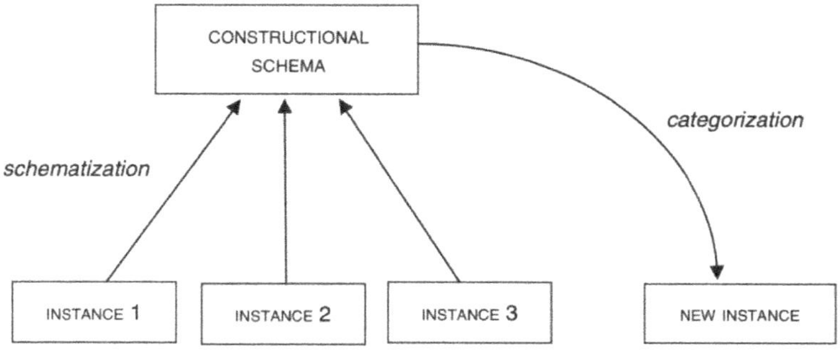

图6 图式化和范畴化（Diessel, 2019: 46）

基于图式化的这个过程，本文大致赞同Zehentner（2019）的观点（见4.3节），即只有横向关系足够强才会产生纵向关系，进而抽象出图式。Ungerer

① CN表示Count Noun，sg表示singular，上标i表示同指，即前后的两个CN需一致。

（2024）不同意Zehentner的看法，他认为纵向关系也可以有程度。强的横向关系对应强的纵向关系，最后抽象出强的图式。弱的横向关系对应弱的纵向关系，最后抽象出弱的图式。虽然Ungerer的反对意见听上去也有一定道理，但实际上不太可行。按照Ungerer的说法，似乎横向关系和纵向关系的建立是同时进行的。但本文认为两者不太可能同时出现。我们总是需要先观察到一定量的使用事件，才能发现它们之间有一种系统关联，进而抽象出上层图式。从语言习得的角度看，这需要时间。也就是说，横向关系的固化要先于纵向关系。

7. 结语

最后，我们再简要讨论一下其他理论模型对网络的看法。不同理论有不同的观点，但基本都认可构式网络中至少存在3种关系：象征关系、横组合关系以及纵聚合关系（Ungerer & Hartmann, 2023）。象征关系连接一个构式的形式与意义。横组合关系表达构式的线性共现。纵聚合关系则来自构式的相似性。相似性也是构式形成分类层次网络的基础。因此，本文所讨论的纵向关系和横向关系其实都是纵聚合层面的。

接下去我们主要关注固化与规约化模型（Entrenchment and Conventionalization Model）（Schmid, 2020）。该模型除了横组合、纵聚合以及象征关系外，还设立了一个语用关系来关联构式和情景语境。Schmid对网络的看法比较激进，他认为语言知识只有“关系”（association）这一种形式。这和主流构式语法的主张有所不同（见第1节），即语言知识只有构式。那么和本文相关的一个问题是，横向关系也是构式吗？

Cappelle等（2021: 290）认为不是（纵向关系同样也不是）。这就是他设立图式节点的原因：人们知道交替的用法说明构式变体之间一定有某种关系。既然关系本身不是构式，那么只好设立一个上层构式来存放这个信息。Schmid的看法则完全相反，他认为信息并不储存在构式节点之中，而是储存在节点与节点之间的关系中①。Diessel（2019）的“叠套的网络模型”（a nested network model）也持类似看法。不可否认这种新的观点很有意思，在理论层面似乎也更为统一，不过其可行性还有待进一步的检验。

本文通过（1）图式节点缺失；（2）图式节点功能受限；（3）横向关系比纵向关系更为基础这三个理由，认为横向关系和纵向关系并不相同。当然，无论是本文所讨论的横向关系，还是其他理论模型对网络的看法，都意味着在未来我们还需要更加深入地探讨这个构式网络的内部结构。

① 这也反映了近期关系中心论（connection-centered）和节点中心论（node-centered）的争议（Hilpert & Diessel, 2017; Sommerer & Smirnova, 2020）。

参考文献

Audring, J. 2019. Mothers or sisters? The encoding of morphological knowledge. *Word Structure* 12(3): 274-296.

Bloom, B. 2021. *Lateral Relations & Multiple Source Constructions: The Old English Subject Relative Clause and the Norwegian Han Mannen-construction*. PhD. Dissertation, Friedrich-Schiller-Universität Jena.

Booij, G. & Masini, F. 2015. The role of second order schemas in the construction of complex words. In L. Bauer, L. Kőrtvélyessy & P. Štekauer (eds.), *Semantics of Complex Words*. Cham: Springer. 47-66.

Cappelle, B. 2006. Particle placement and the case for "allostructions". *Constructions* 1: 1-28.

Cappelle, B., Travassos, P. F., Mota, N. A., Costa, M. G. da, Nunes, L. F., Martins, G. L. & Vieira, M. dos S. M. 2021. Constructional variation-unveiling aspects of linguistic knowledge: Interview with Bert Cappelle. *Revista Da Anpoll* 52: 258-306.

Diessel, H. 2015. Usage-based construction grammar. In E. Dąbrowska & D. Divjak (eds.), *Handbook of cognitive linguistics*. Berlin: Mouton de Gruyter. 296-322.

Diessel, H. 2019. *The Grammar Network: How Linguistic Structure is Shaped by Language Use*. Cambridge: Cambridge University Press.

Diessel, H. 2023. *The Constructicon: Taxonomies and Networks*. Cambridge: Cambridge University Press.

Goldberg, A. 1995. *Constructions: A Construction Grammar Approach to Argument Structure*. Chicago: University of Chicago Press.

Goldberg, A. 2006. *Constructions at Work: The Nature of Generalization in Language*. Oxford: Oxford University Press.

Goldberg, A. 2013. Constructionist approaches. In T. Hoffmann & G. Trousdale (eds.), *The Oxford Handbook of Construction Grammar*. Oxford: Oxford University Press. 15-31.

Hilpert, M. 2014. *Construction Grammar and its Application to English*. Edinburgh: Edinburgh University Press.

Hilpert, M. & Diessel, H. 2017. Entrenchment in Construction Grammar. In H. Schmid (ed.), *Entrenchment and the Psychology of Language Learning: How We Reorganize and Adapt Linguistic Knowledge*. Berlin: De Gruyter Mouton. 57-74.

Hilpert, M. & Flach, S. 2022. A case of constructional contamination in English: Modified noun phrases influence adverb placement in the passive. In K. Krawczak, B.

Lewandowska-Tomaszczyk & M. Grygiel (eds.), *Contrast and Analogy in Language: Perspectives from Cognitive Linguistics*. Amsterdam: John Benjamins. 283-302.

Hoffmann, T. 2022. *Construction Grammar: The Structure of English*. Cambridge: Cambridge University Press.

Hoffmann, T. & Trousdale, G. 2013. *The Oxford Handbook of Construction Grammar*. Oxford: Oxford University Press.

Jackendoff, R. 2008. Construction after construction and its theoretical challenges. *Language* 84(1): 8-28.

Lakoff, G. 1990. The invariance hypothesis: Is abstract reason based on image-schemas. *Cognitive Linguistics* 1(1): 39-74.

Langacker, R. W. 2006. On the continuous debate about discreteness. *Cognitive Linguistics* 17(1): 107-151.

Langacker, R. W. 2022. What could be more fundamental? In K. Krawczak, B. Lewandowska-Tomaszczyk & M. Grygiel (eds.), *Analogy and Contrast in Language: Perspectives from Cognitive Linguistics*. Amsterdam/Philadelphia: John Benjamins. 15-46.

Lieven, E. & Tomasello, M. 2008. Children's first language acquisition from a usage-based perspective. In P. Robinson & N. Ellis (eds.), *Handbook of Cognitive Linguistics and Second Language Acquisition*. New York: Taylor and Francis. 168-196.

Lyngfelt, B. 2018. Introduction: Constructicons and constructicography. In B. Lyngfelt, L. Borin, K. H. Ohara & T. T. Torrent (eds.), *Constructicography: Constructicon Development across Languages*. Amsterdam/Philadelphia: John Benjamins. 1-18.

Perek, F. 2015. *Argument structure in Usage Based Construction Grammar*. Amsterdam/Philadelphia: John Benjamins.

Pijpops, D. & Van de Velde, F. 2016. Constructional contamination: How does it work and how do we measure it. *Folia Linguistica* 50(2): 543-581.

Schmid, H. 2020. *The Dynamics of the Linguistic System: Usage, Conventionalization, and Entrenchment*. Oxford: Oxford University Press.

Shieber, S. 2003. *An Introduction to Unification-Based Approaches to Grammar*. Brookline, MA: Microtome Publishing.

Smirnova, E. & Sommerer, L. 2020. Introduction: The nature of the node and the network – Open questions in Diachronic Construction Grammar. In L. Sommerer & E. Smirnova (eds.), *Nodes and networks in Diachronic Construction Grammar*. Amsterdam/Philadelphia: John Benjamins. 1-42.

Sober, E. 2015. *Ockham's Razors: A User's Manual*. Cambridge: Cambridge University Press.

Sommerer, L. & Smirnova, E. 2020. *Nodes and networks in Diachronic Construction Grammar*. Amsterdam/Philadelphia: John Benjamins.

Sommerer, L. & Baumann, A. 2021. Of absent mothers, strong sisters and peculiar daughters: The constructional network of English NPN constructions. *Cognitive Linguistics* 32(1): 97-131.

Taylor, J. 2004. The ecology of constructions. In G. Radden & K. Panther (eds.), *Studies in Linguistic Motivation*. Berlin: Mouton de Gruyter. 49-73.

Ungerer, T. 2024. Vertical and horizontal links in constructional networks: Two sides of the same coin? *Constructions and Frames* 16(1): 30-63.

Ungerer, T. & Hartmann, S.2023. *Constructionist approaches: Past, Present, Future*. Cambridge: Cambridge University Press.

Van de Velde, F. 2014. Degeneracy: The maintenance of constructional networks. In R. Boogaert, T. Colleman & R. Gijsbert (eds.), *Extending the Scope of Construction Grammar*. Berlin: Mouton de Gruyter. 141-180.

Zehentner, E. 2019. *Competition in Language Change: The Rise of the English Dative Alternation*. Berlin: Mouton de Gruyter.

Zehentner, E. 2023. Allostructions re-revisited. *Constructions* 15(1): 1-20.

Friends or enemies?
A review of horizontal links and vertical links in the network of constructions

Abstract: One central claim of Construction Grammar is that linguistic knowledge consists of a network of constructions, which are pairings of form and meaning. However, the internal structure of this constructional network is still uncharted. Whereas vertical links are well investigated in the literature, horizontal links are much less studied. No general agreement is made about the nature of horizontal links. On the one hand, horizontal and vertical links are considered distinct and need to be treated separately. On the other hand, they are thought to be essentially the same, but simply notational variants. This paper agrees with the first view and argues that it is better to postulate a horizontal link in the constructicon.

Keywords: horizontal links; vertical links; Construction Grammar; constructional network

（责任编辑：李臻）

具体语言研究

“有”字存在句与零动词存在句交替选择的多重对应分析

北京航空航天大学　王义娜　吴超异*

[提　要] 本研究基于存在句的六组概念变量，从情境定位角度对近义存在构式“有”字句和零动句的使用限制进行多重对应分析。研究发现：（1）两者的概念原型在存在客体的具象性和描写性编码上呈现反向差异：“有”字句强调客观存在而零动句凸显主观描写。（2）两者在量化、修饰语等描写性成分和客体名词类型的使用上出现概念重合，但其交替选择呈现句式独特性：高描写性成分可消解零动句对客体名词类型的限制，但进入“有”字句时，所携带的主观描述义基本消失。（3）两者的概念化方式不同，情境定位方式上表现为量化标记的强制性和主客观性：“有”字句的存在义表达以概念内容为基础，可使用客观量化标记；零动句表达的是概念主体对存在场景的认识，主观量化标记是关联存在空间和客体情境的必要成分。

[关键词] 零动句；“有”字句；概念重合；情境定位；多重对应分析

1. 引言

存在句是编码存在义的语言表征，通常表达“某处存在某物”。在形式上一般可分为前段、中段与后段（雷涛，1993），分别对应存在空间、存在方式与存在客体，常见于“有”字存在句，如例[1a]由“院里+有+池子”三部分构成。但有些存在句并不包含中段的谓语动词，如例[1b]只包含存在空间“山脚下”和存

---

* 作者简介：王义娜，北京航空航天大学外国语学院教授、博士、博士生导师。研究方向：对比语言学、认知语言学。Email：eenawang@163.com。通讯地址：100191 北京航空航天大学外国语学院。
吴超异，北京航空航天大学外国语学院博士生。研究方向：对比语言学、认知语言学。Email：Frauvera@163.com。通讯地址：100191 北京航空航天大学外国语学院。
项目资助：国家社科基金项目“情境植入层级建构下的汉英事态限定方式比较研究”（编号20BYY011）。

在客体“一片浓雾”，本文称之为零动词存在句。[①]

[1] a. 院里有一个池子。
b. 山脚下一片浓雾。

句法结构是表达概念内涵的外在手段（Langacker，1991），不同类型的存在句呈现出概念主体对存在关系的不同概念化方式。在以往研究的基础上，本文聚焦于“有”字存在句与零动词存在句（下文简称为“‘有’字句”与“零动句”），采用探索式的多重对应分析方法（Greenacre, 2007; Levshina, 2015），从情境定位角度（grounding）对这对近义构式的可交替性进行可视化分析，进而基于其情境定位方式的选择，探讨两种存在构式的用法异同和概念化差异。

2. 问题的提出

存在句包含“有”字句和零动句等多种表达方式。以往研究多围绕“有”字句展开（范方莲，1963；雷涛，1993；刘街生，2009；帅志嵩，2017等），指出“有”字句表示存在义，其主要作用是叙述事物的存在性，其前后两个名词性成分分别指向“存在空间”和“存在客体”，动词“有”语义单纯，仅标示其后名词性成分的存在性，其句式语义通常表达客观性的存在。随着研究深入，零动句、“是”字句、“V着”句等表存在的非典型句式受到关注（胡文泽，2004；崔璨、袁毓林，2019；董秀芳，2022等）。

关于零动句表存在义，研究基本认可其非原型地位，指出零动句是由定语与中心语组成的偏正词组充当谓语的存在句，其谓语部分的名词大多表示无生命的物体，由数量词限定（宋玉柱，1982；齐沪扬，1996）；句中两个名词性成分为空间量与物量并置：前者借助方位词定位场景，后者使用物量标记和复杂定语（黄健秦，2018）。从语义出发，曹阳、童家伟（2022）认为零动句的语义体现在对存在场景的空间性编码上，“数量结构”是零动句的必要成分。刘正光等（2022）指出零动句是由表达事物的存在转化为情状或情景的存在。许小艳等（2023）则指出该句式同时凸显了存在和影响两种关系，高描写性是零动句与“有”字句的明显差异。

综上，研究基本认可“有”字句和零动句是两个独立的存在构式，前者侧重事物的存在，后者侧重存在场景的描写，但两个构式多有重合，“难以明确划分”（许小艳等，2023：21）；对于物量标记和修饰语的限定地位也无一致观

① 有学者称之为定名谓语存在句（杜瑞银，1982）、定心谓语存在句（宋玉柱，1982）、零动词句（齐沪扬，1996）、零动词存在构式（曹阳、董家伟，2022）或“LP NP”句（许小艳等，2023）。

点。那么这两个构式存在哪些可交替因素，其概念原型和概念重合是如何表现的，尚待实证研究。据此，本文运用多重对应分析方法（Multiple Correspondence Analysis，简称"MCA"），基于六组存在变量的语料库数据对这对近义存在构式进行可视化分析，以进一步挖掘其概念原型、概念重合及概念化方式差异。

3. 语料来源和变量选择

研究语料来自北京语言大学语料库（BCC）的多领域子库，包含文学、报刊、科技和微博四类语体。首先通过正则表达式检索、关键词查询、R语言筛除①自动收集，之后手动删除与存在义无关的例句，最后随机选取各500条样例。两类构式的样本保持相同。

根据以往研究，本文将两个存在句式初步描写为："NP_L+有+NP_O""NP_L+NP_O"（NP_L和NP_O分别指向表达"存在空间"和"存在客体"的NP）。基于其组构成分的限定特点，我们从情境定位角度设定了下列六组解释变量：

NP_L的方位性。NP_L是具有方位意义的存在空间，方位性标记可包括前置词"在"与方位词"上、下、里、外"等两种。因此，NP_L的方位性设置了四个取值：前置词、方位词、同时采用、均无采用。

NP_O的客体性。存在客体可以是具体的人或事物，也可以是不具有空间形状的抽象实体。因此，NP_O的客体性包含具象与抽象两个取值，前者的客体性高于后者。

NP_O的数量性。NP_O前的物量标记包括个体量词、范围量词和其他数量限定。个体量词计量客观实体，范围量词重在修饰、描写抽象事物，其他限定包含零限定和"许多、大量、少许"等模糊量化。②为此其量性特征包括上述三个取值。

NP_O的描写性。NP_O的描写性特征涉及两个值：有修饰语与无修饰语。修饰语可凸显概念主体对NP_O的主观限定，体现概念主体的认识和态度，更具主观性。

时体性和情态性。存在句可凸显存在关系的状态或变化，也可表达对存在情状的认识。前者如"了""着""过"等时体标记，后者如情态副词、句末语气词等情态标记。为此，变量水平分别为有/无时体标记、有/无情态标记。具体例证及数据如表1所示。

---

① 采用检索式"n*n"在BCC子库穷尽式搜索并选择随机排序输出方式，在R语言软件中借助'grepl'函数与正则表达式'verb_pattern'保留离合区域（即检索式中"*"）中不含有动词的数据，获得零动句语料。同理，通过判断离合区域是否仅含动词"有"来收集"有"字句的语料。

② 感谢匿名审稿专家对变量参数和整体可读性等提出的改进思路和建议。

表1 标注变量与变量水平

变量类型	变量名称	变量水平	例句	标注	频次
解释变量	NP_L 方位性	前置词	在汾水东西有几个山庄。	Prep	38
		方位词	窗外一片绿色的春天。	Loca	621
		前置词＋方位词	在一座高层建筑里有一间一套的房子。	PrLo	69
		无方位标记	附录有他的一节论文。	nPrLo	272
	NP_O 客体性	具象性	在西边儿有一个藤蔓爬满的假山。	Phy	624
		抽象性	小屋里一片令人不安的沉寂。	Abs	376
	NP_O 数量性	个体量词	场上已经有了三个黍秆堆。	Indi	434
		范围量词	屋外一片月光。	Scop	295
		其他数量限定	山脚有桦树。	nInSc	271
	NP_O 描写性	有修饰语	门墙上一副红底黑字的木对联。	Mod	552
		无修饰语	脸上有鼻涕眼泪。	nMod	448
	时体性	有时体标记	天空有了飞鸟白云。	TA	40
		无时体标记	办事处后院有个后门。	nTA	960
	情态性	有情态标记	三两天皮鞋上就一层灰。	EP	121
		无情态标记	酒里有一股淡雅高贵的兰花气息。	nEP	879
反应变量	存在构式	“有”字句	—	YOU	500
		零动句	—	NOM	500

4. 多重对应分析

对两类存在句的所有样例进行多重对应分析，并构建95%置信椭圆（Levshina，2015），如图1a-b、图2a-b，发现两类句式的概念变量空间区别明显，同时两者也存在一些概念重合，值得探讨。

4.1 MCA对两类存在句的维度阐释

对数据样例进行多重对应分析，构建了“有”字句与零动句的二维概念空间图（简称MCA图），如图1a-b所示，黑色三角为“有”字句与零动句的变量特征，灰色圆点代表1000条样例的具体编号，Dim是观察的维度。分析数据可得，两个维度可解释74.6%的差异（Dim1为 63.3%；Dim2为11.3%），有效反应出两类存在构式的概念变量空间。在图1a的第一维度中，贡献较大的因素有三个：范围量词（Scop，R^2=0.704）、抽象名词（Abs，R^2=0.631）、有修饰语（Mod，R^2=0.343），其正负方向可有效区分出“有”字句与零动句中NP_O的差异。第二维度上的因素有两个：方位词（Loca，R^2=0.382）、无情态性（nEP，R^2=0.340），主要表征了“有”字句与零动句在NP_L与小句情态上的差异。

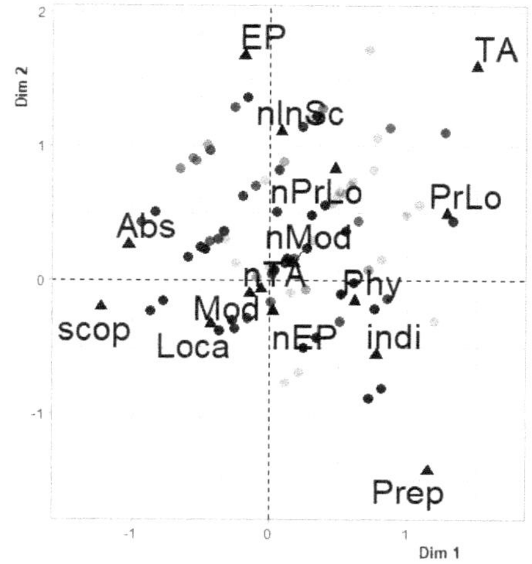

图1a 基于样例和概念变量的MCA图

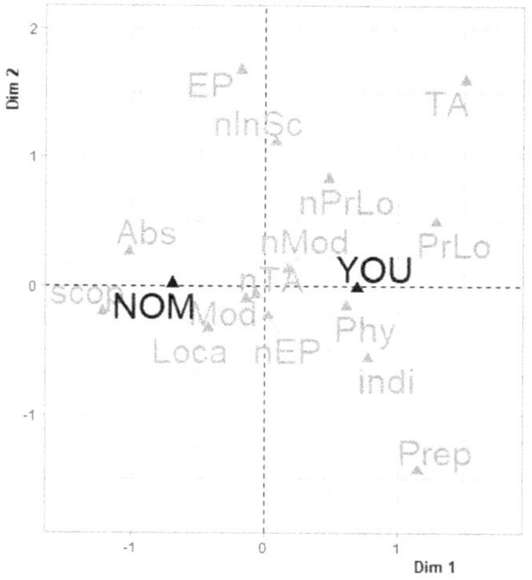

图1b 基于补充变量和概念变量的MCA图

在此基础上，本研究将两类存在构式作为补充变量添加到MCA图中（见图1b的黑色三角）。从图1b可以看出，“有”字句（YOU）位于右下象限，零动句（NOM）在左上象限。观察概念变量与反应变量之间的位置关系可知：个体量词（Indi）、前置词+方位词（PrLo）、前置词（Prep）和时体标记（TA）位于“有”字句的右侧，说明这些变量与“有”字句为强相关。范围量词（Scop）与抽象名词（Abs）位于零动句的左侧，说明这两个变量与零动句为强关联。

其余变量水平位于“有”字句与零动句之间，与两类存在构式都有一定关联，但关联性强弱不同：具体名词（Phy）、无修饰语（nMod）和无情态标记（nEP）更接近“有”字句；方位词（Loca）、有修饰语（Mod）和无时态标记（nTA）距零动句更近，与零动句关联性更强。这一数据结果推进了以往研究关于两类存在句组构差异的认识。

4.2 “有”字句和零动句的范畴原型与范畴边界

本研究围绕两种存在构式语义映射图的矩心构建了其范畴中心和95%置信椭圆，以进一步探究其原型和重合特征，如图2a-b所示。

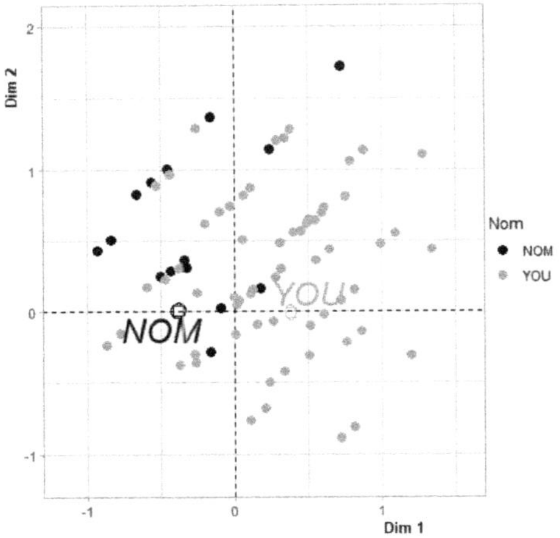

图2a　两种存在构式的范畴中心分布

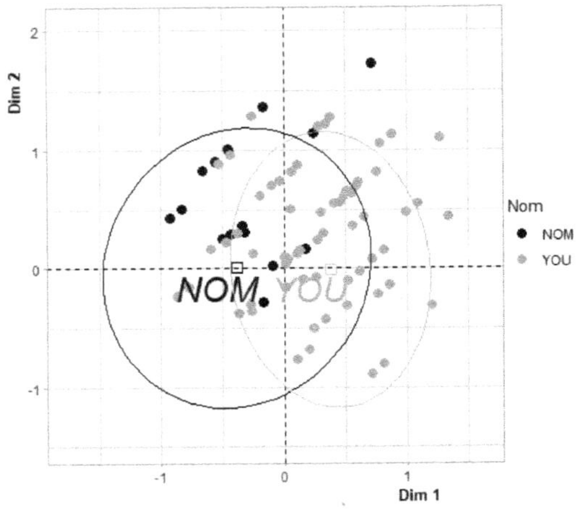

图2b　两种存在构式的样例重合分布

在图2a中，右侧和左侧的椭圆分别是“有”字句（YOU）和零动句（NOM）的原型样例。两个椭圆完全分离，说明两类存在句的概念原型彼此独立。结合图1b的变量位置可见，“有”字句的原型特征①是方位词（Loca）、个体量词（Indi）、无修饰语（nMod）和具体名词（Phy），如例[2a]中的“里、一颗、树”。零动句的原型特征有方位词（Loca）、范围量词（Scop）、有修饰语（Mod）和抽象名词（Abs），如例[2b]中的“里、一股、浓烈的、油漆气味”。由上，两者在NP_O的客体性和描写性上区别明显。

[2] a. 院子里有一棵树。
　　b. 院子里一股浓烈的油漆气味。

在图2b中，右侧和左侧的椭圆分别是基于“有”字句和零动句95%样例的置信椭圆，两个椭圆部分重合，说明两种存在句共享部分特征。结合其变量位置可见，其共享特征主要集中在：NP_L可带方位词（Loca）、NP_O可为有/无修饰语（Mod/nMod）和具体名词（Phy）、无时体（nTA）和无情态标记（nEP），说明在一定条件下，两种存在构式可以交替使用，如例[2b]可改为“有”字句但[2a]不能使用零动句。句式的可交替性以往少有关注，下面结合变量分布和样例数据，对两种构式的概念原型和重合作进一步阐释。

① 图1b显示，前置词（Prep）、前置词+方位词（PrLo）和时体标记（TA），也都位于“有”字句象限内，但与其核心椭圆点YOU距离较远。这说明这几个变量只是“有”字句的区别性变量，而非其原型特征。前置词和时体标记只能出现在“有”字句中，零动句中没有动词，不能与之共现，其区别性变量是情态标记（EP）。

5. "有"字句与零动句的概念原型与概念重合

5.1 "有"字句和零动句的原型特征

根据图1和图2的变量分布，"有"字句的原型特征可描写为"NP_L（+方位）+ 有 +（个体量化+）具体NP"，即该句式的典型用法是通过关系动词"有"描述NP_L和NP_O间的客观存在关系。比如：

[3] a. 四合院里有一棵枣树。
b. 门两旁有两根石柱。

"有"表达存在关系时，通常不带有时体、情态等限定成分。NP_L"四合院、门"通过"方位词"里、旁"的空间限定，给出了NP_O"枣树、石柱"的具体地点，凸显其空间性。NP_O经由"计量数词+个体量词"等客观计量限定，呈现出个体性和具指性，与整个构式的客观存在性相吻合。

由图1和图2亦可看出，零动句的原型特征为"NP_L（+方位）+（范围量化+修饰限定+）抽象NP"。除不含动词外，同"有"字句的典型区别还表现在限定方式及NP_O类型上：NP_L必受方位词限定；NP_O为抽象名词且受范围量词和修饰语共同限定。这些限定成分都是概念主体对NP_O的主观量化，表达存在空间的NP_L因而也成了"被说明或描写的对象"（许小艳等，2023：25）。例如：

[4] a. 窗外一片绿色的春天。
b. 教室里一片凄凉的秋天般的景象。

抽象NP"春天、景色"通过"一片"加以限定，传递出概念主体主观认知上的无界感，句中的"一片"表达满布或"全量义"（曹阳、童家伟，2022：133），带有描写性。再看其修饰语"绿色的、凄凉的秋天般的"：从名词短语角度看，修饰语非必要成分，删去对结构没有根本性影响。但从成句看，其使用可凸显NP_O的焦点地位，赋予整个构式描写性的特点，删去后，零动句无法完句。这一观察初步解释了为何零动句的存在义表达不需要动词：其原型用法是"通过NP_O的性质或状态来描写NP_L的存在场景"，表达的存在义带有主观性。

5.2 "有"字句与零动句的重合特征

数据表明，"有"字句与零动句共享的主要特征有：NP_L带方位词、NP_O可为具体名词、有/无修饰语。由此推测，编码这些变量水平的样例呈现出两种构式的交替使用。鉴于主要涉及NP_O的客体性与描写性，下面的讨论将逐一分析两组概念变量的不同水平与构式交替之间的关系。

首先将NP_O依次统一为"有修饰语"和"无修饰语"，观察NP_O是具象客体时在两种构式中的交替情况。数据表明，重合区域中有修饰语的样例"有"字句为156条，零动句为75条，如例[5][6]；无修饰语的样例“有”字句154条，零动句样例86条，如例[7]。观察发现，两种构式的可交替性不同。

[5] a. 工地里有五六名冒名领薪水的人。
b. 山墙上一副红底黑字的木对联。
[6] a. 那里的草地上方有一片茂密的荆豆，她就躲在荆豆的后面。
b. 地里一片光秃秃的树桩。

上述例子中，NP_L和NP_O分别是具体空间和具象客体，但其限定成分有两种情况，一种是客观描写，如[5a-b]的计量数词“五六名、一副”和描述语“冒名领薪水的、红底黑字的”；一种是主观描写，如[6a-b]中的范围量词“一片”和修饰语“茂密的、光秃秃的”。进而回看所有样例，NP_O带修饰语时受范围量词和个体量词限定的情况都有，但“有”字句主要走向客观限定，其主观描写性受到限制。即使是范围量词，如[6a]的“一片”，其表达也相对具体，并非全量义，NP_O的整体性减弱。可见“描写成分+具象客体”是两类句式可交替的一个条件，而描写性高低受到句式限制。

再看“无修饰语”的情况，如[7a-b]。NP_O“四个小孩、三个姑娘”只有个体量词限定，一般是“有”字句的典型样例，这样的零动句往往缺少自足性，难以独立完句，比如[7b]可改为“有”字句，但[7a]不能随意改为零动句。

[7] a. 炕上有四个小孩。
b. 书店里三个姑娘，我倒搞不清哪一个？

回看重合区域中的零动句，其NP_O为计量限定时，往往需要补充描写来辅助完句，如[8a]补充了“谁见了……”，[8b]采用对举式，丰富了存在场景的状态描写。以往研究也提及类似情况，如[8c]“山坡上一株枯树”缺少描述，作为句子不够自足，是后接的主观描述成分“好像是黑纸剪成的”完成了“句子的自足性”，在进一步陈述“枯树”的同时，构建出“山坡上”存在的景象（许小艳等，2023：25）。

[8] a. 娃娃脸上一对水汪汪的大花眼，谁见了都会喜爱的。
b. 今儿大褂上一个窟窿，明儿坎肩上一个，由他去。
c. 山坡上一株枯树，好像是黑纸剪成的。（许小艳等，2023：25）

由上可以看出，当NP_O为具象客体时，无论有无修饰语，其客体性都相对明显。此类零动句可替换为“有”字句，只是替换后存在义的主观性减弱。但此类“有”字句一般不能替换，需要补充修饰语或其他限定性描写来辅助完句功能，方可改为零动句。这一观察验证并推进了以往研究的观点，两种构式都可携带一定的描写成分，但高描写性成分可凸显NP_O的焦点地位，是零动句的必要限定成分。

我们继而考察了NP_O为抽象客体时，描写性对两种构式交替可能产生的影响。数据显示，NP_O无修饰语时，零动句样例107条、"有"字句12条；NP_O有修饰语时，零动句样例190条、"有"字句24条。可见这一因素水平主要受零动句影响，与"有"字句交集不多。例如：

[9] a. 厨房里有一股味道，很像昨晚在图书室内将我熏倒的烟气。
b. 屋里一股热气。
[10] a. 雾中的脸上有一种祈求的表情。
b. 车间里一片金色的霞光。

例[9b]和[10b]为零动句，整个构式描写了"热气"充满房屋、"霞光"洒满车间的存在场景，"一股、一片"等凸显满布义或全量义。而采用"有"字句时，描写更为具象，如[9a][10a]，更为强调所述客体的存在。回看语料可见，"有"字句的抽象客体多为感官上可感知的客体，其抽象性不高，又如"酒里有一股淡雅高贵的兰花气息、屋子里有一股香皂味儿"等，这里的"味道、表情、气息"通过"烟气、兰花、香皂"等呈现出一定的具象性，与"有"字句引出存在客体的功能相吻合，可替换为零动句。

由此反观两类存在句的交替使用，可见：具体名词可进入零动句，但需要借助高描写成分凸显其存在；描写性成分可进入"有"字句，但不同于在零动句中的功用，该限定成分所携带的主观义趋于消失。

6. "有"字句与零动句的概念化方式差异

动词性与非动词性的存在句属于两套构造句子的方式（张耕，2021）。从语义表征看，不同结构的概念化方式存在差异，其情境植入方式的选择反映了概念主体对不同情境意象的凸显与侧重（Langacker，1991）。上节讨论了两类存在句的概念原型和重合，指出了"有"字句的具象性和零动句的描写性，下面我们从情境定位角度对两者的概念化方式进行讨论。

先从NP_O的情境植入看，数据显示，"有"字句的存在客体无须限定（半数以上无任何标记，见表1），而零动句的限定语包括数量、修饰语等复杂成分。有研究提出"数量结构"可"例示存在情境"，是零动句的强制性情境植入成分（齐沪扬，1996：126-128；曹阳、童家伟，2022：134-136）；也有研究强调"描写性成分"可凸显NP_O的焦点地位，是零动句的强制性成分（许小艳等，2023）。两类存在句比较看，"数量限定"确实对于零动句（而非"有"字句）

具有强制性，可将NP_O要凸显的空间概念与情境联系起来，如[11a]的“一包”完全可以去掉，而[11b]不可以。但客观计量与主观量化成分（范围量词、修饰语等）比较看，其强制性地位并不相同，如[12a]去掉修饰语“艳辣辣的”、只留下计量限定“两棵”，接受度低，而[12b]的描写成分“令人不安的”就可以删去，只留下“一片”不影响零动句的成立（a句可实现为“有”字句，b句不行）。同理，[11a]的“一包”是客观计量，而[11b]的零动句则是主观量化，借以说明“汤汁很多”。因此我们认为，两个构式的实质差异不是数量标记的有无，而是量化标记的主观性与客观性，反映了概念主体对存在状态识解的两种概念化方式。

[11] a. **那个蓝色袋子里有一包点心**，我在巷口小铺里买的，快拿出来！趁热吃了！

b. 蒸饺。皮极薄，**皮里一包汤汁**。

[12] a. 路旁两棵艳辣辣的凤凰木。

b. 小屋里一片令人不安的沉寂。

c. 田野里绿油油的一派欢乐的气象。

d. 卧室里一片狼藉、四壁破烂不堪。

“有”字句通过关系类动词“有”对两个概念部分及其关联进行编码，其识解方式以客观的概念内容为基础，对NP_O的引入无须凸显“其存现状态”等细节性信息（刘正光等，2022：41）。而零动句里NP_L和NP_O并置，其存在义表达以概念主体对NP_O状态的评价为核心，其中范围量词和修饰语都是用来表达概念主体评价的主观描写，可以只选其一，也可以多种限定成分共现（如[12c]里“绿油油的、一派、欢乐的”三种主观描写成分共现），[12b-d]都不能用于“有”字句。可见，零动句的情境定位反映为主观量化限定，通过 NP_O的主观描写搭建起对NP_L的空间描写；而客观的数量限定是“有”字句的典型特征，需要添加主观描写成分才能消解客观数量在零动句中的句法限制，提高其可接受度（如[8a-c]、[12a]）。同理，主观描写特征内化的NP_O也难以进入“有”字句，如例[12d]中的抽象名词“狼藉”，其本身就带有描写性和主观性的意象特征，可表述为“一片狼藉”或“狼藉一片”，但无法采用客观描写，与“有”字句的个体性和客观性特征相冲突。

概念主体对存在场景的主客观识解也反映在两类存在句的时体与情态标记上。两种构式都不倾向于使用时体标记和情态标记，这是由于存在构式都侧重表达一种稳定的存在关系或状态。从两者不同的概念化方式看，情态标记是概念主体对存在场景的评价与判断，具有显著的主观性，是零动句的区别性特征。时态标记是概念主体根据所处的空间环境对存在场景事态的时空定位，只用于“有”字句。如下例中，“了”凸显了存在关系的出现和变化，属于客观的情境意象，只能编码为“有”字句。而副词“顿时”则凸显了概念主体对存在场景及状态变化的一种认识，具有主观性。由小句的时体和认识限定可以看出，零动句的存在义表述偏于主观，而“有了”的有指性强，更强调事物实体（崔璨、袁毓林，2019：150），更为客观。

[13] a. 场上已经有了三个黍秆堆。
　　b. 屋子里顿时就一片绿光。

同样，不同的概念化方式也反映在两种语言表征的篇章功能上。曹阳和童家伟（2022）发现，零动句常作为篇章结尾，但不可作为发端句。本文认为，这也是由其特有的概念化方式导致的，“有”字句是对存在关系的客观识解，直接标明其空间和客体的存在关系，常用于发端句，引入存在客体，而零动句里NP_O的焦点地位需要主观评价成分的限定才能凸显其中心位置，是对存在情境的主观识解，因此常作为承接句，对前文进行总述或评价，比如[14a]的“有”字句在前、发挥引入作用，零动句在后、发挥启后作用，交替使用时先客观引入、后主观描写。[14b]的两个零动句呈现对举式，用于篇尾，对他“头顶、脸上”提供了主观评价性描写，概念主体的介入明显，不适于起始位置。

[14] a. **这个菜园外，有一口土井，井上一棵冬青树**，终年是罩着这片地绿茵茵的。
　　b. 他弓着虾米腰，伸着红脖子，**头顶一团白花花的乱毛，脸上一片亮晶晶的汗珠子。**

此外，两种存在构式在不同语体中的分布倾向也反映出其概念化方式差异：“有”字句为原型句式，分布相对均匀，偏于客观的科技类文体中占比相对较大；而零动句更倾向于文学类和微博类文体，符合两种存在构式的主客观差异。

7. 结语

近义存在构式“有”字句与零动句的可交替性以往少有关注。本研究运用探索性的多变量统计分析方法，对两类存在构式的使用特征进行了多重对应分析，进而将不同变量统摄到概念主体的情境定位之下对其概念化方式进行阐释。

研究发现：（1）两者的原型样例边界清晰。其概念原型在存在空间的方位性表达上较为一致，但在存在客体的具象性和描写性上呈现反向差异：“有”字句通过关系动词“有”描述NP_L与NP_O间的存在关系，存在客体NP_O呈现具象性；零动句里NP_L和NP_O并置，通过NP_O的主观描写搭建对NP_L的空间描写，同时凸显NP_O的焦点地位。（2）两类构式有部分概念重合。两者都可使用量化、修饰语等描写性成分和具体名词，但其交替选择受到各自句式的语义限制：高描写性成分可消解零动句对具象客体的限制，但同样的成分进入“有”字句时，所携带的主观描述义基本消失。（3）两种构式的概念化方式不同，从情境定位看表现为量化标记的必要性和主客观性：“有”字句的存在义表达以概念内容为基础，可使用时体和客观量化标记；而零动句表达的是概念主体对存在场景的认识，主观量化标记是关联存在空间和客体情境的必要成分。

这一讨论基于多变量统计和情境定位分析提出了不同变量在两个构式中的显著性和相关性，对不同量词类型和修饰成分所发挥的限定作用也提出了自己的观点，希望对近义存在构式的差异认识有所推进。

参考文献

Greenacre, M. 2007. *Correspondence Analysis in Practice* (2nd edition). New York: Chapman and Hall/CRC.

Langacker, R. W. 1991. *Foundations of Cognitive Grammar. Volume II: Descriptive Application.* Stanford: Stanford University.

Levshina, N. 2015. *How to Do Linguistics with R: Data Exploration and Statistical Analysis.* Amsterdam: John Benjamins.

曹阳、童家伟，2022，零动词存在构式的句法语义特征及认知阐释。《当代外语研究》（3）：131-139。

崔璨、袁毓林，2019，从跟“有”字存在句的替换限制看“是”字存在句的语义特点。《语言科学》（2）：147-159。

董秀芳，2022，汉语方式存在句的性质、特点与历史来源。《中国语文》（5）：560-572。

杜瑞银，1982，“定名谓语”存在句。《汉语学习》（4）：9-15。

范方莲，1963，存在句。《中国语文》（5）：386-395。

胡文泽，2004，汉语存现句及相关并列紧缩结构的认知功能语法分析。《语言教学与研究》（4）：1-13。

黄健秦，2018，“空间量—物量”范畴与存在构式。《语言教学与研究》（6）：93-101。

雷涛，1993，存在句的范围、构成和分类。《中国语文》（4）：244-251。

刘街生，2009，存在句的构成、理解和语用状态。《当代语言学》（3）：252-259。

刘正光、钟玲俐、李曦，2022，存在构式主观性的实现方式。《外语与外语教学》（6）：37-48。
齐沪扬，1996，表示静态位置的一种零动词句。《南京师范大学学报（社会科学版）》（3）：125-131。
帅志嵩，2017，从词汇—构式范式看汉语存现句的分类和范围。《语言教学与研究》（3）：81-91。
宋玉柱，1982，动态存在句。《汉语学习》（6）：9-15。
许小艳、王立永、庞加光，2023，提取和激活模型下的"LP NP"句研究。《解放军外国语学院学报》（1）：20-27。
张耕，2021，从动态存在句看及物动词施事的隐现。《汉语学习》（4）：102-112。

On the selection of "*You*" existential and verbless existential constructions: A multiple correspondence analysis

Abstract: This study conducts a multiple correspondence analysis on the usage constraints of two synonymous existential constructions with "*you*" and non-verb respectively, based on six sets of conceptual variables from the perspective of grounding. The findings are as follows: Firstly, the prototype of the two constructions shows opposite preference in their coding of NPo, with the "*you*" construction focusing on concreteness while the verbless one on description. Secondly, the two constructions share conceptual overlapping in quantification, modification and materiality of the existential objects, but the use of concrete NPs in verbless construction must be co-occurred with highly subjective modifiers, while the same modifiers convey little subjective meaning in "*you*" construction. Thirdly, the conceptual difference of the two constructions is reflected in the obligatory use and subjectivity/objectivity of quantificational markers, in that "*you*" constructions can be grounded with objective quantificational markers, while the verbless ones must be grounded by subjective markers, representing the conceptualizer's epistemic comment on the existential scene.

Key words: verbless existential constructions; existential constructions with *you*; conceptual archetype; conceptual overlapping; multiple correspondence analysis

（责任编辑：苏树苗）

近成体标记“没”的语法特性和产生动因

西南大学　王远杰*

[提　要]　“差点没VP”这类结构造成的羡余否定，实质在于其中否定副词“没”已发展出近成体标记用法。近成体标记“没”用于以下极限语境：说者的某种主观感受，已达到很深的程度，只是还没达到句中VP表示的极限情况，也即极为接近发生VP。“没VP”本来的语义所指，既可能是“非接近VP”，也可能是“接近VP”。但在极限语境中，“非接近VP”解读被抑制，“接近VP”解读被突显，从而使得“没VP”表示“接近VP”，产生表面上的羡余否定。“累死”这类夸张事件、“摔倒”这类受损的叙实事件都能用于此类语境，而“考上”这类受益的叙实事件不能用于此类语境。

[关键词]　近成体；“差点没”；羡余否定

1. 引言

汉语“差点没VP”这类结构，可构成羡余否定，如“差点没摔倒”可表示“差点摔倒”，所含否定副词“没”为羡余成分。别的语言也有报道存在类似现象（后文4.4，王远杰，2021a）。关于其产生动因，有很多不同看法（后文第2节，鲁承发，2014；鲁承发、陈振宇，2020）。其中范晓蕾（2019）认为，这类结构的“没”，已由否定副词发展为表示“几乎要”的意义。范的认识较以往各家分析是一个重要突破，但仍存在一些有待解决的问题（参后文第2节“新义说”）。本文借鉴语言类型学关于近成体的研究，在范的基础上进一步论证，

*　作者简介：王远杰，西南大学汉语言文献研究所副教授。研究方向：汉语语法。Email：yuanjiew@163.com。通讯地址：400715 重庆市北碚区天生路2号西南大学汉语言文献研究所。
本文得到重庆市语言文字科研项目资助，项目编号yyk25203。审稿专家提供了细致入微且极具见地的修改意见，对本文的最终成形至为重要。诚致谢意！

"差点没VP"这类结构的"没"，已由否定副词发展为近成体标记，并对其产生动因作出较以往各家更具说服力的分析。

近成体（avertive）表示事件极为接近发生但实际并未发生，汉语副词"差点/几乎/险些"都可作近成体标记（Kuteva, 1998, 2001; Kuo, 2016; 王远杰，2021b）。"差点没VP"这类近成体结构的羡余否定现象，虽然并非只存在于汉语，但目前关于其产生条件和动因的研究成果，以汉语界最突出。而汉语界又主要集中于讨论"差点没VP"句式，因为该句式在同类现象中最常见、语料最丰富。本文的讨论，也主要基于汉语"差点没VP"句式，并参考汉语和其他语言的同类现象。

2. 现有研究

目前关于近成体结构羡余否定动因的主要观点，可归纳为以下五派。

（1）叠合说。张谊生（2005）、江蓝生（2008）认为羡余否定式"差点没VP"，是由"差点VP"和"没VP"叠加整合而成。江蓝生（2008）指出，"差点没摔倒"之所以能发生叠合，属羡余否定，是因为"摔倒"这类不希望的事件实现后，说其接近没发生无交际意义。此观点跟语言事实不合，"功亏一篑/功败垂成"这类说法，就可认为是在不希望的事件实现后，惋惜其非常接近于不会发生。

（2）遗留说。Pons Bordería和Schwenter（2005）用遗留说解释西班牙语近成体结构的羡余否定。历史上西班牙语曾有否定协调现象（negative concord），例[1a]的nadie这类否定性成分位于动词前时，必须跟否定副词no(n)共现，造成羡余否定。他们认为例[1b]现代西班牙语近成体标记por poco，跟否定副词no构成的羡余否定，是历史上否定协调现象的遗留。

[1] 西班牙语（Pons Bordería and Schwenter, 2005: 263, 276）

a. ***Nadie*** ***no(n)*** *vino*（15世纪西班牙语）

nobody not came

'Nobody came' 没有人来过

b. ***Por poco*** ***no*** *se* *mata*（现代西班牙语）

almost not herself kill

'She was almost killed' 她差点没被杀掉

遗留说的问题是，从Pons Bordería和Schwenter（2005）提供的事实看，近成体标记por poco跟nadie这类否定性成分的性质并不相同，前者从古至今在动词前都可脱离no单独使用，而后者在否定协调时期必须跟no共现。另外该观点即使对西班牙语可行，也不能统一解释包括汉语在内的其他语言同类现象。

（3）乐观说。袁毓林（2013）、Ziegeler（2016）认为，表达正面内容的词语，使用可能性高于表达负面内容的。按其分析，“差点没摔倒”只能是羡余否定，原因在于它作为羡余否定表示正面内容“没摔倒”，作为真性否定要表示负面内容“摔倒了”。该观点的问题是，真实语料中，近成体结构的VP绝大多数表示负面内容（如“摔倒/累死”），像肯定式“差点考上”和真性否定式“差点没考上”这类说法都少见，但后者表示正面内容，按乐观说就应高频使用（袁毓林，2013；Ziegeler, 2016；Pons Bordería & Schwenter, 2005）。

（4）融合说。Kuo（2015, 2021）认为，“差点没VP”在历史发展过程中产生泛化，“差点”和“没”逐渐融合而造成羡余否定。该观点不能解释，为什么通常语境中，“差点没摔倒”经历了融合，是羡余否定；但“差点没考上”没有融合，是真性否定。

（5）新义说。范晓蕾（2019）认为羡余否定式“差点没VP”的“没”，已不再是否定副词，而是发展成了表示“几乎要”的意义。范晓蕾（2019：228）认为，表“几乎要”的“没”有反预期和表意外的功能，是经由“否定>反预期或意外”这一路径语法化而来。但范未能很好地说明这一语法化的具体产生条件和发展过程。同时，即使承认这条语法化路径，也不能表明否定副词“没”就必须发展成“几乎要”的意义，因为反预期和表意外的成分，并非一定就是“几乎要”的意义，如“竟然/居然”。另外如后文第3节所述，把新义定为“几乎要”也还不够准确。

3. 近成体标记“没”的语法特性

范晓蕾（2019）的新义说，已认识到羡余否定式“差点没VP”的“没”，跟“几乎要”有语义联系，这是一个重要突破。但如前文第2节所述，新义说还存在一些有待解决的问题。本文在范晓蕾（2019）新义说的基础上，首先论证“没”已发展出跟“差点/几乎/险些”同类的近成体标记用法，然后具体分析这一用法的产生动因。

将羡余否定式“差点没VP”的“没”，释义为“几乎要”，尚存以下不足。

第一，“几乎”本身有歧义，除了跟近成体标记“差点”同义，还可跟接近义程度副词“差不多”同义（吕叔湘，1999；王远杰，2021b）。[①]

第二，将这个“没”释义为“几乎要”，可能主要是鉴于“没把我累死了”这类说法的“没”，都可用“几乎要”替换。但若仅考虑是否能够替换，也完全可将这个“没”释义为“要/几乎就要/几乎就”等，因为也存在替换式“要把我

① 汉语副词“差点”是近成体标记，“差不多”是接近义程度副词。“差点染红了”可以表示不具有任何程度的红的性质，“差不多染红了”必须表示已具有一定程度的红的性质。参王远杰（2021b）的详细讨论。

累死了/几乎就要把我累死了/几乎就把我累死了”。

第三，“几乎要”的“要”，属语言类型学上的即成体标记（proximative），跟近成体标记有区别，后者只用于过去事件，前者无此限制（Kuteva, 1998；Kuteva, 2006；比较范晓蕾，2019）。近成体标记“差点/几乎/险些”跟“要”共现，只是因为它们在一定语境中语义相宜，有些语境则不能共现，可比较“明天要把我累死/*明天差点把我累死/*明天差点要把我累死”。

本文认为，羡余否定式“差点没VP”的“没”，已在否定副词“没”基础上发展出近成体标记用法，跟“差点/几乎/险些”等近成体标记同义。区分近成体标记“没”和否定副词“没”，有以下事实根据。

第一，近成体标记“没”只能轻读，否定副词“没”可重读也可轻读，前者语音上比后者更趋弱化（王远杰，2021a）。可比较含近成体标记“没”的“差点没摔倒”和含否定副词“没”的“没摔倒”（下加波浪线表示轻读，下加双横线表示重读）。这说明近成体标记“没”，有可能是从否定副词“没”语法化而来，因为语法化常伴有语音省缩弱化（Bybee et al., 1994）。①

第二，近成体标记“没”能跟体标记“了”共现，否定副词“没”不能。可比较“他差点没吃了我”和“*他没吃了饭”。这一事实，朱德熙（1980/1999：279）、袁毓林（2013：58-59）已论及。

第三，含否定副词“没”的结构有否定义，但不一定有接近义；含近成体标记“没”的结构既有否定义，又有接近义[比较范晓蕾（2019）]。含否定副词“没”的“没摔倒”，只否认摔倒，不表示一定接近发生摔倒事件。含近成体标记“没”的“差点没摔倒/没把我累死了”既否认摔倒或累死，又一定表示接近摔倒或累死。②

第四，“差点没VP”和“没差点VP”的对立。例[2a]用于真性否定，“差点没VP”能说，“没差点VP”不能说；例[2b]用于羡余否定，两种形式都能说[关于“没差点VP”，可参吴庚堂（2008）]。

[2] a. 差点没考上 / *没差点考上（真性否定，实际考上了）
　　b. 差点没摔倒 / 没差点摔倒（羡余否定，实际没摔倒）

例[2]的对立，是因为“没”在例[2a]用作否定副词，在例[2b]用作近成体标记。否定副词修饰的成分应为肯定命题，例[2a]“差点没考上”里，否定副词“没”修饰肯定命题“考上”，所以能说；例[2a]“没差点考上”里，否定副词“没”修饰的“差点考上”本身含有否定义，属否定命题，所以不能说。例

① 含近成体标记“没”的结构，虽然一般都称为羡余否定，但跟“没来之前”这类羡余否定有一个重要区别：前者“没”只能轻读，后者“没”可以重读。

② “把我累死了”这类不含“没”的肯定式，也能表示接近累死，这是运用了夸张的修辞手法。“没把我累死了”则属近成体结构，其所含 VP 是夸张事件。

[2b]“没差点摔倒”的“没”，虽也修饰否定命题“差点摔倒”，但这个“没”是近成体标记，因而能说。①

4. 产生动因

4.1 极限语境

“差点没VP”近成体结构，据其VP表示的事件类别，可分为例（3）所示的三类情况。

[3] a. 差点没累死（羡余否定，近成体标记，夸张事件，不期待）
b. 差点没摔倒（羡余否定，近成体标记，叙实事件，不期待）
c. 差点没考上（真性否定，否定副词，叙实事件，期待）

通常语境中，例[3a-b]用于羡余否定，其“没”为近成体标记，必须轻读；例[3c]用于真性否定，其“没”为否定副词，可以重读。通常语境中，例[3]“累死”属夸张事件，“摔倒/考上”属叙实事件。夸张事件在言谈语境中发生的可能性极低，所以说者不会指望它实际发生，即不会期待发生。叙实事件在言谈语境中发生和不发生都有一定程度的可能性，所以说者会期待发生“考上”这类自己愿意的受益的事，不期待发生“摔倒”这类自己不愿意的受损的事（参王远杰，2021a）。

近成体标记“没”的使用语境是：说者的某种主观感受，已达到很深的程度，只是还没达到句中VP表示的极限情况，也即极为接近发生VP。为便称呼，本文将这种语境叫作极限语境。只有在极限语境中，“没”才能由否定副词解读为近成体标记，“没VP”才能被解读为“接近VP”，造成羡余否定。例[3]的三类用例，“没”能否作近成体标记，即能否构成羡余否定，就取决于能否用于极限语境。

近成体标记“没”用于极限语境，在例[4]这类用例中体现得最明显。例[4]“没”单独作近成体标记，不跟“差点”等其他近成体标记共现，其中“把我累死”属夸张事件。

[4]真累，没把我累死

① 例2的接受度判断，不包括“没”用于元语言否定，即“没”用来否定语言自身的特殊用法。假设张三说“李四差点考上了”，李四回应说“我没差点考上，离分数线还差一大截呢”（重读“没”）；或者张三说“李四差点摔倒了”，李四回应说“我没差点摔倒，我还就是摔了一大跤”（重读“差点”）。这类“没差点VP”，都是对语言表述上某种不合适的说法加以纠正反驳，其中“没”为否定副词用于元语言否定。排除元语言用法后，“没”作否定副词和近成体标记，仍存在例2所示的句法分布差异。关于元语言否定，可参Horn（1985）及沈家煊（1999：58-74，122-133）。感谢审稿专家提醒我注意此点。

图1表示含否定副词“没”的否定式“没VP”的语义所指。图中c点表示VP，否定式“没VP”的语义所指，是线段ac上除c点外的所有情况（c点的空心圆点表示不包括此点）。线段bc（不含c点）表示接近VP的情况，线段ab表示非接近VP的情况，即不可能和不大可能发生VP的情况。

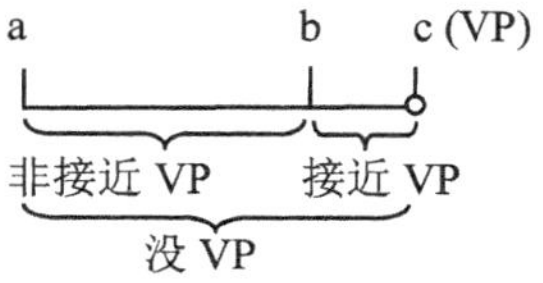

图1　否定式“没VP”的语义所指

从图1可知，否定式“没VP”的语义所指，既包括ab段非接近VP，也包括bc段接近VP。“没VP”由否定式发展为含近成体标记的羡余否定式，就是让其语义所指的“非接近VP”抑制隐退，让其语义所指的“接近VP”强化突显。

例[4]的VP“把我累死”属夸张事件，因为夸张事件本身就极不可能发生，再用否定式“没VP”说没把我累死，就未传达足够的信息量，这就使“没把我累死”语义所指的“非接近VP”（不可能和不大可能发生VP）抑制隐退。同时例[4]的上文语境“真累”，提示累的程度很深，这就使“没把我累死”语义所指的“接近VP”强化突显，从而导致这类语境下的“没”解读为近成体标记。可见例[4]语境下的“没把我累死”，并非单纯说没发生把我累死这一事件，而是要表达累的程度很深，只是还没发生把我累死这一极限情况，也即差点把我累死。

4.2　极点VP

极限语境要求用于近成体结构的“没VP”，其VP需表示相应主观感受等级上的极点。夸张事件都能用于表示这类极点，例[4]和例[3a]的VP“（把我）累死”，表示累的程度等级上的极点。其他如“没急疯”的VP表示着急程度等级上的极点，“没高兴得飞起来”的VP表示高兴程度等级上的极点。

例[3b]“差点没摔倒”和例[3c]“差点没考上”对立，前者用于羡余否定，“没”属近成体标记；后者用于真性否定，“没”属否定副词。原因就在于，前者VP能表示极点，因而能用于极限语境，而后者不能。

例[3b-c]句中VP“摔倒”和“考上”都属叙实事件，但前者是说者不期待发生的受损事件，后者是说者期待发生的受益事件。以往研究已表明[参王远杰（2023）及所引参考文献]，受损的叙实事件若极为接近发生但并未发生，会使人感觉庆幸后怕，即感觉危险；受益的叙实事件若极为接近发生但并未发生，会使人感觉惋惜遗憾。因此例[5a]“差点摔倒”可跟“真危险”共现，例[5b]“差点考上”可跟“真可惜”共现。

[5] a. 真危险，差点摔倒
  b. 真可惜，差点考上

“摔倒/考上”反映的受损叙实事件和受益叙实事件的对立，如图2所示。图中线段分为由低至高的1—3三个等级，“摔倒/考上”位于最高等级第3级。越接近第3级，就表示摔倒或考上事件越接近发生；越接近第1级，就表示摔倒或考上事件越不可能发生。

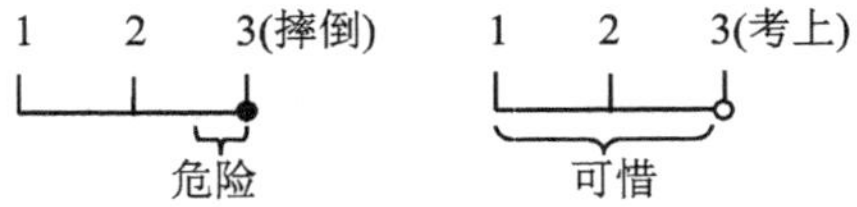

图2 受损叙实事件和受益叙实事件

结合图2可看出，第3级为“摔倒”时，越接近该级就越使人感觉危险，处于第3级的“摔倒”则是危险的极点（图中用实心圆点表示），因为此时发生的事件是潜在危险的真正实现；第3级为“考上”时，越接近该级就越使人感觉可惜，但是处于第3级的“考上”不是可惜的极点（图中用空心圆点表示），因为此时发生的事件并不可惜。第3级为“摔倒”时，只有靠近该级的部分才使人感觉危险，远离该级的部分不会感觉危险；第3级为“考上”时，除该级所在的一点外，其余部分全都使人感觉可惜。

以上差别导致例[6]的对立。例[6]是“没”作否定副词时的情况。可以看出，跟“真危险/真可惜”共现时，“摔倒”和“考上”对立：前者不能用于“没VP”，但能用于“只是没VP而已”，后者正好相反。

[6] a. *真危险，没摔倒
  b. 真可惜，没考上
  c. 真危险，只是没摔倒而已
  d. *真可惜，只是没考上而已

例[6a-b]接受度对立。例[6a]不能说，是因为“没摔倒”表示的情况只有接近极点“摔倒”的部分才使人感觉危险，其余部分不会感觉危险。例[6b]能说，是因为“没考上”表示的所有情况都会使人感觉可惜。

例[6c-d]接受度对立，它们都处于否定副词“没”解读为近成体标记的极限语境。此语境中说者的某种主观感受已达到很深的程度，只是还没达到句中VP表示的极限情况。极限语境里，句中VP必须是说者心目中程度最深的极点。例[6c]能说，是因为说者认为当时的情况已很危险，只是还没达到“摔倒”这一危险的极点。例[6d]不能说，是因为“考上”不能作为可惜的极点。例[6c]的“真危险”，会抑制否定式“没摔倒”所含的“非接近摔倒”意义，因为如前文图2所示，“非接近摔倒”不会使人感觉危险。这样例[6c]的语境就会强化突显“没摔倒”所含的“接近摔倒”意义，从而使“没”用作近成体标记。

以上讨论说明，“摔倒”这类受损叙实事件，能表示危险等级上的极点，因而能用于极限语境，使得例[3b]“差点没摔倒”这类用例的“没”，用作近成体标记，造成羡余否定。“考上”这类受益叙实事件，不能表示可惜等级上的极点，因而不能用于极限语境，使得例[3c]“差点没考上”这类用例的“没”，用作否定副词，造成真性否定。

4.3　近成体标记“没”的语用性

汉语“没”发展为近成体标记，跟Kuteva（1998）关于近成体标记来源的研究结论一致。Kuteva指出，有些语言近成体标记来自表示“fail/miss”意义的词语。汉语否定副词“没”否认某事发生，可视为跟“fail/miss”意义类同。要注意的是，“没”作近成体标记，跟“差点/几乎/险些”等近成体标记有一个重要差别：“差点/几乎/险些”的近成体标记用法已经固化，是稳固的词义；而“没”作近成体标记，还处于由否定副词向近成体标记语法化的早期阶段，还限于特定语境（如VP为夸张事件、跟其他近成体标记共现等语境限制），是语用性的隐涵义，并非稳固的词义（比较Kuteva, 1998；Diewald, 2002）。

正因“没”作近成体标记还未固化，实际运用中就可用另一个已固化的近成体标记，来强化突显其近成体标记用法。例[7]是“没”作近成体标记用于羡余否定的情况。“没”跟另一个近成体标记“差点”合用时，例[7a-b]都能说；“没”单用时，只有例[7a]能说。

[7] a. 没累死 / 差点没累死（羡余否定）
　　b. *没摔倒 / 差点没摔倒（羡余否定）

例[7a]“累死”属夸张事件，如前文4.1小节所述，夸张事件因本身极不可能发生，会抑制其修饰成分“没”解读为否定副词，从而使“没”更易解读为近成体标记。例[7b]“摔倒”属叙实事件，本身并不抑制“没”的否定副词解读，因此就更需借助“差点”来抑制“没”的否定副词解读，从而强化突显其近成体标记解读。

“差点”能强化突显“没”的近成体标记解读，类似情况可比较词汇学上所讲的双音化的固义显义作用（可参Karlgren, 1962；苏宝荣、宋永培，1987）。例如单音词“要”可表示将要、须要等意义，但在对应的双音词“将要”里，通过跟“将”合用，“要”的将要义就得以强化突显，其他语义解读就抑制隐退。

4.4　其他同类现象

就汉语而言，近成体羡余否定结构除了占主体的“差点没VP”，历史上还先后出现例[8]所示的一些句式。汉语之外的其他语言，包括西班牙语、葡萄牙语、波兰语、保加利亚语、希伯来语等，也存在例[9]所示的同类现象（王远杰，2021a）。

[8] a. 犹今人言险不杀耳（隋唐-颜师古-汉书注97卷下-外戚传）
b. 几乎不吓杀岳司公（金代-刘知远诸宫调2卷38调）
c. 把你兄弟争些儿不疼死了（元代-全元曲-刘唐卿-降桑椹蔡顺奉母2折）
d. 险些儿不枉费了我那栽培力（元代-全元曲-李寿卿-月明和尚度柳翠3折）
e. 当下两个差些儿不曾打起来（明代-金瓶梅词话7回）

[9] a. 西班牙语（Pons Bordería & Schwenter, 2005: 263）
Por poco no *se mata*
almost not herself kill
'She was almost killed' 她差点没被杀掉

b. 葡萄牙语（Amaral, 2007: 46）
O João ***por pouco não*** *caiu*
the João almost not fall:SPAST:3SG
'João almost fell' 约翰差点没摔倒

c. 波兰语（Wierzbicka. 1986: 607）
On ***o mało*** *jej* ***nie*** *zabił*
he almost her not killed
'He almost killed her' 他差点没杀了她

d. 保加利亚语（Kuteva, 1998: 125）
Za malko ne *padnax*
almost not fall:1SG:AOR
'I nearly fell' 我差点没摔倒

e. 希伯来语（Rubinstein et al., 2015: 177）
šilšom ***kimʕat še-lo*** *niktefu ħayey*
the.day.before.yesterday almost that-NEG were.plucked life.CS
ʔadam meħamat ʔi-zehirut šel šoter ʔangli
human because.of lack-caution of policeman English
'Two days ago a British officer's carelessness almost cost a man's life'
两天前英国官员一不小心差点没让有人丢了命

例[8][9]所有羡余否定现象，也是因其所含否定词语“不/不曾/no /não /nie /ne /lo”用作了近成体标记。这些用例的VP，或者是夸张事件（例[8b][8c]），或者是受损的叙实事件（例[8a][8d][8e]），例[9]）。如前文4.1—4.3小节所述，这些情况都能导致其中的否定词语解读为近成体标记。

5. 结语

汉语"差点没VP"这类结构的羡余否定问题，从朱德熙（1959）至今引起了持续不断的争论。本文从语言类型学上近成体的角度，分析包括"差点没VP"在内的所有同类结构。本文的分析显示：这类结构之所以造成羡余否定，是因为当"没VP"这类否定式用于极限语境时，所含"非接近VP"意义抑制隐退，所含"接近VP"意义强化突显，从而使其否定副词被解读为近成体标记，造成表面上的羡余否定。

参考文献

Amaral, P.M. 2007. *The Meaning of Approximative Adverbs: Evidence from European Portuguese* (Doctoral dissertation). Ohio State University.

Bybee, J., Perkins, R. & Pagliuca, W. 1994. *The Evolution of Grammar: Tense, Aspect, and Modality in the Languages of the World*. Chicago: The University of Chicago Press.

Diewald, G. 2002. A model for relevant types of contexts in grammaticalization. In I. Wischer & G. Diewald (eds.), *New Reflections on Grammaticalization*. Amsterdam: John Benjamins Publishing Company. 103-120.

Horn, L.R. 1985. Metalinguistic negation and pragmatic ambiguity. *Language* 61: 121-174.

Karlgren, B. 1962. *Sound and Symbol in Chinese*. Hong Kong: Hong Kong University Press.

Kuteva, T. 1998. On identifying an evasive gram: Action narrowly averted. *Studies in Language* 22: 113-160.

Kuteva, T. 2001. *Auxiliation: An Enquiry into the Nature of Grammaticalization*. Oxford: Oxford University Press.

Kuteva, T. 2006. Proximatives. In K. Brown (ed.), *Encyclopedia of Language & Linguistics* (2nd edition). Amsterdam: Elsevier Ltd. 244.

Kuo, Y.H. 2015. A diachronic pragmatics account of *chayidian*'s ambiguity and development. Paper presented at *Proceedings of the 18th Conference of the Pragmatics Society of Japan*, Nagoya, December 2015.

Kuo, Y.H. 2016. *A Diachronic Constructional Investigation into the Adverse Avertive Schema in Chinese* (Master Thesis). The University of Edinburgh.

Kuo, Y.H. 2021. A constructional account of the loss of the adverse advertive schema in Mandarin Chinese. In S. Kranich & T. Breban (eds.), *Lost in Change: Causes and Processes in the Loss of Grammatical Elements and Constructions*. Amsterdam: John Benjamins Publishing Company. 131-158.

Pons Bordería, S. & Schwenter, S.A. 2005. Polar meaning and "expletive" negation in approximative adverbs: Spanish *por poco (no)*. *Journal of Historical Pragmatics* 6: 262-282.

Rubinstein, A., Sichel, I. & Tsirkin-Sadan, A. 2015. Superfluous negation in modern Hebrew and its origins. *Journal of Jewish Languages* 3: 165-182.

Wierzbicka, A. 1986. Precision in vagueness: The semantics of English 'approximatives'. *Journal of Pragmatics* 10: 597-613.

Ziegeler, D. 2016. Intersubjectivity and the diachronic development of counterfactual *almost*. *Journal of Historical Pragmatics* 17: 1-25.

范晓蕾，2019，"差一点"的语义特征及其句法后果——兼谈否定、反预期、时体的关联。《当代语言学》（2）：207-237。

江蓝生，2008，概念叠加与构式整合——肯定否定不对称的解释。《中国语文》（6）：483-497+575。

鲁承发，2014，《"差一点"句式研究及其方法论探讨》。武汉大学博士学位论文。

鲁承发、陈振宇，2020，透视与展望："差一点没VP"句式研究60年。《语言研究集刊》（2）：109-126+437-438。

吕叔湘主编，1999，《现代汉语八百词（增订本）》。北京：商务印书馆。

沈家煊，1999，《不对称和标记论》。南昌：江西教育出版社。

苏宝荣、宋永培，1987，《古汉语词义简论》。石家庄：河北教育出版社。

王远杰，2021a，近成体结构羡余否定的条件——从希望说到期待说。未刊稿（将发表于《语言研究》）。

王远杰，2021b，副词"差点""差不多"的异同——近成体的视角，未刊稿。

王远杰，2023，近成体结构的惊险义和强主观性。《汉语学习》（2）：43-49。

吴庚堂，2008，"差点儿没"及其相关结构的隐涵特性。《现代外语》（4）：331-339+436。

袁毓林，2013，"差点儿"中的隐性否定及其语法效应。《语言研究》（2）：54-64。

张谊生，2005，羡余否定的类别、成因与功用。《语言学论丛》（31）：323-348。

朱德熙，1959，说"差一点"。《中国语文》（9）：435。

朱德熙，1980，汉语句法里的歧义现象。《中国语文》（2）。1999年收录于《朱德熙文集》第2卷：259-281。北京：商务印书馆。

The syntax and motivation of avertive marker *Mei* in Chinese

Abstract: The real cause of pleonastic negation in constructions like "*chadianr mei* VP" (almost not VP) in Chinese, is that *mei*, a negative adverb, has developed into an avertive marker. It needs a context in which the speaker thinks that a state has reached a considerably high level, though not coming up to the limit case indicated by the VP. That is, it is close to the happening of VP. What may be represented by "*mei* VP" is either "not almost VP" or "almost VP". But in these contexts, the former reading gets suppressed, while the latter becomes highlighted. As a result, "*mei* VP" is interpreted as a pleonastic negation that means "almost VP". VPs that represent hyperbolical, or adverse factual events, e.g., *lei si* (tired to death), or *shuai dao* (fall over), can be used in such contexts, but those that represent beneficial factual events, e.g., *kao shang* (pass an examination), cannot.

Key words: avertive; *chadianr mei*; pleonastic negation

（责任编辑：苏树苗）

"X才怪"构式的否定义与非现实性

江苏师范大学　罗彬彬*

[提　要]　"X才怪"的构式义为：对于X进行否定，并对这一主观推断进行强调确认。体现出语用否定与认识情态之间的互动。构式的否定义主要由构件"怪"促发：说话人对大概率的常规事件非X高度确信，而不相信小概率的非常规事件X会发生，表现为"怀疑"，内置否定性意义，最终演化为否定。"非常规性"是演变得以产生的重要条件。否定义在语境中能够顺利地被识解。构式的显著特征是非现实性，表现在构件和构式义两个方面。

[关键词]　X才怪；语用否定；非现实性

1. 引言

"X才怪"是现代汉语中常见的口语表达式，表达对于X的否定：X不包括否定词时表示否定，X包括否定词时表示肯定。如"找得到对象才怪"表示"找不到对象"，"不引起争议才怪"表示"会引起争议"。从构成成分来看，"才"为副词，表示时间短、数量少、程度低等；"怪"为性质形容词，表示"奇怪"。"X才怪"的否定义不能从构成成分直接推知，因此可将其看作现代汉语中一个典型的构式。

张谊生（1996）较早关注到"才怪"，认为"才"同"怪"连用用于推断必然。李宗江、王慧兰（2011：475）将其功能概括为"确信"，包括两种情况：前接假设，表示确信假设不会发生；构成"不……才怪"格式，表示确信某事会发生。齐沪扬（2011）指出，"才""怪"连用表示对未来事件或状况的断定性推测。肯定形式表示否定，否定形式表示肯定。现有研究观察敏锐，但都未展开论述。马宁（2013）讨论了"才怪"的语用功能，陈禹（2022）探讨反问与反事

*　作者简介：罗彬彬，江苏师范大学语言科学与艺术学院讲师。研究方向：现代汉语语法。Email：luobinbin77@163.com。通信地址：221009 江苏师范大学语言科学与艺术学院。
本文为江苏省社会科学基金项目研究成果（项目编号：23YYC010）和江苏师范大学博士学位教师科研支持项目（项目编号：21XFRS015）的阶段性成果。

实的语用分化。钱伟（2022）从句法语义、语用、词汇化等角度对"才怪"进行了较为详细的考察。现有研究富有启发性，但是尚不能很好地回答"才怪"的否定义从何而来，具有怎样的识解机制，其推断功能是如何表现的等问题。

语言事实显示，"X才怪"构式表达否定义，是说话人的主观推断，属于认识情态，具有非现实性特征。关于否定与情态的关系，学界有两种观点。第一种观点认为否定、情态为两个独立范畴（Coates, 1983；Van der Auwera, 2001）。第二种观点认为情态范畴包含否定范畴（Palmer, 2001; Givón, 1984, 1994）。不管否定和情态是各自独立还是相互包含，有一点可以肯定，二者是存在互动的。以往否定与情态的互动研究主要关注否定副词"不""没"与情态的互动，而较少关注表示否定义的构式与情态的互动。本文拟通过研究"X才怪"构式的否定义与非现实性，对其有所补充。据观察，否定与认识情态至少存在以下三种互动表现：冗余否定、语义跷跷板、语用否定。冗余否定，如"（别是/）别不是""（怕是/）怕不是"；语义跷跷板，如"不会VP吧"可以表示两种逆反的推测义"不太相信VP"和"猜测且有点相信VP"；"X才怪"构式为强主观推断，表现为语用否定。基于此，文章首先分析"X才怪"构式的构式义，其次重点讨论否定义（形成机制与识解机制）与非现实性特征，深化语用否定与认识情态的互动研究。

2."X才怪"的构式义解析

"X才怪"为半实体构式，常后附语气词"呢"。本节拟在对变项X和后接成分"呢"特征分析的基础上，结合"X才怪"的分布对其构式义进行概括。

2.1 变项X的特征

X多由动词短语和形容词短语充当，以动词短语为主。北京大学汉语与语言研究中心语料库（CCL）中共检索到381条包含"X才怪"的有效语料，动词短语共375条，占98%。动词短语VP中，动词主要为动作行为动词，如"揍、打、折"。也可以是心理活动动词、判断动词、能愿动词等。动词为能愿动词时仅限于表示可能性和意愿性的能愿动词，如"能、会、可以、愿意、要、敢、肯"，而不能是表示必要性的能愿动词，如"应、该、应该、应当、得（děi）"。表示可能性和意愿性的能愿动词可看作是认识情态，而表示必要性的能愿动词表达道义情态。可见，"X才怪"表达认识情态。例如：

[1] "跟你妈说，等我挣了钱，回去看看她。""得了吧你，我妈不一脚把你踢出去才怪呢。"（石康《奋斗》）

[2] "如果你很穷，出身平凡又没什么文采，长相普通又庸庸碌碌，该有多好。""我如果真是那样，你还会爱我才怪。"他忍不住发噱。（兰京《侧梦美人》）

例[1]“我妈不一脚把你踢出去才怪”中出现动作行为动词“踢”，表示“我妈会一脚把你踢出去”。例[2]“你还会爱我才怪”中，心理活动动词“爱”之前出现表示可能的能愿动词“会”，表示“你不会爱我”。

动词短语VP既可以表示肯定，也可以表示否定，但倾向于表示否定。表示否定时具有三种情况：包含否定副词“不”，包含“没/没有”和包含“不”的能性述补结构。包含否定副词“不”最为常见。381条有效语料中，“X才怪”构式与否定副词“不”构成“不X才怪”共有338条，占89%。例如：

[3] 经商首先要学法，像你这样盲目地干，不出事才怪呢！（《人民日报》1993.02）

[4] 人家两个人，他一个人，打不过。再说，他们离队近，要是再叫来一群人，把他打不死才怪哩！（路遥《人生》）

例[3]“不出事才怪”包含否定副词“不”。例[4]“把他打不死才怪”包含有“不”的能性述补结构“打不死”。

“才怪”具有否定意义，与否定的VP构成双重否定。双重否定不仅仅是单纯的肯定，而是肯定的加强或者肯定的减弱，肯定加强语气更加坚决，肯定减弱则语气较为缓和（吕叔湘，1985）。“才怪”与前面VP构成的双重否定是肯定加强还是肯定减弱？陈禹（2022）通过追补小句进行了测试，发现双重否定跟加强肯定语气相容，而不能跟减弱肯定语气相容，证明了“才怪”与前面VP构成的双重否定表示肯定加强，语气更加坚决。

2.2 “呢”表确认与申明

“X才怪”构式后面可以附加语气词，使用频率最高的是“呢”。381条有效语料中有170条后附语气词，包含语气词“呢”的有131条，包含语气词“哩”[①]的有36条，仅有1条后附其他语气词“嘞”。[②]虽然单看数量不多，但几乎所有句子都可以补上“呢”，两者相容性很高。例如：

[5] 你要这么噎搡我，我叫你看这个玩艺才怪呢！（冯志《敌后武工队》）

“呢”是现代汉语中常用的语气词之一，“表确认，有指示兼铺张的语气，多用于当前和将然的事实。有‘我告诉你，你信我的话’的神气。……‘呢’字是说事实显然，偏于叫别人信服”（吕叔湘，1980/2016：413）。“呢”的主要功能是确认并申明，可以提醒对方注意某一事态或某一话语内容，增强信据力，让对方信服（完权，2018）。

① “哩”是“呢”的曾用字。太田辰夫（2003）指出，“哩”在社会、地域、语言系统内部因素等的共同作用下发展到“呢”。

② 《现代汉语词典》（第7版）中指出，“嘞”带有提醒注意的语气。这与“呢”的语气一致。

"X才怪"构式之所以与语气词"呢"高频搭配，这与其功能密切相关。"X才怪"构式具有"反意外"特征（陈禹，2022），呈现出"他反预期"（陈振宇、姜毅宁，2019）。反意外是说话人对意外的逆反，即说话人的态度是不意外，并且暗示听话人也没有必要意外。如"什么时候天都塌不下来"，相当于说话人陈述一个自己认为人尽皆知的事实，以消除听话人已经存在或者可能存在的意外。再比如：

[6] 忿怒话音未浇，跌地的雷天忽闻此言，惊怒的霍地纵身而起，看着忿怒，惊问道："你说什么？"忿怒见雷天惊问，傲然抱胸，冷笑说道："嘿嘿……你那乌龟父亲，竟敢去挑战玄虎，不死才怪。"（无极《生死决》）

例[6]"惊怒的霍地纵身而起""惊问"等表明"雷天"对自己父亲的死亡感到意外，而"忿怒"根据"乌龟父亲"与玄虎二者悬殊的实力，认为雷天父亲死是必然的，这个结果显而易见，没必要意外。

可见"X才怪"常出现在以下情形中：在说话人看来，根据常识、上下文/交际情境和共同知识等，某一结果显而易见，但是对方却为意外状态，说话人通过"X才怪"陈述这一显而易见的结果来消除听话人的这种状态。与语气词"呢"连用时，通过"呢"来确认和申明说话人的主观推断，增强说话人认识表达的信据力，让对方信服。

交际双方对于某种现象出现认识差异，即结果的显而易见性、说话人的确信，与听话人的意外性形成对比，衍生出消极语义倾向。句中常出现表达消极语义倾向的词语，如"哼、呸、该死、糟糕、要命、真是的、放屁、完了"等。据统计，381例有效语料中表达说话人消极语义倾向的语料有364条，占95.56%。例如：

[7] 连小崔也有点发慌了，他跑得飞快，而时时回头看看瑞丰，瑞丰心中骂："该死！别看我！招人家疑心，不开枪才怪！"（老舍《四世同堂》）

例[7]具有消极语义倾向，句中出现"该死"。

2.3 "X才怪"构式的分布

从句子分布来看，"X才怪"常出现在陈述句[①]中，包括单句和复句。出现在复句中倾向于位于后分句，结构模式可以码化为：A，B（X才怪）。A句中可以出现"如果、假如、若、假若、倘若、要是"等连词，前后构成假设关系。

① 需要说明的是，因为句中不能出现"真""太"等典型的感叹副词，所以句末出现感叹号并不影响句子的陈述句类。

例如：

[8] 要是我在家里（A），不拿根棍子把他撵出去才怪哩（B）！（周而复《上海的早晨》）

例[8]A句为“要是我在家里”，B句为“不拿根棍子把他撵出去才怪哩”。“才怪”否定对象X为“不拿根棍子把他撵出去”。

形式上A句给出条件说明，分布较为灵活，可以作为复句的前分句（如例[8]），也可以出现在上文中而与B句由插入语隔开。例如：

[9] 下回我要再坐火车（A），我当时这么决定，要不把北平图书馆存着的档案拿上几张才怪（B）！（老舍《番表——在火车上》）

例[9]A句为“下回我要再坐火车”，B句为“要不把北平图书馆存着的档案拿上几张才怪”。A句和B句之间插入“我当时这么决定”。

B句（包含“X才怪”）表示说话人的主观推断。A句和B句之间可以出现“这样”“这样下去”“这样一来”“如此一来”等篇章连接语。例如：

[10] 现在您却纵容兵士横行不法（A），这样下去，能不大乱才怪呢（B）！（《中华上下五千年》）

至此可以认为，“X才怪”构式具有否定义，表现说话人的强主观推断，属于认识情态。进行推断时，上下文可给出推断的根据和理由。分为对于他人、事态的推断和对于自我做法、表现的推断。用于自我推断时意志坚决。例如：

[11] 有人笑着回应：“咱一天说这些话，嗓子不难受才怪。”（人民网2022-12-29《他用生命守护公平正义“不拐弯”》）

[12] 他说：“中国体育处在初级阶段，咱们球迷的水平也和这个阶段相适合。中国要有更多热情和有水平的球迷，体育冲不出亚洲才怪呢！”（《人民日报》1990-09）

[13] 吆喝着我道：“你妈才出门，你就狂得这般模样，回头闯了祸，看我不抖出来才怪！”（白先勇《玉卿嫂》）

例[11]上文“咱一天说这些话”是嗓子难受的原因。例[12]表示“中国有更多热情和有水平的球迷”会促进体育冲出亚洲。例[13]“看我不抖出来才怪”表示“肯定会抖出来”说话人的意志坚决。

通过上述分析，可以将"X才怪"的构式义概括为：对于X进行否定，并对这一主观推断进行强调确认，具有消极语义指向。

3."X才怪"构式的否定义

"X才怪"构式表示否定意义。句中没有否定词时意在否定，句中有否定词时意在肯定，即形式和意义相反。从标记论角度，首先，肯定是无标记的，否定是有标记的。其次，汉语中被否定成分总是出现在否定词的后面，即自然语言否定词和被否定成分的相对语序跟逻辑上的表达方式是一致的，属于无标记否定。如否定副词"不"修饰动词短语"喜欢吃寿司"时，自然语序是"不"在前，"喜欢吃寿司"在后，构成"不喜欢吃寿司"；而语序和逻辑表达式不一致是有标记的语序。"X才怪"构式中"才怪"对X进行否定，否定对象X分布在"才怪"之前，均为有标记的，构成关联标记模式。

"X才怪"构式的否定义受到构件"才"和"怪"的影响，主要源自构件"怪"的促发。接下来考察"X才怪"构式否定义的形成、识解机制。

3.1 否定义的形成机制

汉语中副词"才"表达"刚刚""事情发生或结束得晚""数量少""程度低"等。后面出现形容词时，"才"倾向于表示强调确定语气（吕叔湘，1980/2016：107-108）。"才"具有主观性，可以表示说话人带有倾向性的主观评价，且倾向于是负向评价。"怪"作为形容词，表示"奇怪"。语义特征为[+描述性][+非常规]，可构成"怪声怪气、怪模怪样、怪声怪调"等。"常规"意味着事件发生的概率大，"非常规"意味着事件发生的概率小。

大概率的常规事件在说话人看来是可能、合理的，对其高度确信，而不相信小概率的非常规事件X会发生，使用"怪"进行评价，并通过"才"进一步强调确认。"不相信"表现为人类的一种高级心理活动：怀疑。怀疑可分为"不相信……"和"相信……不……"，内置否定性意义（刘彬、袁毓林，2017）。"X才怪"表示否定义。

怀疑是"X才怪"发展出否定义的重要过程。邵敬敏（2014：287）指出，"肯定的反面是否定，那么在这两者之间的过渡地带应该是疑惑。怀疑越强，离否定就越近；怀疑越弱，离开否定就越远。换言之，一点不怀疑，就是肯定；怀疑到底，就转化为否定"。刘彬和袁毓林（2017：13）认为，"怀疑是人类的一种高级的心理活动。从认知角度看，怀疑是对于某种成说、观点等的合理性或正确性的否定"。例如：

[14] 你们若是用小炮和鬼子的大炮碰一碰，老鬼子也许笑一笑。你们光是握着根小杆上糊着张红纸，拿这张红纸来和大炮碰，老鬼子要笑一笑<u>才怪</u>呢！真正爱国的人不这么干！（老舍《二马》）

[15] 王利发："听听，又他妈的开炮了！你闹，闹！明天开得了张才怪！这是怎么说的！"
王淑芬："明白人别说糊涂话，开炮是我闹的？"王利发："别再瞎扯，干活儿去！"（老舍《茶馆》）

例[14]用同等条件的大炮或火力稍弱的小炮和敌人的大炮进行抗衡，老鬼子笑一笑，属于大概率的常规情况，说话人对此确信。而握着根小杆，杆上糊着张红纸，拿这张红纸和大炮碰，老鬼子笑，属于小概率的非常规情况。说话人不相信这种非常规情况会发生，产生怀疑。怀疑内置了否定意义。怀疑很强烈时，就演化为了否定。例[15]同理。

"X才怪"构式的否定义表现与反问句相同，均是句中没有否定词意在否定，句中有否定词意在肯定，包括"哪里"类反问句、"什么"类反问句等。否定义的形成机制也相同。刘彬和袁毓林（2017）指出，反问句一般出现在反常语境中，说话人故意使用反问句对语境中的反常情况进行质疑，在"疑有信无""疑正信反"等怀疑原则的指导下，最终使得反问句涌现出否定意义。可见，这一形成机制在汉语中具有一定的普遍性。

3.2 否定义的识解机制

"X才怪"既可发出"怪"的评价，又可表达否定意义。例如：

[16] "看不懂的话又会怎样？晴明——""不会怎样，看不懂才像是你的作风，看懂了才怪。"（梦枕貘《阴阳师》）

[17] 另听秦宝宝喃喃自语道："大哥啊，你看了可不要生气，只因你生气就和它形成双胞胎，到时我会认不出谁是真人，你不气死才怪！""我的确快被气死了！"（祁钰《巧仙秦宝宝》）

例[16]根据前文"看不懂才像是你的作风"，倾向于将"看懂了才怪"理解为"看懂了，才奇怪"。例[17]根据后文"我的确快被气死了"，倾向于将"你不气死才怪"理解为"你会被气死"。

那么，听话人如何判断呢？能够顺利地识解出否定义吗？我们认为，"X才怪"构式的否定义识别与理解是一个"明示—推理"的交际过程，听话人能够顺利地识解（construe）出"才怪"的否定义。

关联理论将说话人与听话人之间的交际过程看成是"明示—推理"（Sperber & Wilson, 1986）。一个明示交际行为代表着说话人要发出明示的刺激讯号，向听话人显明该讯号是相关联的，从而吸引对方注意力实现交际效果。说话人在说"X才怪"时提供的线索包括上下文语境、常识、说话人的语调重音、表情等。听话人根据这些明示手段借助相关准则的指导，通过语用推理，能够推断出说话人说"X才怪"是认为该语境中X不可能或不合理，进而顺利识解出"X才怪"

的否定义。这种否定为内置性的隐性否定。例如：

[18] 夫妻怎不可以谈学问呢；可是有了五个小孩，欠着五百元债，明天的房钱还没指望，要能谈学问才怪!（老舍《婆婆话》）

例[18]根据上文夫妻"有了五个小孩，欠着五百元债，明天的房钱还没指望"和转折连词"可是"，可以明确地推知"夫妻不能谈学问"。无论是认为"夫妻之间不能谈学问"，还是怀疑"夫妻之间能谈学问"，都表现出否定性。

4."X才怪"构式的非现实性

现实性与非现实性的区分是情态区分的重要内容。Chafe（1995）指出，现实是通过感知观察到的已经成为事实的客观现实，非现实是通过想象构建出来的主观想法。Mithun（1999：173）将"非现实性"界定为"描述的是纯粹属于意念领域的情况，仅可通过想象获得认知。"包含"X才怪"的句子多是通过想象建构的虚拟事实，具有非现实性。

4.1 构件与非现实性

构件X多为动词短语。动词短语VP前可以出现"肯、要、敢"等表示意愿的情态动词，表达说话人的某种意愿或判断。意愿本身具有虚拟性。同时，表示意愿的情态动词辖域内的事件是非现实性的。

动词短语可以是能性述补结构"V得/不C"，也反映出非现实性特征。沈家煊（2005）指出，能性述补结构"V得/不C"具有非现实性，只能出现在假设句、疑问句、推测句等非现实句中，而不能出现在现实句中。

表示动作的重复、继续与追加时，相比"又"更倾向于用"再"。"再"是基于非现实性而使用的副词，用于修饰未然事件（周韧，2015）。例如：

[19] 林仙儿目中露出了狠毒之意，冷笑道："他凭什么吃醋？……想不到这种自命不凡的世家子弟，也会做这种不要脸的事，以后我若**再**理他才怪。"（古龙《小李飞刀》）

"再"用于非现实性语境，而"又"用于现实性语境。例（19）"再"不能换成"又"。

值得说明的是，除了构件X体现出非现实性，构式"X才怪"后面附加的语气词"呢"也多用于非现实句。"呢"具有虚拟、评价、否定等功能，不关注事件是否发生或者是否将要发生，不关注事件或情形在现实世界中的真实性，主要用于非现实情态语句（方梅，2016）。

4.2 构式义与非现实性

假设句、否定句等存在相通之处，都属于“非现实句”。

首先，“X才怪”构式常出现在假设句中表示推断。Palmer（2001）指出，非现实句是虚拟的，适用的句类包括假设条件句、愿望句、义务句、设想的可能句、疑问句、将来句等。假设句是认识层面的推断义非现实句。以某种假设的条件为根据推断某种结果，所述的内容都是假设性的虚拟事件。假设句中所述事情通常是未然的，未然伴随着不确定。“未定”和“未然”是非现实句的非现实性特征。如果句子中存在“未定”或“未然”一个特征，可以确定为非现实句。如果兼有两个特征，是较典型的非现实句（张雪平，2012）。“X才怪”构式既表示未定，也常出现在未然句中，表示推断。句中可出现“以后”“明天”“明儿个天明”“到时候”等表示未然的时间表达，“你看着”“你等着”“你等着看”“瞧吧”“走着瞧”“试着瞧吧”等表示未定的相关表达。例如：

[20] 他妈的，这算是朋友！”马先生站在街上，低声儿的骂：“不等客人要走，就站起来说‘礼拜天见！’**礼拜天**见？**你看着**，马大人要是上教堂去才怪！……”（老舍《二马》）

[21] 字学家收了半片迷叶，咬着牙说：“少给我半片！**你等着**，我不偷了你的老婆才怪！”（老舍《猫城记》）

张雪平（2012）从语义上将非现实句的非现实程度从高到低排成以下连续统：

认识域非现实句 ← 推断 > 推测 > 限时 > 泛时 → 时间域非现实句
典型　　　　　　非典型

“推断”“推测”属于认识域，其中“推断”是典型的非现实性特征；“限时”“泛时”属于时间域，其中“泛时”是非典型的非现实性特征。“X才怪”构式属于认识域，具有典型的非现实性。句中可出现由“看”“想”等感官动词构成的推断类元话语标记，如“看来”“想来”“看起来”等。例如：

[22] 唉！看来这胡子留不得了，再给这位调皮的郡主多扯几次，不痛死才怪！（凌筑《与你相约在前世》）

[23] 看样子，他若再“努力”一下，他们两人的合作关系不破裂才怪！（冬儿《爱得漂亮》）

其次，“X才怪”构式表示否定。Palmer（2001）认为可以将否定看作是命题情态的一种，即“认识情态”，属于非现实情态。Givón（1994）从原型理论出发，指出否定属于非现实的边缘成员。我们持广义的情态观，将否定看作非现实性情态。否定句和非现实句的共通之处为：在判定命题真假的程度等级上，非现实句靠近否定句的一端（Givón, 1990：321）：

先设	现实肯定	非现实肯定	否定
想当然为真	强判定为真	弱判定为真	判定为假

否定陈述句表达说话人对相应肯定命题否认的主观态度，是对判断的判断。就“X才怪”构式而言，把“X才怪”看作是对肯定判断X的否定判断，那么否定辖域内的事件X是不存在的或未然的，句子是非现实句。正如张伯江（2000：136）所言，“肯定（affirmative）与否定（negative）的对立跟现实与非现实的对立相关，否定行为的实质是假设与现实事件相反”，“否定辖域内的行为是非现实的”。

需要说明的是，非现实句中内部小类的典型性程度存在差异。如非现实句中的假设句属于典型的非现实句，但是存在“现实假设句”，即具有现实性特征的现实假设句，以已然或已知事实为条件。这种情况在检索到的有效语料中仅占9%，不具有典型性。例如：

[24] 你想一想啊，其时武则天才21岁，还是女孩子年龄呢，李治呢也是21岁，这对美女帅哥，不分昼夜地混在一起，不弄出点故事来才怪。（倪方六《中国人盗墓史》）

例[24]武则天和李治之间产生故事，是现实世界中已经发生的事情。句中通过“不弄出点故事来才怪”构成现实假设句。

5. 结语

“X才怪”构式的构式义为：对于X进行否定，并对这一主观推断进行强调确认，具有消极语义倾向。构式的否定义主要由构件“怪”促发：说话人对大概率的常规事件非X高度确信，而不相信小概率的非常规事件X会发生，表现为“怀疑”，内置否定性意义，最终演化为否定。“非常规性”是演变得以产生的重要条件。否定义在语境中能够顺利地被识解。构式的显著特征是非现实性，表现在构件方面（如动词短语VP前可出现表示意愿的情态动词，动词短语可以是能性述补结构，后面高频附加语气词“呢”等）和“推断”“否定”等构式义方面。

认识情态与否定均是普遍语言现象的同时也都是重要的思维方式，构建了非现实性的假想世界。认识情态与否定的互动包括冗余否定、语义跷跷板、否定等。“X才怪”构式属于其中一种，为主观推断，表现为否定。通过对其否定义与非现实性的研究，初步了解了“否定”类的互动情况。但是“冗余否定”“语义跷跷板”等类型表现如何，语义的产生机制和识解机制分别是什么，哪种互动方式在汉语中表现更为显赫等问题仍有待后续研究。

参考文献

Coates, J. 1983. *The Semantics of the Modal Auxiliaries*. London: Croom Helm.

Chafe, W. 1995. The realis-irrealis distinction in Caddo, the Northern Iroquoian languages, and English. In J. Bybee & S. Fleischman (eds.), *Modality in Grammar and Discourse*. Amsterdam: John Benjamins. 349-365.

Givón, T. 1984. *Syntax: A Functional-Typological Introduction. Vol. I & II.* Amsterdam: John Benjamins.

Givón, T. 1994. Irrealis and the Subjunctive. *Studies in Language* 18(2): 265-337.

Van der Auwera, J. 2001. On the typology of negative modals. In J. Hoeksema, et al. (eds.), *Perspectives on Negation and Polarity Items.* Amsterdam: John Benjamins. 23-48.

Mithun, M. 1999. *The language of Native North America*. Cambridge: Cambridge University Press.

Palmer, F. R. 2001. *Mood and Modality* (second edition). Cambridge: Cambridge University Press.

Sperber, D., & Wilson. D. 1986. *Relevance: Communication and Cognition*. Oxford: Oxford University.

陈禹，2022，隐性否定“才怪”的反意外功能和语用化路径——兼议反问与反事实在隐性否定上的语用分化。《汉语学报》（4）：85-94。

陈振宇、姜毅宁，2019，反预期与事实性——以“合理性”语句为例。《中国语文》（3）：296-310+382-383。

方梅，2016，再说“呢”——从互动角度看语气词的性质与功能。《语法研究和探索》（十八），中国语文杂志社编，北京：商务印书馆。1-18。

李宗江、王慧兰，2011，《汉语新虚词》。上海：上海教育出版社。

刘彬、袁毓林，2017，反问句否定意义的形成与识解机制。《语文研究》（4）：12-19。

吕叔湘，1999，《现代汉语八百词》（增订本）。北京：商务印书馆。

吕叔湘，1985，疑问·否定·肯定。《中国语文》（4）：241-250。

马宁，2013，"才怪"的语用否定性。《语文建设》（26）：58-59。
齐沪扬，2011，《现代汉语语气成分用法词典》。北京：商务印书馆。
钱伟，2022，现代汉语评注性动词"才怪"研究。上海：上海师范大学硕士学位论文。
邵敬敏，2014，《现代汉语疑问句研究》（增订本）。北京：商务印书馆。
沈家煊，2005，也谈能性述补结构"V得C"和"V不C"的不对称。《语法化与语法研究》（二），沈家煊、吴福祥、马贝加主编，北京：商务印书馆。185-207。
太田辰夫，2003，《中国语历史文法》，蒋绍愚、徐昌华译，北京：北京大学出版社。
完权，2018，信据力："呢"的交互主观性。《语言科学》（1）：18-34。
张伯江，2000，汉语连动式的及物性解释。《语法研究和探索》（九），中国语文杂志社编，北京：商务印书馆。129-141。
张雪平，2012，现代汉语非现实句的语义系统。《世界汉语教学》（4）：449-462。
张谊生，1996，现代汉语副词"才"的句式与搭配。《汉语学习》（3）：10-15。
周韧，2015，现实性和非现实性范畴下的汉语副词研究。《世界汉语教学》（2）：167-183。

The negation and irreality of the construction *X Caiguai*

Abstract: The constructional meaning of *X Caiguai* (X才怪) is implicit negation and to emphasize and confirm the subjective inference, which has negative semantic tendency. The negative meaning of the construction is mainly caused by the component *guai*. The speaker is highly convinced that the conventional event of high probability is not *X*, and does not believe that the unconventional event *X* of low probability will occur, which is manifested as doubt, built-in negative meaning, and finally evolved into negation. Unconventionality is an important condition for evolution. Negation can be construed smoothly in context. The salient feature of the construction *Xcaiguai* is irrealis, which is manifested in two aspects: component and the constructional meaning.

Keywords: *X caiguai*; implicit negation; irreality

（责任编辑：张凯伦）

基于鲁迅小说语料库的汉语话题链构成要素和呈现形式研究

河北师范大学/河北传媒学院　王丽会*

[提　要]　话题链构成要素的研究是有关汉语话题链进一步研究的前提和基础。本研究从话题链中话题呈现方式、显性话题出现位置，小句数量、内容要求等方面出发，以鲁迅的8篇小说为语料，重新梳理汉语话题链的构成要素。通过定量统计、定性分析，归纳总结出四类常见话题链呈现形式。

[关键词]　话题链；构成要素；呈现形式

1. 引言

话题链作为汉语篇章构建的基本单位已经引起学者的广泛关注，前人也对其进行了大量的研究。话题链的构成要素较复杂，话题链的界定仍需进一步完善。本文对话题链的构成要素重新梳理，分析构成话题链必须具备的一些要素，同时，针对话题链中的一些非必要成分，也进行了分类讨论，并从各小句话题出现情况的角度出发，结合语料，归纳出话题链四类主要呈现形式，并统计出各类话题链的使用概率。

话题链的研究多是基于语料进行的，话题链多出现在叙述和描写文本中。通过翻阅大量语料，我们选择鲁迅部分小说作为研究语料，这些语料主要是叙述和描写文本，存在一定数量的话题链。鲁迅是中国文学史上最伟大的作家之一，以小说创作见长，他的很多作品都享誉中外。鲁迅先生的语言风格独具特色，主要体现在：语言凝练含蓄、幽默与讽刺并存、善用“白描”手法、善用留白烘托意境、用词准确而生动、造句警拔而贴切、修辞多样而新奇、用语反常等方面（肖亚云，2018；孙美康，2011；矫健鹰，2011；徐根松，2003）。上述部分研究虽

*　作者简介：王丽会，河北师范大学文学院博士研究生，河北传媒学院讲师。研究方向：语言学、国际中文教育。Email：wlh201603@163.com。通讯地址：050024 河北师范大学。

然涉及句法结构、语用规则，但与话题、话题链相关的特征并不突出。鲁迅小说的语言特点大都是通过词语来体现的，所以语料中的话题链受鲁迅先生语言风格影响较小。我们选择以下8篇小说：《阿Q正传》《祝福》《故乡》《藤野先生》《药》《孔乙己》《社戏》《一件小事》，创建小型语料库，共51211字。通过精读这些语料，人工筛选出话题链723条，具体见表1。

表1　鲁迅8篇小说话题链统计表

小说	《阿Q正传》	《祝福》	《故乡》	《藤野先生》	《药》	《孔乙己》	《社戏》	《一件小事》	总计
话题链 / 条	275	137	66	34	75	46	73	17	723

2. 话题链构成基本要素

曹逢甫（1979）最早提出汉语话题链的概念：由一个或多个语句组成且以一个出现在句首的共同话题贯穿其间的语段。Li & Thompson（1981）所提出的话题链定义为：由多个语句组成且共享一个话题的语段，且该话题在第二个及之后的语句中以零形式出现。屈承熹（2006）认为话题链是一组以零回指形式的话题连接起来的小句。前人对话题链的界定进行了一些有意义的探讨，有很多一致观点，但是在话题链话题呈现方式、显性话题（非零形式的名词、代词等指称形式的话题）出现位置，各小句数量、内容要求等方面还存在分歧。具体如下：

一、有学者认为单句可以成链，如曹逢甫（1979）；也有学者认为话题链构成至少需要两个小句，如Li Wendan（2005）。

二、有学者认为，除显性话题外，其他话题必须是零形式，如Li & Thompson（1981）；而另一些学者认为话题链中话题可以是名词形式、代词形式和零形式，如曾敏、李治平（2008），孙坤（2014）。

三、一些学者认为话题链中必须有显性话题出现，且必须在链首位置，如曹逢甫（1979）；而另一些学者认为话题链中可以不出现显性话题，如果有显性话题，可以在链首、链中或链尾，如孙坤（2014）。

除了以上主要观点外，屈承熹（2006）、吴碧宇（2013）提出话题链的界定需要考虑表述模式、情节内容等因素。对比、分析前人的研究，结合本文的语料，我们从话题链话题呈现形式、显性话题出现位置，小句数量及内容要求等方面出发，重新梳理话题链的构成要素。

2.1　话题链话题呈现方式和显性话题出现位置

Li & Thompson（1981）、屈承熹（2006）、Li Wendan（2005）等研究都认为话题链除了出现一次显性话题外，其他各句话题均是零形式。的确，话题链中最常见的是零形回指的使用。话题链中之所以出现零形式是因为它们所指内容相同，是话题同指性发挥作用的结果。但是话题相同与否才是判断话题链的最重要和最直接的根据，而不是话题表现形式，而且Li & Thompson (1979) 的实验表明，说汉语的人对同指代词的使用较为随意，话题链内的代词使用因人而异，分歧很大。如果一段话加上代词就变成不同的话题链，不加就是一个话题链，加或不加原文意义和接受程度都未变，但却演变出不同的话题链来，显然这样的界定是不可靠的，可见，话题表现形式不是判断是否为同一话题链的关键。所以，只要所指相同，话题可以是名词形式、代词形式、零形式。曹逢甫（1979）没有明确指出话题链中必须删略同指名词而使用零形式。曾敏、李治平（2008）认为话题与话题只要所指相同即可，形式上不一定是零形式。孙坤（2014）也认为话题链中可以有代词或名词出现，并较为详细地分析了它们出现的原因。杨彬（2016）认为话题链是一个由具有同指关系的NA（名词性回指）、PA（代词性回指）和ZA（零回指）等形式的话题引领的单个或多个小句联缀而成的。

从话题的出现位置考虑，我们认为话题链中显性话题不一定在句首出现，可以在链中或链尾出现，前面的隐性话题预指后面的显性话题，甚至整个话题链没有显性话题也是可以成立的。

另外，需要注意的一类情况是，话题链小句中出现新的名词指称形式，不是同指名词形式。如：

[1] 半年之后他回到家里来，腿也直了，辫子也不见了。（《阿Q正传》）

例句中“腿”“辫子”，从形式上看似乎不属于我们前面所分析的话题链话题，但这两个小句是双名词结构（陈平，2004），与第一小句的共同话题“他”被省略，该句补充还原应该为：

半年之后他回到家里来，Ø（他）腿也直了，Ø（他）辫子也不见了。（《阿Q正传》）

这类双名词在很多研究中也被称为“话题结构”（刘丹青、徐烈炯，1998）。除了共同话题之外，后两个小句的句首都有一个名词形式，这里为了方便，称之为“分话题”。分话题有很明显的特征：它们一般位于某个小句的句首，从语义上来看它们实际上都与总话题有“整体－部分”或“种－属”的关系。这类话题一般可以补充出省略的名词或代词形式，实则跟其他小句话题一致，故不再另分类讨论。

2.2 话题链小句数量及内容要求

2.2.1 话题链由两个及两个以上小句构成

Tsao（1979）认为一个小句也可以构成话题链，而大部分学者认为一个小句不能构成话题链。屈承熹（2006）提出单个小句与其他小句没有任何篇章关系，因此不让单个小句独自构成话题链，反而更为自然。Li Wendan（2005）在屈承熹的基础上提出话题链至少包括两个小句。如：

[2] 大家便散开在阿发家的豆田里，Ø各摘了一大捧，Ø抛入船舱中。（《社戏》）

[3] 他每到我家来时，Ø总问起你，Ø很想见你一回面。（《故乡》）

话题链像一环扣着一环的链条，将话题相同的小句联系起来，正因为具备这样的作用，才被称为话题链，单句不符合“链”的特点，将一个小句称为话题链似有不妥。

2.2.2　话题链各小句内容具有一致性

曾敏、李治平（2008：96）在谈到话题链的话题隐现规律及功能解释时举过这样一个例子：

[4] 越国有一位著名的美女名叫西施，其美貌简直到了没人能比的程度。她的举手投足、音容笑貌，样样都惹人喜爱。西施不用化妆，不用穿华丽的衣服，但是走到哪里，都那么引人注目。只可惜她的身体不好，有心痛的毛病。有一次，她刚出门，老毛病又犯了。她用手捂住胸口，紧皱着眉头。虽然她表情痛苦，但仍然显得那样妩媚可爱，楚楚动人，让村民们赞不绝口。（《东施效颦》）

他们认为以上语篇是以“西施”为话题的话题链，但是如果把所有围绕一个“话题”来展开的两个及以上小句视为一个话题链，那么会导致话题链篇幅庞大，内容驳杂，不符合话题链是建构语篇的基本功能单位的特点。屈承熹（2006）认为话题链是以表述模式作为内容上的依据离析出来的，表述模式可细分为叙述、描写、说明和论说。我们认为，一方面正如屈承熹所说，表述模式不同的句子不属于同一话题链；另一方面同一表述模式的句子，如果叙述内容并不单一，也不属于同一话题链。上面所举例子，都是对西施的描写介绍，同一表达模式，但是内容不同，所以有必要进一步划分。

再如以下来自本研究语料库中的例句：

[5] 他一急，两眼发黑，耳朵里[喤]的一声，似乎发昏了。然而他又没有全发昏，有时虽然着急，有时却也泰然；他意思之间，似乎觉得人生天地间，大约本来有时也未免要杀头的。（《阿Q正传》）

该例共两句，各小句共同话题是“他”，共同描述的是阿Q面对死亡的一系列心理活动，表达模式和叙述内容单一，可视为一个话题链。

综上，根据本文的梳理，话题链构成的基本要素包括：话题以名词形式、代词形式或零形式出现；显性话题可以出现在链首、链中、链尾的位置或不出现；话题链由两个及两个以上小句构成，各小句内容具有一致性。

3. 话题链中的其他要素

除了必须具备的基本要素，话题链中有时还会出现一些其他要素，话题链允许这些成分的存在。话题链中可以插入其他话题链，也可以插入非话题链成分。

3.1 插入其他话题链

[6] a阿Q奔入舂米场，bØ 一个人站着，cØ 还觉得指头痛，dØ 还记得“忘八蛋”，eØ 因为这话是未庄的乡下人从来不用，fØ 专是见过官府的阔人用的，gØ 所以格外怕，hØ 而印象也格外深。（《阿Q正传》）

为了研究方便，我们给上例每个小句编上序号a-h（下文同），整个句子出现了两个话题，即“阿Q”“这话”。“阿Q奔入舂米场，Ø 一个人站着，Ø 还觉得指头痛，Ø 还记得‘忘八蛋’”是以“阿Q”为话题的话题链。而后句子“因为这话是未庄的乡下人从来不用，Ø 专是见过官府的阔人用的”是以“这话”为话题的话题链。最后两个句子“所以Ø 格外怕，而Ø 印象也格外深”是第一个话题链的后半部分。

“阿Q”作为话题，并未在接下来的小句e、f中出现，而是直到小句g中才得以延续，从而使a、b、c、d、g、h构成一个话题链。那么其间的小句e、f该如何看待呢？小句e中的“这话”在小句f中被零形回指，也成为一个话题链。这两个链有联系，从整体上看，话题链e-f嵌套在话题链(a-d)—(g-h)中。

3.2 插入非话题链成分

[7] a做工的人，b傍午傍晚散了工，c每每花四文铜钱，d买一碗酒，——e这是二十多年前的事，f现在每碗要涨到十文，——g靠柜外站着，h热热的喝了休息。（《孔乙己》）

a句“做工的人”是话题，与随后小句b、c、d、g、h组成话题链。e、f打断了话题链。与2.1.1不同，“这是二十多年前的事，现在每碗要涨到十文”不是嵌入的话题链，而是两个话题不同的小句，补充解释话题链所述内容。

再如例句：

[8] a我先是住在监狱旁边一个客店里的，b初冬已经颇冷，c蚊子却还多，d后来用被盖了全身，e用衣服包了头脸，f只留两个鼻孔出气。（《藤野先生》）

a句中的“我”是话题，与随后小句d以及e、f小句组成话题链。b、c打断了话题链，“初冬已经颇冷，蚊子却还多”提供了下面话题链内容延续的背景信息。

插入成分与前后句子有一定的联系，不影响话题链的延续及完整性，并作为补充信息和话题链在内容上有着重要的关联。话题链中插入其他成分在实际语料中较为常见，其后话题链依然延续，原因在于话题强大的控制力，即使有插入成分干扰，依然能够控制后面的评述语句。

4. 话题链呈现形式

话题链是共享某一话题的小句串，所以显然，各小句是靠共同的话题来衔接进而推进篇章的发展。本文2.1中，我们主要讨论了在话题链中，话题可以以名词、零形式、代词等不同的指称形式出现。考虑各小句话题的表现形式、显性话题出现位置，我们对所选语料中的话题链进行逐一标注并分析，总结出话题链常见的四种呈现形式。

一、显性话题出现在链首，后面小句话题为零形式。如：

[9] 车夫听了这老女人的话，Ø 却毫不踌躇，Ø 搀着伊的臂膊，Ø 便一步一步的向前走。（《一件小事》）

二、显性话题出现在链首，后面小句再次出现显性话题形式。如：

[10] 老栓正在专心走路，Ø 忽然吃了一惊，Ø 远远里看见一条丁字街，明明白白横着，他便退了几步，Ø 寻到一家关着门的铺子。（《药》）

三、显性话题在链中或链尾出现，前面小句出现零形预指。如：

[11] 脱下衣服的时候，他听得外面很热闹，阿Q生平本来最爱看热闹，便即寻声走出去了。（《阿Q正传》）

[12] Ø 一出门，Ø 便望见月下的平桥内泊着一只白篷的航船，大家跳下船。（《社戏》）

四、整个话题链均是零形式。如：

[13] Ø 寻来寻去寻到山坳里，Ø 看见刺柴上挂着一只他的小鞋。（《祝福》）

我们对以上四类话题链的呈现形式进行了数据统计，具体见表2（以上四类话题链呈现形式依次用A、B、C、D代替）。

表2 鲁迅8篇小说中四类话题链呈现形式数据统计

话题链形式	《阿Q正传》	《祝福》	《故乡》	《藤野先生》	《药》	《孔乙己》	《社戏》	《一件小事》	共计	频率
A	200	100	46	24	61	36	57	16	540	74.69%
B	63	27	16	3	8	5	7	1	130	17.98%
C	5	1	2	1	0	1	3	0	13	1.80%
D	7	9	2	6	6	4	6	0	40	5.53%

本研究主要以鲁迅8篇小说为例，结合Halliday（1991）的盖然率理论，统计以上四类话题链的出现频率。出现频次反映语言使用倾向。Halliday从信息理论中汲取了盖然率的思想，结合频率、概率内容来研究汉语。根据《现代汉语词典》（第7版）（2016：1004；419），“频率”包含两种含义：一是“物体每秒振动的次数，单位是赫兹”；二是“在单位时间内某种事情发生的次数”。概率的含义是“某种事件在同一条件下可能发生也可能不发生的，表示发生的可能性大小的量”。殷思源（2023）认为“频率”作为一个专业术语，在不同的学科背景下有不同的解释。在物理学中，频率是次数与时间之比，指单位时间内完成周期性变化的次数。在数学统计中，频率是次数与次数之比，指观测对象出现的次数与实验观测总次数的比值，当实验次数趋向于无穷大时，频率无限接近概率。Halliday（1991）认为语言系统天生是盖然率的，语篇中的频率是概率在语法中的实例，频率用于对具体实例或语篇的描写，概率用于对系统和范畴的描写，概率和频率的关系犹如气候和天气的关系。在语料库中呈现的频率范式为语言的历史变化提供了解释，并表明每个实例是如何保持和干扰语言系统的。盖然率把语言特性看作有意义的趋势，频率统计可以从一定程度上判断某种语言现象的使用概率。

由表2可知，A类话题链共540例，出现频率最高，约74.69%，在各篇语料中出现次数也最多，一定程度上可以说明“显性话题出现在链首，后面小句话题为零形式”的话题链在使用中占比最高，出现概率最大，是最为常见的话题链。其次是“显性话题出现在链首，后面小句再次出现显性话题形式”的话题链，频率约17.98%。“显性话题在链中或链尾出现，前面小句话题出现零形预指”以及“整个话题链话题均是零形式”的话题链出现次数较少，频率分别为1.80%、5.53%。

为验证本文所得结论，我们再选择莫怀戚的《散步》、朱自清的《背影》、史铁生的《秋天的怀念》、杨绛的《老王》和曹文轩的《孤独之旅》作为语料来分析其中的话题链。所选语料均为名家作品，且被收录在人教版中学语文课本中，体裁上有散文、小说，内容主要是写人叙事。五篇文章中话题链共计133个，其中A类91个，B类29个，C类5个，D类8个，与上文总结出的话题链形式特点基本一致，每篇话题链呈现形式分布具体见表3。

表3　五篇其他名家作品话题链呈现形式数据统计

话题链形式	《散步》	《背影》	《秋天的怀念》	《老王》	《孤独之旅》	共计	频率
A	8	14	7	21	41	91	68.42%
B	0	6	3	8	12	29	21.80%
C	0	2	2	1	0	5	3.76%
D	0	4	1	1	2	8	6.02%

针对汉语话题链呈现形式的研究无法穷尽所有语料，本研究在一定数量的语料基础上，总结出四种常见话题链呈现形式，分别统计这四种话题链出现次数及频率，从一定程度上，得出不同类型汉语话题链使用情况的概率。

另外，零形式是话题链中最典型的话题表现形式。汉语中零形回指的使用是一种较为普遍的现象，尤其是在叙述、描写性文体中。这是因为零形回指在话语中不仅能像其他有形词语一样实现交际的目的，而且符合语言的经济原则、省时省力，同时能增强语篇的连贯性。但是，需要注意的是，受人脑的短时记忆功能的限制，零形回指与显性话题之间的距离不宜太远，否则我们就会很难找回零形式的指称内容。曾敏、李治平（2008）关于显性回指出现频率的研究提到在话题链中，每隔三四个小句，链内某小句话题位置就需要出现一个代词或名词形式的指称来回指前面出现的显性话题。

5. 结语

汉语是话题突出的语言，篇章阅读和写作中，经常会出现或使用大量话题链。我们以鲁迅的8篇文章为语料，通过定量统计、定性分析得出以下结论：

（一）话题链是由两个及两个以上共享同一话题的小句串构成，各句的话题可以是名词形式、代词形式和零形式，显性话题可以出现在链首、链中、链尾或不出现，话题链各小句的内容及表达模式要有一致性；话题链中出现的其他插入成分，虽不是必须具备的基本要素，但可以丰富话题链的形式，有其独特的表达作用。

（二）从各小句话题的表现形式、显性话题出现位置方面考虑，话题链常见呈现形式有四类。1.显性话题出现在链首，后面小句话题为零形式。2.显性话题出现在链首，后面小句再次出现显性话题形式。3.显性话题在链中或链尾出现，前面小句出现零形预指。4.整个话题链均是零形式。四类中，“显性话题出现在链首，后面小句话题为零形式的话题链”最为常见。

我们对话题链构成要素、呈现形式进行了分析，以期进一步丰富话题链的研究并能在汉语篇章教学中提供一些参考。同时，本文关于话题链小句内容一致性方面的分析还不够深入，有待进一步研究；话题链的常见形式更多关注话题链整体形式，可以结合内部具体特征，做更为具体的分类讨论。

参考文献

Halliday, M.A.K. 1991. Towards probabilistic interpretations. In E. Ventola (ed.), *Functional and Systemic Linguistics: Approaches and Uses*. Berlin & New York: Mouton de Gruyter. 39-61.

Li, C.N. & Thompson, S.A. 1979. Third-person pronoun and zero anaphora in Chinese discourse. In T. Givón (ed.). *Discourse and Syntax*. New York: Academic Press. 311-335.

Li, C.N. & Thompson, S.A. 1981. *Mandarin Chinese: A Functional Reference Grammar.* Berkeley: University of California Press.

Li, Wendan. 2005. *Topic Chains in Chinese: A Discourse Analysis and Applications in Language Teaching*. Muenchen: Lincom Europa.

Tsao, Fengfu. 1979. *A Functional Study of Topic in Chinese: The First Step toward Discourse Analysis*. Taipei: Student Book Co. 谢天蔚译《主题在汉语中的功能研究——迈向语段分析的第一步》，北京：语文出版社，1995年。

陈平，2004，汉语双向名词句与话题——陈述结构。《中国语文》（6）：493-507+575。

矫健鹰，2011，论鲁迅小说语言艺术之用语反常。《吉林广播电视大学学报》（1）：85-87。

刘丹青、徐烈炯，1998，普通话与上海话中的拷贝式话题结构。《语言教学与研究》（1）：85-103。

屈承熹（著），潘文国等（译），2006，《汉语篇章语法》(*A Discourse Grammar of Mandarin Chinese*)。北京：北京语言大学出版社。

孙坤，2014，汉语话题链的特点与本质——兼论话题链与零回指的差异。《汉语学习》（6）：52-63。
孙美康，2011，试谈鲁迅小说《孔乙己》语言运用的艺术。《语文学刊》（8）：56-58。
肖亚云，2018，关于鲁迅小说语言的文学解读。《课程教育研究》（4）：94-132。
吴碧宇，2013，论情节对汉语话题链句子认定的作用。《连云港师范高等专科学校学报》（2）：41-44。
徐根松，2003，略论鲁迅小说中的语言变异艺术。《哈尔滨学院学报（社会科学）》（9）：80-83。
杨彬，2016，"话题链"的重新定义。《当代修辞学》（1）：72-78。
殷思源，2023，概率视野下"常常"和"往往"的语义辨析。《世界汉语教学》37（04）：505-519。
曾敏、李治平，2008，话题链话题的隐现规律与功能解释。《语文学刊》（13）：96-97。

A study on the constituent elements and presentation forms of Chinese topic chain based on Lu Xun's novel corpus

Abstract: The research on the constituent elements of topic chain is the premise and foundation for further research on Chinese topic chain. Starting from the presentation of topics in the topic chain, the location of explicit topics, the number of clauses, the content requirements and other aspects, and taking eight Lu Xun's novels as the corpus, this research redefines the constituent elements of the Chinese topic chain. Through quantitative statistics and qualitative analysis, four types of common topic chains are summarized.

Key words: the topic chain; elements; presentation forms

（责任编辑：苏树苗、高彦梅）

语言应用研究

儿童早期语言中的经典逻辑
——以比较级和析取连词习得为例

情境模型视角下的“把”字句位移语义在线加工研究

网络游戏话语中的指令性行为研究

从分级系统看《中华人民共和国民法典》话语的模糊性及其功能

双语词典评价指标体系的架构与实践
——以日汉词典为例

儿童早期语言中的经典逻辑

——以比较级和析取连词习得为例

中南大学　苏　怡　林世益*

[提　要]　本研究首次使用真值判断任务考察了3至5岁儿童对比较级结构中析取连词的解读，即当析取连词出现在比较级主语以及宾语位置时，儿童能否指派合取蕴涵关系，以期探究儿童早期对逻辑词的解读是否符合经典逻辑。研究结果表明3至5岁汉语儿童和成人在比较级结构中对“或者”的解读模式不同，其解读与“或者”所出现的表层句法位置无关：成人多采用排除式析取解读，儿童则遵循经典逻辑，指派合取蕴涵关系，采取与成人不一致的包含式析取解读。CHILDES国际儿童语料库分析结果证实本研究所考察的复杂逻辑结构缺乏儿童早期的成人输入。儿童在刺激贫乏的情况下，遵循语义子集原则，采用符合经典逻辑的逻辑词解读，表明其逻辑词习得在本质上由语言习得机制决定，支持普遍语法语言习得观。

[关键词]　普遍语法语言习得观；经典逻辑；比较级；析取连词；向下蕴涵；语义子集原则

1. 引言

以往基于普遍语法的儿童语言习得研究多聚焦于句法层面，考察儿童如何习得普遍语法中的核心句法原则，如约束C原则、递归性等（Crain & Lillo-Martin, 1999）。近年来，心理语言学家开始关注儿童对普遍语法中核心语义属性的习得，以期从全新视角考察人类语言与经典逻辑的关系，进而探索儿童语言习得之本质（Crain, 2012）。本文首次探讨儿童在语言发展早期如何在比较级主语与宾

*　作者简介：苏怡，中南大学外国语学院教授。研究方向：心理语言学。Email：sy-esther@csu.edu.cn。通讯地址：410083 湖南省长沙市麓山南路932号 中南大学外国语学院。
林世益，中南大学外国语学院硕士。研究方向：心理语言学。Email：lindomlsy@163.com。通讯地址：410083 湖南省长沙市麓山南路932号 中南大学外国语学院。
本项目得到国家社科基金资助，批准号20BYY086。课题总负责人：苏怡。

语位置解读析取连词。研究旨在揭示人类早期的语言发展是否合乎经典逻辑，以鉴别语言习得两大学派，即普遍语法语言习得观（Universal Grammar Approach; Crain & Thornton, 1998）和基于用法的语言习得观（Usage-based Approach; Tomasello, 2003）针对逻辑词习得之理论假说的普适性，进而探索儿童语言习得的本质和规律。

2. 研究背景

儿童逻辑词习得是当前语言习得领域的前沿热点课题（Crain, 2012; Pagliarini et al., 2022; 苏怡, 2017; 黄海泉, 2021）。研究主要聚焦于两大主题：第一，儿童早期对逻辑词的解读是否符合经典逻辑；第二，儿童逻辑词习得是由语言习得机制还是由后天学习经验所决定。普遍语法语言习得观认为，不同语言儿童因语言习得机制的协助，即使在刺激贫乏的情况下（Chomsky, 1959），在语言发展早期阶段都能遵循经典逻辑，赋予逻辑词以逻辑解读（Crain, 2012）。基于用法的语言习得观则认为，逻辑词语义是儿童通过一般学习认知机制，从经验中学得的，其解读受语言输入制约，可能不符合经典逻辑（Morris, 2008）。以下以自然语言中的析取连词（如汉语“或者”、英语“or”）为例，综述本研究相关的理论背景和实证研究，包括语言习得两大学派关于儿童如何习得析取连词的不同假说。

2.1 理论背景综述

2.1.1 析取连词在经典逻辑中的解读

在经典逻辑中，析取算子∨的真值条件满足包含式析取（inclusive-or），逻辑表达式A∨B在三种情况下为真：（i）A为真，（ii）B为真,（iii）A和B都为真。基于包含式析取，根据德摩根定律¬（A∨B）⇒ ¬ A∨¬B，通过对由析取算子连接的两个子命题的否定可以推导得出两个否定子命题的合取关系成立（Partee et al., 1990）。如例[1]和例[2]所示，析取连词在汉语和英语否定句中（且当否定词成分统制析取连词时）将生成合取蕴涵关系，这体现了人类语言与经典逻辑的一致性。

[1] 汉语：

张三不认为李四会买水果**或者**蔬菜。

⇒ 张三不认为李四会买水果<u>**并且**</u>张三不认为李四会买蔬菜。

[2] 英语：

Zhang San does not think that Li Si will buy fruits ***or*** vegetables.

⇒ Zhang San does not think that Li Si will buy fruits <u>**and**</u> Zhang San does not think that Li Si will buy vegetables.

2.1.2 人类语言的核心语义属性：向下蕴涵

在自然语言中，析取连词除了在否定句，也在更为广泛的向下蕴涵语境中生成“合取蕴涵”关系（Crain, 2008）。向下蕴涵语境是指允准从集合到子集的推论成立的语言结构（Chierchia & McConnell-Ginet, 2000），包括否定结构、全称量词（如英语“every”、汉语“每”）的限定部分、条件句（如英语“if”、汉语“如果”条件句）的前件、比较级等。例[3]和例[4]表明，比较级主语以及宾语位置允准从集合“小猫”到子集“小花猫”的蕴涵关系成立。因此，比较级的主语和宾语位置均是向下蕴涵语境（Seuren, 1973; Hoeksema, 1983; Kennedy, 2005）。

[3] 小猫比小狗胖。

⟹ 小花猫比小狗胖。

[4] 小狗比小猫瘦。

⟹ 小狗比小花猫瘦。

例[5]归纳了这一普遍语法原则：析取连词出现在向下蕴涵算子Δ 的辖域中时，即Δ（A or B），将生成合取蕴涵关系Δ A and Δ B（Crain, 2008）。与德摩根定律相同，析取连词只有满足包含式析取，才能生成合取蕴涵关系，这体现了自然语言与经典逻辑的一致性。

[5]Δ（A or B）⟹ Δ A and Δ B

如例[6]和例[7]所示，依据逻辑解读，“或者”在比较级主语和宾语位置将生成合取蕴涵关系。

[6] 小猫或者小狗比兔子胖 。

⟹ 小猫比兔子胖 **并且**

小狗比兔子胖。

[7] 兔子比小猫或者小狗瘦。

⟹ 兔子比小猫瘦 **并且**

兔子比小狗瘦。

基于普遍语法的语言习得观，析取连词和向下蕴涵都是人类语言的核心语义属性，是人类生物蓝图中与生俱来的部分（Crain, 2008；Su et al., 2012）。因此，不同语言儿童在语言习得机制的协助之下，即使在刺激贫乏的情况下，在语言发展早期都能遵循经典逻辑，在向下蕴涵语境赋予析取连词以包含式析取解读（Crain, 2012；Su, 2014）。

2.1.3 逻辑词语用解读机制：等级含义

与经典逻辑解读不同，在日常交流中，成人对逻辑词的解读受语用原则“等级含义”的制约，将产生不符合逻辑的语用解读（Noveck, 2001）。例如：“或者”与“和”按照信息强度构成了等级<或者，和>，且“和”的信息强度高于“或者”。在合作原则的作用下（Grice, 1975），当听到“A或者B”，而非信息强度更高的“A和B”时，听者会认为“A和B”不成立，且受等级含义影响，为“或者”指派排除式析取解读，即“A或者B”仅在两种情况下为真：（i）A为真，（ii）B为真，但并非（iii）A和B两者都为真。因此，成人对例[6]和例[7]中“小猫或者小狗”的解读将是“小猫或者小狗两者之一”。

基于用法的语言习得观，儿童最初赋予逻辑词的意义仅限于“简单的、非推理用法”，不包括“形式逻辑的功能”（Morris, 2008），因为这些意义是成年人在与儿童日常交流环境中最常使用的逻辑词的用法（Evers-Vermeul & Sanders, 2009; Veen et al., 2009）。据此，儿童将给析取连词指派不符合经典逻辑的排除式析取解读，因为这是儿童日常语言输入中最常听到的成人解读。

2.2 实证研究回顾

儿童语言中是否存在经典逻辑是备受争议的议题（Braine & Rumain, 1981; Singh et al., 2016）。以往有研究表明，英语儿童对析取连词“or”的解读为不符合经典逻辑的排除式析取，支持基于用法的语言习得观（Tomasello, 2003）。例如，Braine和Rumain（1981）采用“听口令做动作”任务考察了5—6岁英语儿童对类似“给我所有绿色的东西或者给我所有圆的东西”指令的反应。研究发现，86%的儿童只选择了绿色或者圆的东西（而非同时选择两者）。然而，Crain（2012）认为这并不能证明儿童早期解读为排除式析取，因为儿童在“听口令做动作”任务中通常只按其偏好的某种解读做出相应动作，但并不能排除儿童的其他解读（如：认为“A or B”也包含两者都为真的情况）。此外，Morris（2008）基于CHILDES国际儿童语料库（Child Language Data Exchange System）（MacWhinney, 2000），对240个音频语料（包括40名2—5岁英语儿童的100, 626句话轮）进行检索后发现，包含析取连词“or”的话轮共计465句，其中成人对“or”的包含式析取解读占“or”总产出不到17%，而儿童不到11%。因此，Morris（2008）认为儿童在语言习得早期与成人一致，采取排除式析取解读。

与此同时，自20世纪90年代以来，一系列跨语言研究采用真值判断任务（Truth Value Judgement Task）（Crain & Thornton, 1998），探讨了学龄前儿童在向下蕴涵语境中对析取连词的解读，包括否定结构（Crain et al., 2002; Goro & Akiba, 2004; Gao et al., 2018; Su et al., 2012；Pagliarini et al., 2022）、时间连词“before/在……之前”（Notley et al., 2012）、全称量词“every/每”的限定部分（Crain, 2012; 苏怡，2017）、“如果”条件句的前件（Su, 2014）、情态动词句（Huang & Crain, 2020）等。真值判断任务克服了以往研究任务（如“听口令做动作”）中儿童偏好某一种解读的不足，可通过科学地控制语境考察儿童对像析取连词这样具有多种真值条件的测试句的解读。研究发现，不同语言儿童在语言习得机制的协助下，即使面临刺激贫乏，在语言发展早期都遵循经典逻辑，在向下蕴涵语境中给析取连词指派合取蕴涵关系，支持基于普遍语法的语言习得观（Crain, 2012）。其中，研究者在英语（Crain et al., 2002）、日语（Goro & Akiba, 2004）、汉语（Gao et al., 2018）、土耳其语（Geçkin et al., 2015）、德语（Geçkin et al., 2018）、荷兰语、法语和匈牙利语（Pagliarini et al., 2022）等语言中，考察了儿童与成人在简单否定句中对析取连词的解读（如“小猪没吃萝卜或者辣椒”）。研究发现，儿童在各语言中对析取连词的解读与其所出现在的否定结构的表层句法位置无关，均指派合取蕴涵关系（如“小猪没吃萝卜并且小猪没吃辣椒”）。然而，汉语、日语及匈牙利语成人受其语言中析取连词为肯定极项词+PPI的影响，[①]采用了排除式析取解读（如“小猪没吃萝卜或者小猪没吃辣椒”）（Gao et al., 2018；Goro & Akiba, 2004；Pagliarini et al., 2022）。尽管因不同语言中析取参数设置不同，成人可能采取排除式析取解读，儿童却仍采用合乎经典逻辑的包含式析取解读，表明儿童早期语言习得受其内在的语言习得机制而非成人语言输入制约。

然而，当前尚未有研究探讨儿童如何在比较级结构中解读析取连词。区别于以往研究，比较级主宾语位置具有独特的语义属性，均为向下蕴涵语境。析取连词与比较级的互动是考察儿童语言中是否存在经典逻辑的重要语义结构。本研究将首次采用真值判断任务并结合CHILDES国际儿童语料库考察儿童对比较级结构中析取连词的解读。研究问题包括：（1）儿童在比较级主语及宾语位置对“或者”的解读是否符合经典逻辑？（2）儿童解读与成人解读是否一致？其解读是符合普遍语法语言习得观还是基于用法的语言习得观？

3. 研究方法

3.1 研究对象

被试为41名汉语儿童，年龄范围为3岁9个月至5岁10个月（平均年龄4岁12个月）。对照组包括33名汉语成人，本科及以上学历。所有被试均无智力或听力障碍。

---

① 基于不同的析取参数设置（disjunction parameter）（Szabolcsi, 2002; Crain, 2012），人类语言可分为两类：（1）析取连词为肯定极项词（positive polarity item；+PPI）语言，包括汉语、日语、俄语、土耳其语等。在 [+PPI] 语言中，否定结构相对于析取连词取宽域（OR > NEG）。例如，对于测试句“小猪没吃萝卜或者辣椒”，[+PPI] 语言成人的解读将为“小猪没吃萝卜或者小猪没吃辣椒”；（2）析取连词为否定极项词（-PPI）语言，包括英语、德语、希腊语、韩语等。在 [-PPI] 语言中，析取连词相对于否定结构取窄域（NEG > OR）。对于测试句“小猪没吃萝卜或者辣椒”，[-PPI] 语言成人的解读将为“小猪没有吃萝卜并且小猪没有吃辣椒”。

3.2 实验方法和步骤

研究采用儿童语言习得领域经典的真值判断任务（Crain & Thornton, 1998；克莱恩、桑顿, 2015）。该任务由两名实验者实施，主试用玩具演示实验故事，另一名实验者扮演手偶“小青蛙”，与儿童一起听故事。讲完每个故事后，主试都会问小青蛙这个故事讲的是什么，小青蛙会用测试句进行回答。儿童的主要任务是判断小青蛙回答的正误。当小青蛙回答正确时，儿童将奖励“冰淇淋”，而当小青蛙回答错误时，儿童将给它吃“辣椒”。当儿童判断小青蛙的回答为错误时，主试还会问儿童“小青蛙为什么错了？”儿童的判断理由将用于之后的数据分析。此外，成人参加了控制组实验，主试既讲故事也扮演手偶“小青蛙”。成人需要用文字判断测试句正误，并提供小青蛙陈述错误的理由，以考察儿童与成人对测试句的理解异同。

3.3 实验材料

实验采用组内设计，每位儿童和成人被试均测试6个核心句，其中3个核心句包括“或者”置于比较级主语位置，3个核心句包括“或者”置于比较级宾语位置。

以下示例当“或者”置于比较级主语位置的实验设计。例如，儿童听到如下故事：“这是一个关于大象、绵羊、狮子一起去城堡找宝石的故事。最后，大象找到了一颗宝石，绵羊找到了两颗宝石，而狮子找到了三颗宝石。”在故事结束时，小青蛙首先陈述填充句：“大象找到了三颗宝石。”该句为误，因为大象只找到了一颗宝石。在儿童对填充句的正误做出判断之后，小青蛙陈述核心句[8]：

[8] 狮子或者大象找到的宝石比绵羊多。

如果儿童明白当“或者”置于比较级主语时为向下蕴涵语境，那么他们应当赋予“或者”合取蕴涵关系，即解读[8]为：狮子找到的宝石比绵羊多**并且**大象找到的宝石比绵羊多。由此，儿童应当对核心句做出否定判断，因为大象找到的宝石比绵羊少。相反，如果成人采取排除式析取解读，则他们对核心句的解读将为：狮子或者大象（两者之一）找到的宝石比绵羊多，并做出肯定判断。

以下示例当“或者”置于比较级宾语位置的实验设计。例如，儿童听到以下故事：“这个故事讲的是小猪、小鸡、乌龟一起去摘橘子。首先是小猪去摘，它摘了一个橘子。紧接着是小鸡去摘，它摘了两个橘子。最后是乌龟去摘，它摘了三个橘子。”在故事结束时，小青蛙首先陈述填充句：“乌龟摘了三个橘子。”该句为真。儿童对填充句正误做出判断之后，小青蛙陈述核心句[9]：

[9] 小鸡摘的橘子比小猪或者乌龟多。

如果儿童明白当“或者”置于比较级宾语时为向下蕴涵语境，那么他们应该赋予“或者”合取蕴涵关系，即解读[9]为：小鸡摘的橘子比小猪多**并且**小鸡摘的橘子比乌龟多。由此，儿童应当对核心句做出否定判断，因为小鸡摘的橘子比乌龟少。相反，如果成人采取排除式析取解读，则会解读[9]为：小鸡摘的橘子比小猪或者乌龟（两者之一）多，他们将做出肯定判断。

实验材料除了6个核心句，还包括4个控制句（2个为正确，2个为错误，如“小牛吃的蛋糕比小狗多”），目的是考察儿童能否理解比较级的概念。此外，在每个核心句和控制句之前还设计有1个填充句，目的是使儿童保持注意力，并且平衡儿童进行正误判断的概率。在本研究中，儿童对控制句及填充句的判断均为正确。

4. 实验结果

图1展示了儿童和成人对核心句（析取连词“或者”置于比较级主语以及宾语位置）的接受率。

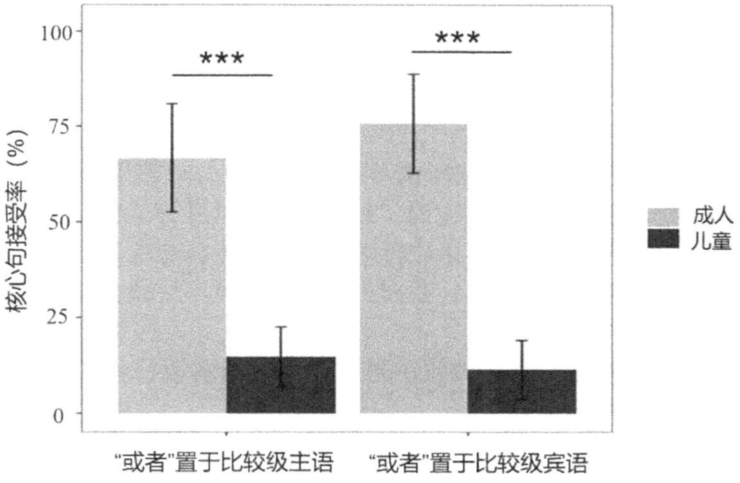

图1 汉语儿童和成人对核心句的接受率

4.1 儿童在比较级主语以及宾语位置对析取连词“或者”的解读

当“或者”置于比较级主语时，儿童对核心句的接受率仅为14.63%（18/123）；当“或者”置于比较级宾语时，儿童对核心句的接受率仅为11.38%（14/123）。威尔科克森符号秩检验表明，儿童在这两个语境中对核心句的接受率无显著性差异（$Z = -0.306, p = 0.76$）。同时，儿童还为他们的否定判断提供了恰当的理由。例如，当儿童判断核心句[8]为错误时，他们指出大象找到的宝石比绵羊少；当判断核心句（9）为错误时，他们指出小鸡摘的橘子比乌龟少。结果表明，儿童在这两种向下蕴涵语境下均为析取连词指派了合取蕴涵关系，赋予析取连词符合经典逻辑的包含式析取解读。

4.2 儿童与成人在比较级主语以及宾语位置对析取连词“或者”的解读比较

当“或者”置于比较级主语时，成人对核心句的接受率为66.67%（66/99）；当“或者”置于比较级宾语时，成人对核心句的接受率为75.76%（75/99）。以组别（儿童vs. 成人）为组间因素，以语境（“或者”置于比较级主语位置vs. 宾语位置）为组内因素，重复测量方差分析表明组别主效应显著[F（1,72）= 73.12, $p < 0.001$]，语境与组别的交互作用显著[F（1,72）= 4.992, $p < 0.05$]。考察语境对两组被试接受率的影响，威尔科克森符号秩检验表明，儿童在这两个语境中对核心句的接受率无差异（$Z = -0.306, p = 0.76$），成人在两个语境中对核心句的接受率亦无差异（$Z = -1.71, p = 0.09$）。然而，对比两组被试在比较级主宾语位置的接受率，通过曼—惠特尼U检验进行组间对比，发现儿童和成人对这两个语境中核心句的接受率有着显著性差异（“或者”置于比较级主语：$Z = -5.244$，$p < 0.001$；“或者”置于比较级宾语：$Z = -6.106$，$p < 0.001$）。结果表明，无论“或者”是在比较级的主语还是宾语位置，儿童均指派合取蕴涵关系，而成人大多采用排除式析取解读，因此儿童与成人解读不一致。

5. 讨论

本研究首次基于汉语儿童逻辑词习得实证研究，考察了学龄前儿童如何在比较级主语和宾语位置解读析取连词，并与成人解读进行了比较。结果表明，当“或者”出现在比较级主语和宾语位置时，儿童均指派合取蕴涵关系，其解读为符合经典逻辑的包含式析取解读；而成人解读与儿童不一致，在两种语境中均给“或者”指派了排除式析取解读。

5.1 儿童在比较级主宾语位置中对“或者”的解读符合经典逻辑，支持语义子集原则

基于用法的语言习得观主要侧重于考察儿童对单个逻辑词的使用（Morris, 2008; Veen et al., 2009），而本研究中的测试句更复杂，包含两个逻辑算子“或者”和“比”，这一复杂逻辑结构将更有助于我们认识儿童语言习得之本质。研究发现，当“或者”出现在比较级主语和宾语位置时，汉语儿童均生成合取蕴涵关系。此结果与以往研究一致，表明不同语言儿童在多种向下蕴涵语境中均可为析取连词指派合取蕴涵关系，如否定结构（Crain et al., 2002; Goro & Akiba, 2004; Gao et al., 2018; Pagliarini et al., 2022；Su et al., 2012）、时间连词“before/在……之前”（Notley et al., 2012）、全称量词“every/每”的限定部分（Crain, 2012;苏怡，2017）、“如果”条件句的前件（Su, 2014）、情态动词句（Huang & Crain,

2020）等。研究表明，儿童在语言习得机制的协助之下，在语言发展早期即有对核心语义属性（析取连词、向下蕴涵）的认知，其逻辑词解读符合经典逻辑。此外，本研究发现儿童在比较级主语和宾语位置均生成“或者”的合取蕴涵关系，与其出现在比较级结构的表层句法位置无关。此发现与不同语言儿童在否定结构中对“或者”的解读不受表层句法位置影响的结论一致（Crain et al., 2002; Gao et al., 2018；Pagliarini et al., 2022），验证了语义子集原则（Semantic Subset Principle; Crain, 2012; Notley et al., 2012）对儿童早期逻辑词习得的预测。

针对儿童早期对包含多个逻辑词的复杂语义结构的习得机制，语义子集原则假说认为，包含两个逻辑算子的句子通常有两种参数解读，当面对这种歧义，儿童在语言习得早期会将参数设为子集解读，而在其语言发展后期遇到超集解读时，可将超集解读加入他们的语法中，以确保儿童语法系统与其语言社区中成人成员的语法系统相一致。以“狮子或者大象找到的宝石比绵羊多”为例，该句的子集解读为合取蕴涵关系：狮子找到的宝石比绵羊多并且大象找到的宝石比绵羊多。该句的超集解读为：（i）狮子找到的宝石比绵羊多；（ii）大象找到的宝石比绵羊多；（iii）狮子和大象找到的宝石比绵羊多。因此，根据语义子集原则，儿童早期在比较级主宾语位置均将为析取连词“或者”指派子集解读，即合取蕴涵关系；而成人则将为“或者”指派超集解读：当析取项之一为真，即“狮子或者大象两者之一找到的宝石比绵羊多”时，测试句“狮子或者大象找到的宝石比绵羊多”为真。子集原则之所以起作用，是因为如果儿童最初选择子集解读，而成人倾向于超集解读，那么儿童可以从日常语言输入中习得句子的超集解读。反之，如果儿童选择超集解读，而成人倾向于子集解读，儿童将很难达到和成人一致的语法系统，因为儿童语言习得过程中的负面证据，包括纠正性反馈的作用有限。值得注意的是，子集原则是人类语言习得机制的重要组成部分，以往研究多从句法视角考察子集原则在儿童语言习得过程中的作用（Crain & Lillo-Martin, 1999），本研究则从语义视角支持了子集原则对儿童语义习得的预测（Crain, 2012）。

此外，我们还需考虑对研究结论其他可能的解释。有研究表明，儿童倾向于将析取理解为合取（Braine & Rumain, 1981; Singh et al., 2016），即当A为真B为假，或B为真A为假时，儿童倾向于拒绝 “A或者B”，而成人倾向于接受“A或者B”。因此，儿童是否可能并不知道比较级主宾语为向下蕴涵，而是简单地将析取理解为合取？本文认为，如果儿童无法理解析取连词“或者”的含义，或者误把“或者”当作“和”，则将对两种核心句作出不同的判断。例如，如果儿童将核心句（8）“狮子或者大象找到的宝石比绵羊多”理解为“狮子和大象找到的宝石比绵羊多”，则将接受该核心句，这与本研究的发现相悖。此外，以往研究表明学龄前汉语儿童能够在复杂句中区别“或者”以及“和”。例如，Su（2014）考察了3—5岁汉语儿童能否在条件句中区别析取连词“或者”与“和”。实验故事的最后情景为：既摘到绿叶又摘到红花的毛毛虫得到了画，而只摘到其中之一的毛毛虫没有得到画。儿童受试者接受含合取连词核心句（如“如果毛毛虫摘到绿叶和红花，它就可以得到画。”）的比例为93%，而他们接受含析取连词核心句（如“如果毛毛虫摘到绿叶或者红花，它就可以得到画。”）的比例仅为13%，并且儿童能够指出只摘到一种东西的毛毛虫没有得到画。

5.2 儿童和成人在比较级中对“或者”的解读不一致,符合普遍语法语言习得观

本研究发现当析取连词“或者”出现在比较级主语与宾语位置时，儿童采用了符合经典逻辑的合取蕴涵关系，而成人则指派排除式析取解读，与儿童解读不一致。从基于用法的语言习得观来看，所考察的语言结构较为复杂，儿童在日常语言环境中很难获得大量目标结构的输入。我们通过CHILDES国际儿童语料库（MacWhinney, 2000）考察了汉语儿童语言环境中同时包含“比”和“或者”的复杂句频次。从三个中文语料库ZHOU1、ZHOU2、ZHOU3中共收集了58,509句与1—6岁中国儿童有关的成人输入，利用Computerized Language Analysis（CLAN）程序确定句子数量、目标词数量和目标词的直接语境。研究发现，在58,509句成人输入的话语中，没有一个话轮同时包括“或者”和“比”。同时，仅12句成人输入中含有“或者”。在极少的成人输入中，“或者”通常出现在非向下蕴涵语境中（如“画个漂亮点的树或者大一点的树”），其语义为“A或B两者之一”的排除式析取解读。如果儿童依靠日常生活中的语言输入判断“或者”的语义，他们将更可能采取排除式析取，而不是包含式析取解读。因此，从基于用法的语言习得视角来看，在刺激贫乏的条件下，儿童将难以习得“或者”的逻辑语义。即便他们能从语言环境中获得“或者”的输入，也更可能模仿成人赋予“或者”排除式析取，而该解读与本研究发现相悖。因此，本研究支持普遍语法语言习得观，对基于用法的语言习得观构成了挑战。

此外，当“或者”置于比较级主语和宾语位置时，大多数成人在两种实验条件下采用了排除式析取解读，而非合取蕴涵关系。这与以往研究成人在向下蕴涵语境中的否定结构（Goro & Akida, 2004; Gao et al., 2018; Pagliarini et al., 2022）和时间连词“before/在……之前”（Notley et al., 2012），以及非向下蕴涵语境中全称量词“every/每”的核心部分（Crain, 2012;苏怡, 2017）、“如果”条件句的后件（Su, 2014）等结构中对“或者”的排除式析取解读发现一致。以核心句[8]“狮子或者大象找到的宝石比绵羊多”为例，成人给“或者”指派了排除式析取，即采用超集解读“大象或者狮子（两者之一）找到的宝石比绵羊多”。值得注意的是，依据语义子集原则，儿童在语言发展的早期阶段受经典逻辑制约将为“或者”指派合取蕴涵关系，其对逻辑词的解读与成人解读相异（Crain, 2012）；而儿童在语言发展后期可以从日常语言中的成人输入中习得句子的超集解读，可将“大象或者狮子（两者之一）找到的宝石比绵羊多”这类成人所倾向

的排除式析取解读加入语法中，以确保其语法系统与语言社区其他成员的语法系统相一致（Notley et al., 2012）。

6. 结论

本研究首次采用真值判断任务考察了3—5岁儿童在比较级主语与宾语位置（均为向下蕴涵语境）对析取连词的习得，结果表明汉语儿童和成人在比较级中对“或者”的解读不一致，与“或者”所出现的表层句法位置无关。结合CHILDES国际儿童语料库分析，儿童缺乏相关复杂逻辑结构的早期输入。因此，儿童在刺激贫乏的情况下，在语言习得早期阶段即能正确认知比较级主语和宾语位置的向下蕴涵语义属性，生成析取连词“或者”的合取蕴涵关系，其解读遵循语义子集原则，符合经典逻辑。值得注意的是，子集原则是人类语言习得机制中的重要组成部分，本研究从逻辑词语义的新视角切入，探讨了儿童语言习得的本质。研究结果表明儿童遵循语义子集原则，而非成人解读习得逻辑词语义，提示逻辑词习得在本质上由语言习得机制决定，结果支持普遍语法习得观，并对基于用法的语言习得观构成了挑战。未来研究仍需从跨语言的视角考察其他语言（如英语、日语、荷兰语等）儿童在比较级结构中对析取连词的解读。如果不同语言学龄前儿童在比较级主语和宾语位置中均能生成析取连词的合取蕴涵关系，赋予析取连词以包含式析取解读，那么这将为经典逻辑在儿童语言中的早期萌现提供进一步的跨语言实证依据，并为学界深入认识儿童早期语言习得的本质和规律提供重要线索。

参考文献

Braine, M. D. & Rumain, B. 1981. Development of comprehension of “or”: Evidence for a sequence of competencies. *Journal of Experimental Child Psychology* 31(1): 46-70.

Chomsky, N. 1959. A review of BF Skinner’s verbal behavior. *Language* 35: 26-58.

Crain, S. 2008. The interpretation of disjunction in Universal Grammar. *Language and Speech* 51(1-2): 151-169.

Crain, S. 2012. *The Emergence of Meaning*. Cambridge: Cambridge University Press.

Crain, S. & Thornton, R. 1998. *Investigations in Universal Grammar: A Guide to Research on the Acquisition of Syntax and Semantics*. Cambridge, MA: The MIT Press.

Crain, S. & Lillo-Martin, D. 1999. *An Introduction to Linguistic Theory and Language Acquisition*. Oxford: Blackwell Publishers.

Crain, S., Gardner, A., Gualmini, A. & Rabbin, B. 2002. Children's command of negation. In Y. Otsu (ed.), *Proceedings of the 3rd Tokyo Conference on Psycholinguistics*. Tokyo: Hituzi Publishing Company. 71-95.

Chierchia, G. & McConnell-Ginet, S. 2000. *Meaning and Grammar: An Introduction to Semantics* (2nd edition). Cambridge, MA: MIT Press.

Evers-Vermeul, J. & Sanders, T. 2009. The emergence of Dutch connectives: How cumulative cognitive complexity explains the order of acquisition. *Journal of Child Language* 36(4): 829-854.

Gao, N., Thornton, R., Zhou, P. & Crain, S. 2018. Differences in scope assignments for child and adult speakers of Mandarin. *Journal of Psycholinguistic Research* 47(6): 1219-1241.

Geçkin, V., Crain, S., & Thornton, R. 2015. The interpretation of logical connectives in Turkish. *Journal of Child Language* 43(4): 784-810.

Geçkin, V., Thornton, R. & Crain, S. 2018. Children's interpretation of disjunction in negative sentences: A comparison of Turkish and German. *Language Acquisition* 25(2): 197-212.

Goro, T. & Akiba, S. 2004. The acquisition of disjunction and positive polarity in Japanese. In V. Chand, A. Kelleher, A. J. Rodríguez & B. Schmeiser (eds.), *Proceedings of the 23rd West Coast Conference on Formal Linguistics*. Summerville, MA.: Cascadilla Press. 251-264.

Grice, H. P. 1975. Logic and conversation. In P. Cole & J. L. Morgan (eds.), *Syntax and Semantics. Vol. III: Speech Acts.* New York: Academic Press. 41-58.

Huang, H. & Crain, S. 2020. When OR is assigned a conjunctive inference in child language. *Language Acquisition* 27(1): 74-97.

Hoeksema, J. 1983. Negative polarity and the comparative. *Natural Language & Linguist Theory* 1: 403-434.

Kennedy, C. 2005. Comparatives, semantics. In K. Brown (ed.), *Encyclopedia of Language and Linguistics* (2nd edition). Oxford: Elsevier. 690-694.

MacWhinney, B. 2000. *The CHILDES Project: Tools for Analyzing Talk, Volume I: Transcription Format and Programs* (3rd edition). Mahwah, NJ: Lawrence Erlbaum.

Morris, B. J. 2008. Logically speaking: Evidence for item-based acquisition of the connectives AND & OR. *Journal of Cognition and Development* 9(1): 67-88.

Noveck, I. A. 2001. When children are more logical than adults: Experimental investigations of scalar implicature. *Cognition* 78(2): 165-188.

Notley, A., Zhou, P., Jensen, B. & Crain, S. 2012. Children's interpretation of disjunction in the scope of "before": A comparison of English and Mandarin. *Journal of Child Language* 39(3): 482-522.

Partee, B. H., Meulen, A. T. & Wall, R. E. 1990. *Mathematical Methods in Linguistics*. Dordrecht, Boston: Kluwer Academic Publishers.

Pagliarini, E., Lungu, O., van Hout, A., Pintér, L., Surányi, B., Crain, S. & Guasti, M. T. 2022. How adults and children interpret disjunction under negation in Dutch, French, Hungarian and Italian: A cross-linguistic comparison. *Language Learning and Development* 18(1): 97-122.

Seuren, P. A.1973. 'The comparative'. In F. Kiefer and N. Ruwet (eds.), *Generative Grammar in Europe*. Dordrecht: Springer.

Singh, R., Wexler, K., Astle-Rahim, A., Kamawar, D. & Fox, D. 2016. Children interpret disjunction as conjunction: Consequences for theories of implicature and child development. *Natural Language Semantics* 24(4): 305-352.

Su, Y. 2014. The acquisition of logical connectives in child Mandarin. *Language Acquisition* 21(2): 119-155.

Su, Y., Zhou, P. & Crain, S. 2012. Downward entailment in child Mandarin. *Journal of Child Language* 39(5): 957-990.

Szabolcsi, A. 2002. Hungarian disjunctions and positive polarity. In I. Kenesei & P. Siptar (eds.), *Approaches to Hungarian* (Vol. 8). Budapest: Akadémiai Kiadó.

Tomasello, M. 2003. *Constructing a Language: A Usage-Based Theory of Language Acquisition*. Cambridge, MA: Harvard University Press.

Veen, R. V., Evers-Vermeul, J., Sanders, T. J. M. & Bergh, H. V. D. 2009. Parental input and connective acquisition: A growth curve analysis. *First Language* 29(3): 266-288.

黄海泉，2021，《汉语蕴涵义与推导义的习得》。上海：上海外语教育出版社。

斯蒂芬（Stephen, C）、罗莎琳德（Rosalind, T）（著），1998，李汝亚，胡建华（译），2015，《普遍语法探究：句法和语义获得实验指南》。北京：商务印书馆。

苏怡，2017，《汉语正常儿童与孤独谱系障碍儿童逻辑词习得研究》。上海：上海交通大学出版社。

Classical logic in early child language: A case study of the acquisition of comparatives and disjunction

Abstract: Using the Truth Value Judgment Task, this study for the first time investigated how 3-5-year-old children interpreted disjunction in comparatives. Specifically, this study examined whether children generated a conjunctive entailment of the disjunction word *huozhe,* when it appeared either in the subject or the object position of comparatives, to explore whether children's early interpretation of logical expressions conforms to classical logic. The results showed that the 3-5-year-olds and adults exhibited different interpretation modes for *huozhe* in comparatives, regardless of where the disjunction appeared in the surface syntax. While most adults adopted the exclusive-or interpretation, children generated the conjunctive entailment of disjunction. The analysis of the CHILDES database also confirmed that these complex logical structures were sparse in early adult input. Thus, children adopted a logical interpretation that follows classical logic even in the poverty-of-stimulus condition. The results suggested that children's early acquisition of logical words is guided by the Semantic Subset Principle and is determined by the language acquisition device, thus supporting the Universal Grammar Approach to language acquisition.

Key words: Universal Grammar Approach; classical logic; comparatives; disjunction; downward entailment; Semantic Subset Principle

（责任编辑：冯硕）

情境模型视角下的“把”字句位移语义在线加工研究

莱顿大学　张　祺
北京大学　魏一璞*
北京大学　冯　硕*

[提　要]　本研究以句式（“把”字句与非“把”字句）和基于典型性的语义关联度（高联系度与低联系度）为变量，通过自定步速阅读实验，考察了汉语“把”字句位移语义的在线加工。结果显示，被试在阅读“把”字句后，加工后续句子中表示位移起点的关键词所需的时间更短。这说明，阅读“把”字句时被试能建立起更完整、凸显的位移情境模型，从而促进了关键词（位移起点）的加工。此外，位移起点和“把”字句宾语（位移物体）之间的语义关联度对上述促进效应的调节作用，仅存在于加工后期。可见，“把”字句作为表层表征因素中的句法形式特征对情境模型构建和语言在线加工存在影响，且这种影响与相关成分的语义关联度和典型性有关。

[关键词]　“把”字句；位移要素；情境模型；语义关联度；自定步速阅读

1. 引言

作为汉语的重要特殊句式，“把”字句具有丰富的语义内涵。前人研究曾

* 作者简介：张祺，莱顿大学语言学中心（Leiden University Centre for Linguistics）博士生，研究方向：心理语言学、二语习得、神经语言学。Email: q.zhang@hum.leidenuniv.nl。通讯地址：荷兰莱顿大学语言学中心Reuvensplaats3—4号。
魏一璞，北京大学对外汉语教育学院长聘副教授，研究方向：心理语言学、语言认知与习得、语篇与语用加工等。Email：weiyipu@pku.edu.cn。通讯地址：100871 北京市海淀区颐和园路5号 北京大学对外汉语教育学院。
冯硕，北京大学外国语学院助理教授，研究方向：二语习得、心理语言学、实验语义学与语用学等。Email：shuo.feng@pku.edu.cn。通讯地址：100871 北京市海淀区颐和园路5号 北京大学外国语学院。

指出“把”字句的核心语义包括处置（王力, 1943; 沈家煊, 2002等）、致使（郭锐, 2003）、位移（崔希亮, 1995; 杨素英, 1998a，1998b）等。如何理解不同语义的“把”字句是相关研究的关键议题之一。意象图式理论（image schema theory）（Johnson, 1987; Lakoff, 1987; Oakley, 2007）认为，图式是认知加工中构成语言理解和推理的基本单元，是基于时空体验形成的心理层面的概念结构（Johnson, 1987; Lakoff, 1987; Oakley, 2007）。心理语言学中，图式对应为情境模型（situation model）（Jackendoff, 2002; Zwaan, 2016）或心智模型（mental model）（Johnson-Laird, 1983）。

张旺熹（2001）提出了基于图式理论的“把”字句“位移”说（另见：崔希亮, 1995; 杨素英, 1998a, 1998b）：“把”字句是一种用于“凸显一个物体在外力作用下发生空间位移”的特殊句式（张旺熹, 2001: 2），核心的语义图式是位移图式；典型的“把”字句位移图式包括四个基本要素：位移的物体、位移起点、外力和物体移至的终点或方向。位移语义的“把”字句将宾语在表层句法结构中提前，强调一种包含位移事件的情境模型。位移起点在语言层面常隐去，但理解这类“把”字句需要在深层的情境模型中构建起位移四要素。

本研究关注“把”字句位移语义的实时加工，讨论表层句法形式对情境模型构建和语言理解的影响；此外，我们还将探讨语义关联度与典型性如何影响“把”字句位移语义的加工。

2. 情境模型与“把”字句的位移语义

根据Van Dijk和Kintsch（1983）的建构—整合理论（construction-integration model），语言加工涉及的表征系统有三层：由词语、句法等语言层面因素构成的表层表征（surface representation）、涉及命题间关系的命题性文本表征（propositional text representation），以及深层的、关乎事件状况的情境模型（situation model）（另见：Kintsch & Bates, 1977; McKoon & Ratcliff, 1981）。其中，情境模型是结合文本内容，涉及事件、情境、语言使用者的世界知识和个人经验的心理表征（Kintsch & Van Dijk, 1978）。

上述分层为分析“把”字句提供了宝贵视角。对比同样表达位移语义的非“把”字句（如“爸爸摆了一本词典在旁边”）和“把”字句（如“爸爸把一本词典摆在了旁边”）：表层表征层面，二者虽然主要词汇构成相似，但句法结构上，前者是正常语序的“主谓宾”句式，后者为“把”字句特殊句式，将宾语前置。在命题性文本表征层面，“爸爸”都是动作实施者，“词典”为动作承受者。情境模型的深层表征层面包括了文本、世界知识和个人经验等因素的完整语义表征，“把”字句在这一层面的优势语义是：“物体在外力的作用下从甲点转移到乙点的位移过程”（张旺熹，2001：3）。相对于非“把”字句，“把”字句强调位移的完整过程。虽然其中“甲点”作为位移起点常被隐去，但情境模型中位移各项要素都应处于相对激活、凸显的状态。

大量研究揭示了表层表征中的动词语义、形态等信息对情境模型建构和语句加工的影响。Morrow（1990）发现，在语言加工中读者利用涉及动词体范畴（完成体或未完成体）的表层表征信息和其他信息（如地图的相关信息）共同形成情境模型，以完成句子的理解和逻辑推理。Ferretti等（2007）则对比了动词的未完成体与完成体在激活情境模型中“事件发生地”这一事件知识上的区别：未完成体（如：was skating）比完成体（如：had skated）更能激活skate“滑冰”这一事件动作的发生地arena“滑冰场”——具体表现为，完成体时arena的阅读时间更短。以上研究说明：体范畴作为表层表征因素，能在情境模型中激活作为事件知识的地点信息，进而影响句子加工。

除了动词语义和形态等信息，建构—整合理论中的表层表征还包括句法形式特征。“把”字句的句法结构特征属于表层表征，其指向的情境模型为深层表征。高立群（2002、2004）探索了“把”字句这一句法形式如何影响深层加工，通过词汇再认实验验证了“把”字句建构的情境模型中包含更显著的位移信息。被试在阅读实验句（“把”字句：“把信抽出来”；或相应的非“把”字句：“抽出信来”）后，判断表示位移起点的探测词（“信封”）是否在句子中出现（正确答案为“否”）。结果显示，当探测词与句子宾语（位移物体）之间的语义关联度为高时，被试在“把”字句条件下，对探测词的再认速度比非“把”字句时慢（低语义关联度时未出现类似结果）。可见，阅读“把”字句后，被试更难确定能表达位移起点的词未出现在句子中。和非“把”字句相比，“把”字句建立起了更凸显的表示位移的情境模型，进而使位移物体的潜在起点也更凸显，因此被试更难拒绝能够作为潜在位移起点的探测词。这说明，“把”字句和非“把”字句表层表征的差异对情境模型的建立和语言的加工理解有潜在影响。

高立群（2002，2004）发现的语义关联度对句子加工的影响，在Ferretti等（2007）基于ERP数据的实验中也得到了验证：相较于使用低关联度地点的非完成体句子，被试在加工使用高关联度地点的非完成体句子时，产生的N400成分更小，这说明体范畴对语言加工的影响和处所成分的语义典型性有关。高立群（2002，2004）中的高联系度探测词有容器状特征（如：水井），可作为“把”字句位移物体（如：水）的起点；而低联系度探测词，不仅与位移物体（水）的语义联系度更低，且无容器状特征（如：扫帚）。因此，该研究中高低联系度探测词不仅在反映语义典型性（typicality）的语义关联度上有区别，在可能性（possibility）也有区别。而可能性也会影响语言阅读加工（Rayner et al., 2004; Warren & McConnell, 2007）。因此，其发现的高低联系度探测词再认时间的显著差异，不能直接反映基于语义典型性的语义关联度本身对“把”字句加工的作用，而是受到探测词是否能作为位移起点（可能性因素）的影响。语义典型性这一重要语义维度如何影响“把”字句加工仍有待探讨。

此外，词汇再认以拒绝探测词的时间反推加工过程，缺乏对实时加工的直接测量，不能充分揭示“把”字句加工的时间进程、语义关联度起作用的时间阶段等问题。本研究通过自定步速阅读实验，考察“把”字句的实时加工时间进程，探讨相比非“把”字句，“把”的特殊句式如何影响理解加工的各个阶段；我们还将进一步揭示基于典型性的语义关联度如何影响“把”字句加工，以及这种影响出现在句子加工的哪一阶段。

3. 研究问题与研究方法

3.1 研究问题

本研究探究两个研究问题：第一，在同样表达位移语义时，在表层表征中具有特殊句法结构的“把”字句是否比非“把”字句更能凸显情境模型中的位移要素，进而影响句子加工？若“把”字句能建立位移要素更凸显的情境模型——不仅包括语言层面明确标记的位移物体、位移终点，还应包括位移的起点，那么被试在后续加工表示位移潜在起点的关键词时，过程则会更容易、阅读时间更短。第二，基于语义典型性的语义关联度是否影响“把”字句和非“把”字句在凸显位移要素方面的差异对语言加工的影响？若位移物体词与潜在位移起点词间的语义关联度能影响“把”字句位移语义的加工，关联度高低将影响“把”字句和非“把”字句在潜在位移起点加工时间上的差异。本研究采用自定步速阅读的实验范式，可以更精确地测量语义关联度的作用出现在句子加工早期还是晚期，揭示“把”字句在线加工的机制。

3.2 实验设计

本研究在以往研究的基础上，在实验范式、语义关联度控制、实验句同质性等方面进行调整，进一步探究“把”字句的情境模型建构和加工理解。第一，我们采用更接近自然阅读的测量方式——自定步速阅读。与词汇再认相比，自定步速阅读测量的阅读时间直接反映句子实时加工过程及认知资源消耗。实时加工时，长时记忆中可利用的事件知识和工作记忆中已建立的表征，都可能影响后续句子加工：若后续加工内容和已储存的信息在句法、语义或情境方面重合度较高，后续加工会更容易；若二者无关，甚至相矛盾，则会阻碍后续加工（Zwaan, 2008）。

第二，为考察表层表征对情境模型及语言加工的影响是否与基于典型性的语义关联度有关，以及语义关联度在哪一阶段、如何影响“把”字句位移语义的加工，我们以基于典型性的语义关联度为实验变量之一（而非可能性上的区别），在控制表示位移起点的关键词与位移物体名词之间语义关联度的同时，也保证了高低联系度关键词均具有容器状或处所性质（如：高联系度探测词“书架”，低联系度探测词“床铺”），二者的差别仅为它们和位移物体（如：“词典”）间语义关联度的高低，在可能性上均可作为位移起点。

第三，为了使实验句更具内部同质性、减少干扰因素，我们只选取明确表达位移语义的“把……V在……”和“把……V到……”两种句式作为实验句。

正式实验为2×2的设计，组内变量一是句式，分为“把”字句和非“把”字句；组内变量二是表示位移起点的关键词和位移物体名词间的语义关联度（高联系度和低联系度）。实验句测量的关键词出现在第二个小句的句首，同时是第一个小句中位移物体潜在的位移起点。

3.3 被试

两个前置实验的被试分别为两组不同的40名汉语母语者；正式实验的被试为32名汉语母语者（女性20人），均为北京大学在校学生，平均年龄24岁。

3.4 流程与材料

正式实验前有两个前置实验：（1）被试通过自由联想选取不同语义关联度的关键词；（2）评定实验句和填充句的可接受度。前置实验的被试均未参加正式实验。

第一个前置实验为线上问卷形式，40位汉语母语者自由联想40个名词（实验句中的位移物体，即“把”字后的宾语）可能存在的处所。被试根据可能性大小，依次写出物体可能存在的10个处所。我们根据被试填写关键词的可能性排序来赋值，可能性最大的关键词赋值10，可能性最小的则赋值1，依此类推。根据词语的均值和出现次数，确定高低联系度的关键词：高联系度关键词的均分为8.92，低联系度的均分为2.08。高低联系度的关键词均为可作为位移起点的处所词。根据确定的关键词（位移起点词），我们编写了42个句式为“把……V在……”或“把……V到……”的“把”字句和相应的非“把”字句作为第一小句，以及相同数目的第二小句（句首为高或低联系度的关键词）。

在前置实验二中，我们另外招募了40位汉语母语者，要求其根据自身语感评定实验句的可接受度。实验以线上问卷形式发放，使用六度量表（1分为“完全不能接受”，6分为“完全可以接受”）。我们统计分析了每个句子的可接受度得分，并选取了24个句子作为最终实验句，所选句子的可接受度得分均在4分以上。此外，我们对各组句子的可接受度进行了显著性检验，组间差异不显著[F（3,152）= 1.39，$p > 0.05$]。

实验句例句和关键分析区域划分如表1所示。后续分析的关键区域包括：①表示潜在位移起点的关键词、②关键词的溢出区、③第二小句主语的中心名词、④句子末尾区域。

表1 实验句示例

句式	高联系度	低联系度
“把”字句	爸爸｜把｜一本｜词典｜摆在了｜旁边。｜书架 ①｜上的 ②｜资料 ③｜还没收拾好 ④。	爸爸｜把｜一本｜词典｜摆在了｜旁边。｜床铺 ①｜上的 ②｜资料 ③｜还没收拾好 ④。
非“把”字句	爸爸｜摆了｜一本｜词典｜在旁边。｜书架 ①｜上的 ②｜资料 ③｜还没收拾好 ④。	爸爸｜摆了｜一本｜词典｜在旁边。｜床铺 ①｜上的 ②｜资料 ③｜还没收拾好 ④。

正式实验采用自定步速阅读范式，通过Gorilla Experiment Builder实验平台（Anwyl-Irvine et al., 2020）进行程序编写和数据收集。①被试按自然阅读速度和节奏按键阅读，每按一次空格键句子出现一部分，后面的部分出现后，前面的部分消失，阅读过程不可逆。从词出现到被试按下空格进入下一部分的时间记录为该词的阅读时间。每部分最多呈现5000毫秒（ms），若被试在该时间内未进行反应，句子自动跳到下一部分。为确保专注度，阅读句子后，被试需回答一个与该句内容相关的判断题。主实验在线下进行，实验员和被试同在一个安静的教室中，实验员提供操作指示和监督，保证数据可靠性。整个实验耗时约10—15分钟。

4. 数据分析与结果

我们使用SPSS进行了数据分析。32位被试的判断题正确率均在90%以上，说明被试对句子的理解情况良好。我们采用线性混合效应模型（linear mixed-effects models）分析表1所示各个区域的阅读时间，考察两个变量对关键区域阅读时间的影响。分析前，我们对阅读时间进行了对数转换，处理后数据符合正态分布。线性混合模型的分析包括三个固定效应：句式、关键词语义关联度，以及句式和语义关联度的交互效应；两个随机效应为被试和实验句条目。

4.1 表示位移起点的关键词（区域一）的阅读时间分析

各组实验材料下，被试阅读区域一（即表示位移起点的关键词）所需的平均时间如表2所示：

表2 不同条件下区域一的平均阅读时间 （单位：ms）

句式	关键词语义关联度	平均值（Mean）	标准差（Std. Deviation）
“把”字句	高	672.33	543.21
	低	673.68	522.59
非“把”字句	高	756.00	607.74
	低	736.46	574.89

线性混合模型对比分析结果显示，句式和关键词联系度之间不存在交互效应[F（1，712）= 0.414，$p > 0.05$]。第二次建模将该交互效应从模型中删除，再分析的结果显示“把”字句和非“把”字句之间的差异显著[B = –0.034, SE = 0.016, t（712）= –2.147，p = 0.032]；高联系度和低联系度关键词之间的差异不

① Gorilla Experiment Builder是一个完全工具化的线上实验编写开发平台。该平台的运行模式要求在实验开始前加载所有实验材料，避免了网络延时对实验数据准确性的影响。

显著[$B = -0.002$，$SE = 0.016$，$t(712) = 0.106$，$p > 0.05$]，即关键词与位移物体之间语义关联度的高低在这一阶段对阅读时间没有显著影响。

4.2 关键词溢出区域（区域二）的阅读时间分析

被试阅读区域二（即关键词后的二字区域）的平均时间如表3所示：

表3 不同条件下区域二的平均阅读时间 （单位：ms）

句式	关键词语义关联度	平均值（Mean）	标准差（Std. Deviation）
“把”字句	高	449.62	282.82
	低	469.92	213.11
非“把”字句	高	482.68	260.39
	低	506.72	349.63

分析结果显示，这一区域句式和关键词联系度之间的交互作用同样不显著[$F(1, 712) = 1.142$，$p > 0.05$]。删除交互作用后的分析结果显示：句式为“把”字句和非“把”字句之间的差异显著[$B = -0.230$，$SE = 0.011$，$t(712) = -2.116$，$p < 0.05$]；关键词联系度为高和低之间的差异达到了边缘显著[$B = -0.020$，$SE = 0.01$，$t(712) = -1.875$，$p = 0.061$]。结果说明，关键词后的区域二的阅读时间也受到了句式的显著影响：和非“把”字句相比，“把”字句的后续小句中，位移起点关键词的溢出区域阅读时间更短；高联系度的位移起点关键词相比低联系度关键词，整体所需的阅读时间略短。

4.3 主语中心名词区域（区域三）的阅读时间分析

我们也分析了后两个区域的阅读时间。被试在区域三（即主语中心名词区域）的平均阅读时间如表4所示：

表4 不同条件下区域三的平均阅读时间 （单位：ms）

句式	关键词语义关联度	平均值（Mean）	标准差（Std. Deviation）
“把”字句	高	450.04	219.23
	低	508.36	412.48
非“把”字句	高	510.02	358.87
	低	467.84	283.39

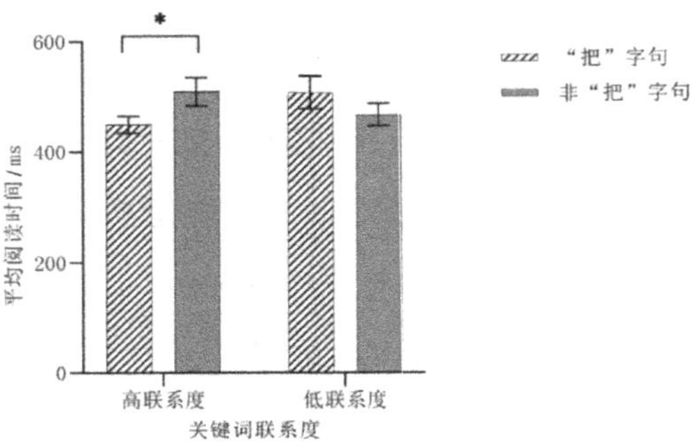

图1　区域三句式与语义关联度在平均阅读时间上的交互作用显示

结果表明，在这一区域“把”字句和非“把” 字句无显著差异[$B = 0.020$，$SE = 0.016$，$t（712）= 1.269$，$p > 0.05$]；高低联系度关键词的差异同样不显著[$B = 0.025$，$SE = 0.016$，$t（712）= 1.565$，$p > 0.05$]；句式和关键词语义联系度间存在显著的交互作用[$F（1，712）= 6.304$，$p < 0.05$]，见图1。

我们进一步将数据分为高联系度组和低联系度组，进而检验句式对区域三阅读时间的影响，结果显示，关键词为高联系度时，“把”字句条件下的阅读时间显著低于非“把”字句的情况[$B = -0.037$，$SE = 0.016$，$t（329）= -2.353$，$p < 0.05$]；而关键词为低联系度时，“把”字句和非“把”字句的差异不显著[$B = 0.020$，$SE = 0.017$，$t（329）= 1.225$，$p > 0.05$]。

4.4　句尾区域（区域四）的阅读时间分析

区域四是实验句的最后一部分（即“把”字句后小句的末尾区域），被试阅读区域四的平均时间如表5所示：

表5　不同条件下区域四的平均阅读时间　　（单位：ms）

句式	关键词语义关联度	平均值（Mean）	标准差（Std. Deviation）
“把”字句	高	1005.45	786.99
	低	979.25	698.78
非“把”字句	高	1018.82	700.27
	低	936.20	683.88

分析结果显示，句式和关键词的交互效应不显著[$F（1，712）= 2.609$，$p > 0.05$]。将该交互效应删除后发现，“把”字句和非“把” 字句条件下差异不显著[$B = 0.003$，$SE = 0.015$，$t（712）= 0.224$，$p > 0.05$]；高联系度关键词和低联系度关键词条件下阅读时间差异不显著[$B = 0.020$，$SE = 0.015$，$t（712）= 1.324$，$p > 0.05$]。该结果说明，句式和关键词联系度的高低对最后一个区域的

阅读时间没有显著影响。

5. 讨论

5.1 "把"字句位移语义的加工

本研究的第一个研究问题是，在同样表达位移语义时，在表层表征中具有特殊句法结构的"把"字句是否比非"把"字句更能凸显情境模型中的位移要素。结果表明，被试阅读"把"字句后，对后续小句中关键词（即"把"字句的潜在位移起点）的加工速度显著快于非"把"字句的情况（见4.1）；这种句式对语言理解的促进作用还延伸到了关键词溢出区域（见4.2），体现在关键词后区域二的阅读时间也受到了句式这一变量的显著影响："把"字句条件下，被试的阅读速度仍显著快于非"把"字句条件。这说明被试在加工"把"字句后，加工后续出现的潜在位移起点词更容易。由于两种条件仅在句式结构上有区别，我们可以将位移起点词加工时间的区别归因于"把"字句带来的影响。被试在阅读有位移特征的"把"字句后，建立起的包含位移语义的情境模型受到了表层表征中句式的影响，位移要素得到凸显；这样的情境模型使后续加工潜在位移起点所需的认知负荷减少，进而缩短了加工时间。

这一发现印证了Van Dijk和Kintsch（1983）的表征系统分层级理论，且与Zwaan（2016）主张的深层情境模型是语言加工基础这一观点相符。Van Dijk和Kintsch（1983）将语言加工所需的表征系统分为表层表征、命题性文本表征和情境模型三个层级，强调三个层级间的相互作用。情境模型属于深层表征，与另外两层表征共同构成语言理解所需的整体心理表征。本研究中，"把"字句和非"把"字句这两种不同的句法形式在表层表征上存在差异。表层表征的差异影响了两种句式的情境模型——"把"字句的深层情境模型中，位移起点等位移要素处于激活、凸显状态；而不同的情境模型状态影响了后续句子中潜在位移起点词的加工，使"把"字句后的起点词加工时间更短。也就是说，作为表层表征因素之一的句法形式特征，对情境模型的建立和语言理解都产生了影响。

本研究关于"把"字句位移语义加工的发现，与前人研究中关于表层表征与情境模型关系的论证一致。Madden和Zwaan（2003）曾指出，感知加工语言层面的要素、建构表层表征的过程和感知建构更深层次表征的过程是相互制约的，情境模型是在句法、语用等语言层面的加工线索和世界知识、事件信息等因素的动态互动中建构起来的。心智模型理论（mental model theory）（Johnson-Laird, 1983; Garnham, 1987）也肯定了语言层面的要素对加工的作用，认为尽管句义信息存留时间较短，但对情境模型的建构很重要（Garnham & Oakhill, 1992）。此外，Givón（1992）也认为，语言层面的线索对情境模型的建构有指导作用，句法形式的细微变化会造成情境模型的差异。通过研究"把"字句的加工，我们从实证角度进一步印证了语言层面上的句法形式对深层情境模型建构的作用。正如

Morrow（1990）和Ferretti等（2007）发现的动词体范畴这一表层表征信息对情境模型建立的影响，“把”字句的特殊句式作为表层表征信息也对位移情境模型的形成产生了显著影响：“把”字句句式激活并凸显了情境模型的位移起点信息，并影响了后续句子的实时加工。

5.2 语义典型性

本研究的第二个研究问题是，“把”字句和非“把”字句因凸显位移要素的差异而对语言加工产生的影响，是否受到位移物体词与位移处所词（测量关键词）之间语义关联度的影响。语义关联度主要包括典型性（typicality）（Ferretti et al., 2007）和可能性（possibility）（Rayner et al., 2004; Warren & McConnell, 2007）。不同于高立群（2002、2004），本研究控制了可能性因素：高低联系度的关键词（对应词汇再认实验中的探测词）均有容器状或处所属性，均可成为潜在位移起点，差异仅在于它们与位移物体在基于典型性的语义关联度上的差别。因此，本研究有效避免了因关键词本身无法作为位移起点（可能性）所造成的影响，从而更直接地考察了语义典型性对情境模型建构和句子理解的影响。

语义关联度对实验结果的影响体现在两方面。首先，在关键词后的区域二，语义关联度出现了边缘显著效应：相比低联系度，关键词与位移物体词为高联系度时，区域二的阅读时间略短。这一发现一定程度上证明了语义关联度本身对句子加工的影响，即前句的位移物体词，会对高语义关联度的位移处所词有一定的激活效应，使其加工时间更短。更重要的是，后期加工区域（区域三：第二小句的主语中心名词区域）出现了句式和关键词语义关联度的显著交互作用：高联系度下，“把”字句条件下的阅读时间显著短于非“把”字句的情况；而低联系度时，“把”字句和非“把”字句的阅读时间无显著差异。这说明，“把”字句的表层表征信息对情境模型和语言加工的影响受语义关联度调节，当位移物体词与位移处所词有高度语义关联时，“把”字句对后续句子加工的促进作用更明显。

值得注意的是，基于典型性的语义关联度在加工早期未显示出调节作用，而后期加工区域产生效应。可见，加工位移语义时，语义关联度可能不是直接、即时性的影响因素，阅读者不会因潜在位移起点词与位移物体词之间的联系度高低而即时、快速地表现出阅读时间的差异。阅读者更倾向在后续句子的整合阶段，结合句法形式因素来考虑位移要素间的语义关联度差异，并对语义典型性进行再审视。也就是说，表层表征对情境模型的影响受到基于典型性的语义关联度影响，但该影响并非即时发生作用，而是有一定延后性，出现在句子加工的晚期整合阶段。本研究采用的自定步速阅读范式，为语义典型性（表现在位移起点与位移物体的语义关联度）如何影响“把”字句位移语义的实时加工，以及在何阶段产生影响提供了直接证据。

6. 结语

本研究基于情境模型理论及“把”字句的位移语义说，通过自定步速阅读实验，考察位移语义“把”字句的加工特点，探讨了表层表征对情境模型建立和语言理解的影响，以及这种影响是否和语义典型性相关。研究发现，同样表达位移语义时，“把”字句比非“把”字句更能凸显情境模型中的位移要素，体现了作为表层表征因素的句法形式特征对情境模型构建和实时语言理解的影响。此外，“把”字句和非“把”字句在阅读上的差异，在加工的后期整合阶段受到了基于典型性的语义关联度的影响。也就是说，表层表征对情境模型的影响和语义典型性有关。本研究不仅为“把”字句理解提供了实时加工的关键性证据，也为探究语言加工中各层表征间的关系提供了启示。同时，本研究揭示了情境模型对理解“把”字句的重要意义，为“把”字句这一汉语中重难点句式的教学提供了有价值的理论与实证参考。教师在课堂教学中，可充分利用“把”字句语义中蕴含的空间位移关系，采取图画或动画的视觉呈现方式，向学生描述“把”字句所指示的位移过程，加深其对“把”字句核心语义的理解，帮助汉语学习者更好地掌握“把”字句。

参考文献

Anwyl-Irvine, A. L., Massonié, J., Flitton, A., Kirkham, N. Z. & Evershed, J. K. 2020. Gorilla in our midst: An online behavioural experiment builder. *Behavior Research Methods* 52: 388-407.

Ferretti, T., Kutas, M. & McRae, K. 2007. Verb aspect and the activation of event knowledge. *Journal of Experimental Psychology: Learning, Memory, and Cognition* 33(1): 182-196.

Garnham, A. 1987. *Mental Models as Representations of Discourse and Text*. New York: Halsted Press.

Garnham, A. & Oakhill, J. 1992. Discourse processing and text representation from a “mental models” perspective. *Language and Cognitive Processes* 7(3-4):193-204.

Givón, T. 1992. The grammar of referential coherence as mental processing instructions. *Linguistics* 30: 5-55.

Jackendoff, R. 2002. *Foundations of Language*. Oxford: Oxford University Press.

Johnson-Laird, P. N. 1983. *Mental Models: Towards a Cognitive Science of Language, Inference, and Consciousness*. Cambridge: Cambridge University Press.

Johnson, M. 1987. *The Body in the Mind: The Bodily Basis of Meaning, Imagination, and Reason*. Chicago: University of Chicago Press.

Kintsch, W & Bates, E. 1977. Recognition memory for statements from a classroom lecture. *Journal of Experimental Psychology: Human Learning and Memory* 3(2): 150-159.

Kintsch, W. & Van Dijk, T. A. 1978. Towards a model of text comprehension and production. *Psychological Review* 85(5): 363-394.

Lakoff, G. 1987. *Women, Fire, and Dangerous Things: What Categories Reveal about the Mind*. Chicago: University of Chicago Press.

Madden, C. J. & Zwaan, R. A. 2003. How does verb aspect constrain event representations? *Memory & Cognition* 31(5): 663-672.

McKoon, G. & Ratcliff, R. 1981. The comprehension processes and memory structures involved in instrumental inference. *Journal of Verbal Learning and Verbal Behavior* 20(6): 671-682.

Morrow, D. G. 1990. Spatial models, prepositions, and verb-aspect markers. *Discourse Processes* 13(4): 441-469.

Oakley, T. 2007. Image Schemas. In D. Geeraerts and H. Cuyckens (eds.), *The Oxford Handbook of Cognitive Linguistic*. Oxford: Oxford University Press. 214-235.

Rayner, K., Warren, T., Jahasz, B. J. & Liversedge, S. P. 2004. The effect of plausibility on eye movements in reading. *Journal of Experimental Psychology: Learning, Memory, and Cognition* 30(6):1290-1301.

Van Dijk, T. A. & Kintsch, W. 1983. *Strategies of Discourse Comprehension*. New York: Academic Press.

Warren, T. & McConnell, K. 2007. Investigating effects of selectional restriction violations and plausibility violation severity on eye-movements in reading. *Psychonomic Bulletin & Review* 14(4): 770-775.

Zwaan, R. A. 2008. Experiential traces and mental simulations in language comprehension. In M. DeVega, A. M. Glenberg and A.C. Graesser (eds.), *Symbols, Embodiment, and Meaning*. Oxford: Oxford University Press. 165-180.

Zwaan, R. A. 2016. Situation models, mental simulations, and abstract concepts in discourse comprehension. *Psychonomic Bulletin & Review* 23 (4): 1028-1034.

崔希亮，1995，“把”字句的若干句法语义问题。《世界汉语教学》（3）：12-21。

高立群，2002，“把”字句位移图式心理现实性的实验研究。《世界汉语教学》（2）：61-67+3。

高立群，2004，汉语把字句认知表征图式的实验研究。《心理科学》（1）：117-119。

郭锐，2003，“把”字句的语义构造和论元结构。《语言学论丛》（28）：152-181。
沈家煊，2002，如何处置“处置式”?——论把字句的主观性。《中国语文》（5）：387-399+478。
王力，1943，《中国现代语法》。北京：商务印书馆。
杨素英，1998a，从情状类型来看“把”字句（上）。《汉语学习》（2）：10-13。
杨素英，1998b，从情状类型来看“把”字句（下）。《汉语学习》（3）：10-13。
张旺熹，2001，“把”字句的位移图式。《语言教学与研究》（3）：1-10。

The online processing of displacement in Ba-sentences: From the perspective of situation model

Abstract: In a self-paced reading experiment, we investigated the online processing of displacement in Ba-sentences. Two variables were tested: sentence structure (Ba-sentence vs non-Ba-sentence) and semantic association (high vs low). The results showed that after a Ba-sentence, the target word in the following sentence, which was a possible starting point of the displacement, was read faster compared to that after a non-Ba-sentence. With a Ba-sentence, a more salient situation model that includes the displacement starting point has been established. Hence, the processing of the target word being a possible starting point is facilitated. Moreover, the semantic association between the target word and the object of displacement mediated late-stage processing. It can be inferred that surface representations affect the establishment of situation models and language processing, and such effects can be regulated by semantic association and typicality.

Keywords: Ba-sentence; displacement schema; situation model; semantic association; self-paced reading

（责任编辑：冯硕）

网络游戏话语中的指令性行为研究

上海外国语大学　李　梅
北京大学　宋　乐
上海外国语大学　李茨婷*

[提　要] 互联网时代的言语交际已从现实空间延伸至虚拟空间，亟待研究者探索在线交际秩序。本研究聚焦大型多人在线游戏的队友互动，从会话分析视角观察国内网络游戏话语中指令性行为的话轮设计特征，分析交际者如何运用（非）语言资源观照网络游戏话语的时—空—身/化身构型最终实现行为协同的机制。文章提出指令组合概念，聚焦实施指令性行为的叠连指令语、"（你）别X，（你）Y"双指令语和多指令语三种祈使形式，探究其调动交际者行动的效能和所反映的在线交际规范，强调指令性行为具有超越指令的交际功能。学界可基于指令性行为在网络语境中的技术媒介化特征，开展汉语相关言语行为及其序列组织的研究，跟进在线交际新动态。

[关键词] 网络游戏话语；指令性行为；指令组合；时—空—身/化身构型；行为协同

1. 引言

会话分析研究（Conversation Analysis, 简称CA）认为，交谈是实施社会行为的手段，具有特定的交际结构和潜在的社会组织（Drew & Heritage, 1992）。CA的重要议题之一是研究说话人如何调动听话人采取行动，考察双方如何运用语言资源和眼神、手势等具身资源组织更大范围的行为过程（Betz et al., 2020）。指

* 作者简介：李梅，上海外国语大学英语学院副教授、博士。研究方向：会话分析/互动语言学、英汉对比。Email：meinonlee@shisu.edu.cn。通讯地址：200083 上海外国语大学英语学院。
宋乐（通讯作者），北京大学深圳研究生院教师、博士。研究方向：多模态会话分析。Email：lesongipp@gmail.com。通讯地址：广东省深圳市南山区丽水路2199号。
李茨婷，上海外国语大学英语学院教授、博士。研究方向：应用语言学、社会网络、二语语用学。Email：citingli@shisu.edu.cn。通讯地址：200083 上海外国语大学英语学院。

令性行为（Directive）[①]也属于这种行为类型，通常由说话人发出指令促动听话人遵守或服从（Ervin-Tripp et al., 1984）。

CA对语料和交际细节表现出“最大的尊重”，从语料中发现被忽略的交际秩序（于国栋, 2022:5）。指令性行为研究亦如此，其关注点从早期分析9—14岁孩子在任务活动中参与的指令序列（Goodwin, 1980）逐步扩展至父母—子女（Koniski, 2018）、医生—患者（Mondada, 2014）、教师—学生（Lindström et al., 2020）和工地指挥（Urbanik, 2021）等（非）机构性场景。已有研究强调，指令性行为的话轮设计是根据当前活动语境做出的选择，需深入探究二者之间的关联性和组织机制。当前，日常交际已从现实空间延伸至虚拟空间，针对以个人电脑或手机为媒介的在线交际研究却十分有限（Fitzgerald, 2019）。鉴于行为产生与场景的偶发性密切相关（Schegloff, 1996），学界亟须对在线交际中的指令性行为开展创新性研究。

近年来，大型多人在线游戏（Massive Multiplayer Online Game, 简称MMOG）成为新兴社交网络活动。MMOG具有社群文化特点（王喆，2018），用户众多，语料样本丰富，可为在线交际研究提供最新素材。国际相关研究主要关注家用电子游戏队友间的法语指令序列（Mondada, 2011, 2013），国内研究稀少，需跟进跨语言研究。鉴于此，本文聚焦MMOG场景中的汉语指令性行为，探究其话轮设计的系统性特征和在线交际规范，期望拓宽CA观察视角。

2. 文献回顾

CA多模态分析重视“以言/身体行事”（Goodwin & Cekaite, 2014: 187），尤其关注身体动作参与言谈的交际功能。交际者在互动场景中的身体移动还包括电子游戏中虚拟化身（Avatar）的动作（Haddington et al., 2013）。在虚拟空间，“身体经验和身—空动态关系”的维度被扩展，身体成为“具备移动性的时—空主体”（周逵，2018: 18）。MMOG与日常交际模式不同，在交际者身体（尤其是操作按键的手）、虚拟化身与语言资源共同参与的移动交际构型语境下，游戏队友运用（非）语言资源操作虚拟化身对该语境做出观照（Orientation）。本文试图将虚拟化身的移动纳入多模态分析，探究语境构型特征与指令性行为实施机制之间的关系。再者，随着在线互动和日常交际日益融合，语言学和CA领域也需从在线场景观察视角捕捉指令性行为的新兴交际特征。国际学界指出CA与虚拟空间互动结合的必要性，建议通过新兴现象验证和审视已有CA方法（Fitzgerald, 2019），以应对虚拟交际对CA提出的新挑战。Meredith （2017, 2019）结合CA术语对在线交际组织机制做出概述，但尚未落实具体在线言语行为研究。因此，在线语境下的指令性行为研究或可促进学者挖掘新兴交际秩序规

① 指令性行为还包括指导或指示（Stevanovic, 2020）、请求（Betz et al., 2020）和命令（例如军事指令）等行为类型。

范，考察交际者如何观照特定语境时—空—身/化身构型变化并最终实现行为协同的交际机制。

在实施指令性行为的语言形式方面，国际学界梳理出多种指令语类型（如Ervin-Tripp, 1976），但术语概念各异，较少展现不同场景中偶发的指令语细节。Sidnell和Stivers（2013）认为，交谈是通过交际秩序塑造的，交际者观照局部语境，其行为不一定符合固定行为类别的适切条件。Mondada（2011：19-24）指出，已有祈使句研究较少考察祈使形式所处的"具体交际生态"或行为语境。CA领域可采用录像语料，从多模态视角观察语言资源和具身资源的交际功能，探讨指令性行为与其场景化行动语境之间的有效协同（如Koniski, 2018; Mondada, 2014; Lindström et al., 2020; Urbanik, 2021等）。此外，在MMOG语境中，祈使形式的指令语可促成队友间行为协同，超越了强加意志或权力的指令功能。Auer（2017）建议，如果对祈使形式导致不礼貌或执行命令（Command）行为提出质疑，要在特定序列环境中考察。Sorjonen等（2017：4-5）指出，交谈中的话轮是祈使形式的"天然栖息地"，分析祈使话轮所用的概念术语也反映出研究者对祈使形式具体交际功能的再反思。鉴于此，本文基于语料观察提出"指令组合"（Directive Package）概念，由此探究指令语形式在MMOG语境中调动队友行动的效能。

Mondada（2011, 2013）和Reeves等（2017）从CA视角对在线游戏队友互动的研究对本文具有重要启示。Mondada（2011, 2013）观察处于共同真实空间、操作游戏机手柄的线下队友，分析其使用指令语协调队友及其虚拟化身行动的过程。该研究认为：（1）指令性行为具有实时性（Temporality），指令语祈使形式与当前行为任务紧迫性相关；（2）游戏队友根据不断变化的空间结构和移动语境，实时调整指令序列的语言资源，在实现行为协同之外还实施了维护团队利益的抱怨或责备等评价行为。Reeves等（2017：308）也强调了在线游戏的时间性，把游戏视为"技术变焦镜头"，观察队友如何使用语言和身体动作等资源实施和调动序列行为，达成共同任务目标。上述研究强调游戏构型的时间性，指出交际者实时协同的重要性。相较而言，本文涉及的MMOG队友不在同一物理空间，通过化身在虚拟场景中的移动来实现在线虚拟角色、化身行动与语言资源的合作。此外，游戏的算法机制、以电脑或手机为游戏载体的媒介性能、网络状况和真人队友等要素共同构成了MMOG主体，这在一定程度上挑战了传统研究语境的主体性。技术是虚拟空间交际的元参与者，其能供性拓展了当前交际时空维度。本文基于已有研究发现，跟进在线游戏的指令性行为研究，期望发现指令语新类型，开展新兴游戏语境的实证探索。

本文聚焦MMOG交际中的汉语指令性行为，围绕三个研究问题观察交际者实现行为协同的机制：（1）MMOG中汉语指令语有哪些主要类型？调动行为的效能如何？（2）MMOG中指令性行为的新兴交际功能是什么？（3）技术能供性对指令性行为所处的网络交际规范有何影响？

3. 研究方法

本文采用CA质性研究方法，基于对语料进行无目的审视并归纳具体交际规律的原则（吴亚欣、于国栋, 2017），共收集MMOG队友互动录屏片段22个，总时长为4小时32分钟。语料涉及国内互联网用户使用的主要游戏类型，共有21名20—38岁会话者（其中男性6名、女性15名）参与，覆盖MMOG用户最活跃的年龄组群。

本文语料分析遵照CA步骤（Wu, 2016）：首先，从语料中观察和发现目标行为的言谈特征，确立和构述备选现象；然后，再次审视相关语料进行分类和转写，通过观察和分析语料个例进行规律性概括。根据指令性行为调动他人采取行动的交际特性，共梳理出直接指令性行为[①]的指令-（不）回应序列132个。本文采取CA转写规则（Jefferson, 2004）呈现队友互动细节和多模态特征，并使用Praat软件进行计时和韵律分析，最大限度地确保语料的真实性和完整性。因MMOG动态画面展示难度较高，必要时会附上示例截图。本文遵守CA研究伦理，语料使用已获语料提供者同意，出于隐私保护考虑，语料中交际者真实姓名或网名均用英文大写字母代称。

4. 研究结果

CA在话轮转换系统中考察语法，探究语言资源如何在不同序列位置实施具体的言语行为（Clift, 2016）。本文基于指令语分类，观察不同指令形式的行为调动效能（Capacity）和超越指令的交际功能，进而探讨技术能供性对在线交际的影响程度。

在MMOG语境中，实施指令性行为的祈使形式不一定符合传统语法描写的祈使结构。为调动同伴虚拟化身的快速移动，游戏队友在同一话轮内发出一个或一个以上的指令语。在132个指令-（不）回应序列中，有39个叠连指令语（见例[1]）、13个“（你）别X，（你）Y”双指令语（见例[2]）和28个多指令语（见例[3]），共占60.6%。典型示例如下：

[1] A：>打打-打-打-[打打打打-<[打他.
[2] Y：↑哎：别往后跑：呀你-hihih. 快帮我挡一下.
[3] Y：守住一个路[线啊，不要死，（1.2）清完线，回塔就行.

此外，还有52个含一个动词的单指令语（占39.4%），这说明游戏话语仍遵循祈使句基本形式，但不在本文讨论范围之内。本文主要关注例[1]、[2]、[3]代表的

① 此后提到的指令性行为均指直接指令性行为。

三种新兴指令语类型，由此提出指令组合概念，认为这种组合与以执行任务为目标的游戏语境密切相关，可高效能地调动对方行动。通过指令组合，可观察各队友运用（非）语言资源和虚拟化身动作观照游戏构型特点、最终实现在线行为协同的过程。

4.1　叠连指令语与行为轨迹切分

在MMOG中，常见如下指令序列：

[4] CR-JSJ-00:30:09

01 A：→ >打打-打-打-[打打打打-<[打他.

02 B：　　　　　　　[噢.　　　　[不打了不打了<不打了不打° 了° >.

在上例中，队友B正操作其虚拟化身，躲在一旁对敌人进行射击。在01行，队友A发出一连串“打”的快速指令，“他”在语调曲线末尾下落完成了该话轮（见图1）。B在02行给出遵从形式“噢”之后，发现敌人尚未出现，便连续发出非优先回应“不打了不打了<不打了不打° 了° >”，构成了一个指令-不遵从指令的相邻对。指令-（不）遵从体现出交际双方对游戏画面的即时反应，非优先回应是双方协作的结果，不一定出现弱化、拖延或沉默等非优先话轮设计特征（Schegloff, 2007）。已有研究（如Mondada, 2011）用重复祈使界定这种连续指令语，但重复形式未必具有同样的语义强度和情感强度。本文参照李先银（2016）对“multiple sayings”（Stivers, 2004）的对译“话语叠连”，将这种连续形式界定为“叠连指令语”①。根据例[4]可生成以下Praat频谱图：

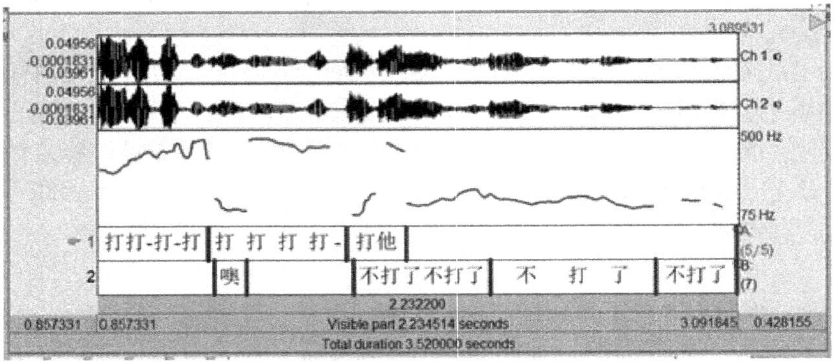

图1

Stivers（2004）指出，话语叠连的语调曲线是单一连续的，这说明叠连构成了单个话轮构建单位（Turn Construction Unit，简称TCU，参见Sidnell, 2010: 68）。

① Stivers（2004）和李先银（2016）主要研究回应位置的话语叠连，本文主要关注始发话轮的叠连指令语。

在图1中，尽管02行的“噢”与01行第5个“打”重合造成叠连指令语语调曲线暂时中断，但仍可见01行单一且平稳的语调轨迹。从时间上看，队友A在1.08秒内（Praat计时）叠连使用九次“打”，调动队友采取实时或即刻行动，显示出指令紧迫性。尽管B的“噢”并非积极回应，A的叠连指令语仍调动B分段完成总行为“打”。在游戏时间切割下，A的话轮设计呈现出从打$_1$-------→打$_9$的进程轨迹。话语叠连分为完全叠连和不完全叠连，这取决于话语形式的长度和结构（李先银，2016）。上例中的单音节动词“打”更易形成完全叠连指令语，不完全叠连指令语的形式则较为多样。例如：

[5] CR-JSJ -00:21:27

01 Q：　（（化　　身　　移　　动））
02 J：→ **哇（0.1）>往右边-往右边（0.1）往右边绕-往右边绕<**
03　　　（0.7）
04 Q：　（（化　　身　　移　　动））
05 J：　**>右边右边右边-绕绕<，（*）（.）右[边.**
06 Q：　（（化　身　　移　　动））
07 S：　　　　　　　　　　　[右:边.
08 Q：　（（化身移动））

在本例中，Q操纵越野车前进，J和S是观战队友。在02行，J发出叠连指令“往右边”提示方向，当发现Q没有遵从时，语气变得急促并连续指示“往右边绕”。J在0.7秒间隔内观察队友，随后加强行为调动，在05行拆分使用叠连指令“右边”和“绕”，随后用脏话（此处用*号表示）表示责备。与例[4]不同，在本例中，J发出的不完全叠连指令语是介宾+谓语动词结构，可拆分为不同的祈使组合去调动Q采取即刻行动，并对Q进行方位和动作的实时监控。在07行，S辅助给出方向指令“右:边”。Q最后操纵越野车向右偏向，其配合显示了J的不完全叠连指令最终被遵从和认可。

除了上述督促紧迫采取行动的叠连指令语之外，语料中还出现了表示延续动作的修饰语，例如：

[6] WHQ-2-00:04:50

01　A：→ **向后推向后继续推.**
02　　　（4.1）（（系统播报“狮子是不会被困住的”））
　　　　（3.1）（（打斗声））
03　B：　我卡里面了. 我[（　）
04　A：　　　　　　　[继续推继续推.（0.6）好好° 好°（.）好.

在本例01行，A在主动作“推”之前加入修饰语“继续”，调动队友延续此前行为不要停止，并强调和肯定此前行为的正确执行。当B在03行表述困难后，A在04行用“继续推继续推”叠连回应，并伴随B的后退速度叠连“好好◦好◦（.）好”终止了指令。在例[4]中，A在1.08秒内叠连使用九次“打”，而本例中的A在0.9秒内只使用了不完全叠连“向后推向后继续推”，02行4.1秒和3.1秒的沉默加之系统播报也说明当前时间要求不高。可见，指令语叠连频次与游戏当前场景的时间性密切相关，调动行动的迫切性或紧急性会导致话轮设计上的变化。

4.2 “（你）别X，（你）Y”双指令语与正反指令性行为

MMOG游戏队友使用的“（你）别X，（你）Y”双指令语，是在同一话轮内的两个TCU，实施了正反指令性行为：消极指令语“（你）别X”终止听话人当前行为或此前持续的行为，而积极指令语“（你）Y”调动听话人即刻实施被指令的行为。游戏对话中的“我”“你”是真身和虚拟化身的合体，交际者操作按键调动虚拟化身实现身体移动性。这种正反指令性行为受游戏语境的时—空—身/化身变化的影响，并非单一的指令-（非）遵从序列。例如：

```
[7] ZRQ-Task 1-00:07:27
    01  Y：  ↑累：死了.
    02       （（往后撤））（0.6）
    03  Z：  ◦哇◦：
    04  Y：  →↑哎：别往后跑：[呀你-[hihih. 快帮我[挡一下.
    05                       [（（回击对手））
    06  Q：                  [（（上前挡））[（（被击杀））
    07  Q：                                [哎呀h.（.）我周边没有
    08       小蝴蝶：：huh.
```

在本例中，Y、Z和Q的虚拟化身分别是射手、辅助和战士/坦克。Y在04行话轮首位拖长发出语气词“↑哎：”提示Q注意，并作为消极指令语的前序开始制止其当前行为。在消极指令语“别往后跑：呀你：”中，句末语气词“呀”表示催促（吕叔湘，1999: 46），本应在话轮首位的代词“你”被后置表示催促和责备。随后，积极指令语“快帮我挡一下”调动对方即刻采取行动阻挡对手，06行Q的虚拟化身移动表明Q遵从了Y的正反指令行为组合。Q上前阻挡被击杀后发出回应叫声“哎呀”，随后给出执行行为失败的解释“我周边没有小蝴蝶：：huh”（意为没有法力）。显然，MMOG中的指令语伴随快速的按键操作，但虚拟化身并非在指令发出后才（不）移动。在04行，Y发出消极指令语时，Q已提前上去遮挡Y。Q被击杀时发出“哎呀”，说明已无法听从Y的积极指令，这种不遵从由按键操作下虚拟化身的移动速度决定。

此外，游戏队友面对屏幕，无法看到彼此真实样貌，其虚拟化身处于游戏场景。语料显示，“（你）别X，（你）Y”双指令语发出后，有时因地点或人称指代阻碍，在指令-（不）遵从相邻对中可能产生扩展序列。例如：

[8] CR-00:08:37

01 C：（（移动到角落））
02 A：→ **（那）你（.）你别站在这边. 这边这个（（图标指示））**
03 **有-有-有-那个窗口. 你要往这边站一点. 小C，你往你的（.）**
04 （0.2）
05 C：（（已经蹲下））我蹲下来.
06 （0.3）
07 A：不是，你往你的右边.（（图标停留在窗户右边））
08 C：（（往右挪之后往前冲了一下））
09 A：对.
10 C：我过不q-哦，右边，[好的.
11 A：[对对，就是我：直接对面这个地方.

在例[8]中，A要求C终止此前站在角落的行为，先移动方向图标指示窗子位置（见图2），然后发出指令要求C站在靠近窗子右边的位置：

图2

该录屏画面显示，C往右挪动后，做出向对面窗子冲的动作并受到A的确定“对”（09行）。但在10行，C解释自己无法执行位置指令，回应说“我过不q-”，随即在同一话轮进行自我修正“哦，右边，[好的”，表明理解了A的方位指示。A也在11行回应确定并继续明确位置方向。例[8]显示，MMOG的地点指示阻碍会引发队友间修正，这与交际双方对虚拟化身所处空间方位的理解有关。

4.3 多指令语与复合指令性行为的调动

MMOG队友连发多个指令语，使用叠连指令语和双指令语等复合形式，在同一话轮内有两个以上的TCU实施多行为调动，这在日常交际中极为少见。例如：

[9] ZRQ-Task 1-0:02:51
01 Q： [（（哼歌））]
02 L：→ **[>走了走了]-钟馗-快跑快跑快跑快跑<.**
03 （1.3）
04 Z： 来了来了.

在本例中，02行的指令话轮设计分别由“走了”和“快跑”两种叠连指令语构成，并嵌入称呼语“钟馗”指定受话队友。L调动的动作从“走了”升级为“快跑”，从语调和韵律上显示指令产生和发出的急切性。L对快速变化的场景做出即时反应，对可预测风险做出言语观照，用“快跑”修正前面“走”的指令，四次叠连“快跑”表示放弃当前动作的紧迫性。在04行，Z遵从了指令，迅速改变虚拟人物钟馗的运动轨迹，使之远离相对危险的区域，“来了来了”是Z靠近L的动作观照。例[9]符合指令-遵从的相邻对形式，两种叠连指令语的话轮设计可调动队友采取加速升级的实时或即刻行为，与当前网络交际语境密切相关。再如：

[10] QJL-00:10:39
01 Y： 走走走（0.2）继续走.
02 Z： （ ）
03 （2.7）
04 Y：→ **守住一个路[线啊，不要死，（1.2）清完线，回塔就行.**
05 Z： [啊h.那可（不）
06 Z： 我不知道怎么[卡视野，就是-这样会被看到对吧.
07 H： [对对对.
08 Y： 往回走往回走.

在本例中，Y在01行发出不完全叠连指令语“走走走（0.2）继续走”之后，Z并未理解该指令，疑似发出询问（因噪音影响无法准确转写02行）并按既定动作继续。Y在04行连发多指令语调动Z展开后续攻击。Y的多指令语包括积极指令“守住一个路线啊”和调动从下一刻延续到可能发生的未来行为“不要死，（1.2）清完线，回塔就行”（由一个消极指令语和两个积极指令语组成）。尽管转写无法呈现落实的瞬间动作，本例仍可说明多指令语连发根据具体游戏场景调动队友配合，也允许不遵从回应。多指令语表明执行当前任务的紧急性，游戏画面也显示队友在全力点击按键调动虚拟化身移动。

5. 讨论

本文聚焦MMOG场景中祈使形式实施的指令性行为，探究交际者调动（非）语言资源达成行为协同的机制，进而揭示网络交际秩序的新规范。本文主要发现在于：

5.1 高效能调动行为的指令组合

在MMOG语境中，交际者主要使用叠连指令语、"（你）别X，（你）Y"双指令语和多指令语三种祈使形式，是时—空—身/化身三维构型中高效能调动行为的指令组合。首先，叠连指令语调动实时或即刻行为的加速升级，游戏本身的时间性使交际者快速监控所调动的行动并催促队友完成行动，叠连显示出指令的紧迫性和对队友行动轨迹的实时关注；其次，"（你）别X，（你）Y"双指令语既终止当前行为又调动即刻行为，附加语气词或后置成分执行了抱怨或指责等评价行为；最后，多指令语连发调动队友即刻采取多个行为，与游戏中虚拟化身的快速移动和即时点击按键有关，显示出高度切合语境的时间性和配合设备操作的话轮设计特征和会话常规。上述发现与Mondada（2011, 2013）有关时间性和行为调动的观点部分一致，也展示出MMOG语境中指令性行为话轮设计的新兴特征：MMOG的游戏性拓宽了多模态资源的时—空—身/化身交际维度，使祈使形式的主要动词在极短时间内实施行为或被拉长实施行为，语言资源被简化或重组。这为多场景化（非）语言在线使用研究提供了重要参考。

5.2 超越"指令"的指令性行为与行为协同

言语行为理论（Searle, 1965）和CA都重视由话语实现的言语行为，前者确定固定行为类型并给出实现行为的一系列规则，后者更关注具体序列语境下的会话常规（Sidnell & Stivers, 2013）。CA把言语交际看作场景化的、有序产生的社会行为（Psathas, 1995）。研究者以语料为"实证抓手"（Bite）观察交际序列中的行为和构建行为的（非）语言资源，认为语义具备浮现性序列属性（Clift, 2016: 31）。在MMOG语境中，即使祈使形式暂时赋予说话队友指令权去调动听话队友采取行动，听话队友（非）执行的回应说明彼此间遵循着协同机制。此外，观战队友的指令语兼具指导、建议、要求等多重交际功能。这说明祈使形式具有"多义性"（Sorjonen et al., 2017: 15），不局限于实施命令等强加给听话人的单向行为，也不涉及交际双方社会关系是否平等。此外，使用指令组合的队友是对当前任务了解更多的K+（More Knowledgeable）说话人（如例[4]—例[10]），通过话轮设计显示出知识优势（Heritage, 2012）。然而，听话队友不一定给出优先回应表示遵从（如例[10]）。可见，MMOG语境中的指示语是基于双方共享视角调动行动，所实施的行为具备协同性质，已超越了命令或指令范畴。CA从交际场景和序列语境出发考察指令性行为，扩展了言语行为理论行为类型界定的范畴，也为其相关论断提供了实证参考。

5.3 指令性行为技术媒介化与在线交际新规范

在新兴在线语境中，技术作为媒介使日常会话中的行为序列受到时—空—身/化身的重塑。MMOG场景中指令性行为的话轮设计与当前序列环境密切相关，展示出技术媒介化特征和在线交际秩序的新规范，这说明会话常规随着新兴在线平台发生着改变（Meredith, 2019）。社交平台的技术能供性影响着互动的形式、轨道或属性（Meredith, 2017: 43），呈现出高度场景化特征。MMOG是网络场景中线下队友和线上操作协作完成的共同活动，具有时间性，其言语指令、按键操作和虚拟化身移动之间迅速配合，在现实和虚拟交际空间交错时要求队友即刻做出反应，随时观照实时场景。这种网络游戏新规范使指令组合的话轮设计复杂多样，反映出MMOG构型的独特性。在互联网时代，“人—人”交际已发展为“人—机—人”的复杂交际，语言学研究对象具有“双物种属性”，亟须探索语言如何在虚拟交际中被塑造的机制（李宇明, 2020: 93）。鉴于此，研究者有必要考察会话常规因在线场景不同而产生的变化机制，为跨语言或汉语数字化CA和言语交际做出尝试性贡献。

6. 结语

本文聚焦汉语网络游戏话语中的指令性行为，提出指令组合概念，揭示该语境构型下（非）语言资源呈现的在线交际秩序，认为该话语中的指令性行为已具备技术媒介化特征，需探索其序列组织与所反映的在线交际秩序之间的相关性。本文注重在线语料分析，具有一定的交叉学科理论探讨和运用价值，有望助力汉语相关会话机制研究乃至数字化交际研究的进展。此外，本研究可捕捉语言使用的公众样态，为线上生活研究提供语言层面的实证参考。本文的局限之处在于，受MMOG语料时间性限制，多模态转写呈现不够充分，仍需从转写规范上寻求突破，这也是在线交际对CA提出的新任务。

参考文献

Auer, P. 2017. Epilogue: Imperatives—The language of immediate action. In M.-L. Sorjonen, L. Raevaara & E. Couper-Kuhlen (eds.), *Imperative Turns at Talk: The*

Design of Directives in Action. Amsterdam/Philadelphia: John Benjamins Publishing Company. 411-423.

Betz, E., Taleghani-Nikazm, C. & Golato, P. 2020. Mobilizing others: An introduction. In C. Taleghani-Nikazm, E. Betz & P. Golato (eds.), *Mobilizing Others: Grammar and Lexis Within Larger Activities*. Amsterdam/Philadelphia: John Benjamins Publishing Company. 1-18.

Clift, R. 2016. *Conversation Analysis*. Cambridge: Cambridge University Press.

Drew, P. & Heritage, J..1992. Analyzing talk at work: An introduction. In P. Drew & J. Heritage (eds.), *Talk at Work: Interaction in Institutional Settings*. Cambridge: Cambridge University Press. 3-65.

Evin-Tripp, S. 1976. "Is Sybil there?" The structure of some American English directives. *Language in Society* 5: 25-67.

Ervin-Tripp, S., O'Connor, M. C. & Rosenberg, J..1984. Language and power in the family. In C. Kramarae, M. Schulz & W. O'Barr (eds.), *Language and Power*. Los Angeles: Sage. 116-135.

Fitzgerald, R. 2019. The data and methodology of Harvey Sacks: Lessons from the archive. *Journal of Pragmatics* 143: 205-214.

Goodwin, M. H. 1980. Directive/response speech sequences in girls' and boys' task activities. In N. Furman, R. Borker & S. M. Ginet (eds.), *Women and Language in Literature and Society*. New York: Praeger. 157-173.

Goodwin, M. H. & Cekaite, A..2014. Orchestrating directive trajectories in communicative projects in family interaction. In P. Drew & E. Couper-Kuhlen (eds.), *Requesting in Social Interaction*. Amsterdam / Philadelphia: John Benjamins. 185-214.

Haddington, P., Mondada, L. & Nevile, M. 2013. Being mobile: Interaction on the move. In P. Haddington, L. Mondada & M. Nevile (eds.), *Interaction and Mobility: Language and the Body in Motion*. Berlin: De Gruyter. 3-61.

Heritage, J. 2012. Epistemics in action: Action formation and territories of knowledge. *Research on Language and Social Interaction* 45(1): 1-29.

Jefferson, G. 2004. Glossary of transcription symbols with an introduction. In G. H. Lerner (ed.), *Conversation Analysis: Studies from the First Generation*. Amsterdam: John Benjamins. 13-23.

Koniski, E. 2018. 'Please turn it off': Negotiations and morality around children's media use at home. *Discourse & Society* 29(2):142-159.

Lindström, J., Lindholm, C., Grahn, I-L. & Huhtamäki, M. 2020. Consecutive clause combinations in instructing activities: Directives and accounts in the context of physical training. In Y. Maschler, S. P. Doehler, J. Lindström & L. Keevallik (eds.),

Emergent Syntax for Conversation: Clausal Patterns and the Organization of Action. Amsterdam: John Benjamins. 245-274.

Meredith, J. 2017. Analyzing technological affordances of online interactions using conversation. *Journal of Pragmatics* 115: 42-55.

Meredith, J. 2019. Conversation analysis and online interaction. *Research on Language and Social Interaction* 52(3): 241-256.

Mondada, L. 2011. The situated organization of directives in French: imperatives and action coordination in video games. *Nottingham French Studies* 50(2): 19-50.

Mondada, L. 2013. Coordinating mobile action in real time: The timely organization of directives in video games. In P. Haddington, L. Mondada & M. Nevile (eds.), *Interaction and Mobility: Language and the Body in Motion*. Berlin: De Gruyter. 300-342.

Mondada, L. 2014. Instructions in the operating room: How the surgeon directs their assistant's hands. *Discourse Studies* 16(2): 131-161.

Psathas, G. 1995. *Conversation Analysis: The Study of Talk-in-Interaction*. Thousand Oaks, California: Sage Publications.

Reeves, S., Greiffenhagen, C. & Laurier, E..2017. Video gaming as practical accomplishment: Ethnomethodology, conversation analysis, and play. *Topics in Cognitive Science* 9(2): 308-342.

Schegloff, E. A. 1996. Issues of relevance for discourse analysis: Contingency in action, interaction and co-participant context. In E. H. Hovy & D. R. Scott (eds.), *Computational and Conversational Discourse: Burning Issues: An Interdisciplinary Account*, Vol. 151. Berlin: Springer. 3-35.

Schegloff, E. A. 2007. *Sequence Organization in Interaction: A Primer in Conversation Analysis I*. New York: Cambridge University Press.

Searle, J. R. 1965. What is a speech act? In M. Black (ed.), *Philosophy in America*. London: Allen and Unwin. 221-239.

Sidnell, J. 2010. *Conversation Analysis: An Introduction*. Oxford: Wiley-Blackwell.

Sidnell, J. & Stivers, T. (eds.). 2013. *The Handbook of Conversation Analysis*. London: Wiley-Blackwell.

Sorjonen, M.-L., Raevaara, L. & Couper-Kuhlen, E..2017. Imperative turns at talk: An introduction. In M.-L. Sorjonen, L. Raevaara & E. Couper-Kuhlen (eds.), *Imperative Turns at Talk: The Design of Directives in Action*. Amsterdam/Philadelphia: John Benjamins Publishing Company. 1-24.

Stevanovic, M. 2020. Mobilizing student compliance: On the directive use of Finnish second-person declaratives and interrogatives during violin instruction. In C. Taleghani-Nikazm, E. Betz & P. Golato (eds.), *Mobilizing Others: Grammar and*

Lexis Within Larger Activities. Amsterdam/Philadelphia: John Benjamins Publishing Company. 115-146.

Stivers, T. 2004. "No no no" and other types of multiple sayings in social interaction. *Human Communication Research* 20(2): 260-293.

Urbanik, P. 2021. Directives in the construction site: Grammatical design and work phases in second language interactions with crane operators. *Journal of Pragmatics* 178: 43-67.

Wu, R.-J. R. 2016. Doing conversation analysis in Mandarin Chinese. *Chinese Language and Discourse* 7(2): 179-209.

李先银，2016，自然口语中的话语叠连研究—基于互动交际的视角。《语言教学与研究》（4）：84-93。

李宇明，2020，数据时代与语言产业。《山东师范大学学报（社会科学版）》（5）：87-98。

吕叔湘，1999，《现代汉语八百词（增订本）》。北京：商务印书馆。

王喆，2018，"为了部落"：多人在线游戏玩家的结盟合作行为研究。《国际新闻界》（5）：40-56。

吴亚欣、于国栋，2017，为会话分析正名。《山西大学学报（哲学社会科学版）》（1）：85-90。

于国栋，2022，《什么是会话分析》。上海：上海外语教育出版社。

周逵，2018，沉浸式传播中的身体经验：以虚拟现实游戏的玩家研究为例。《国际新闻界》（5）：6-26。

Chinese directives in online game discourse

Abstract: As talk-in-interaction has extended from the physical space to the virtual space in the Internet era, research on online interactional order has become crucial. This study adopts Conversation Analysis to examine the turn design features of Chinese directives in online game interaction, with a particular focus on players' coordination in Massive Multiplayer Online Games (MMOGs). It is found that different linguistic/non-linguistic resources used to achieve action coordination can display players' orientations to the changing temporal-spatial-body/avatar configurations in the context of online games. The study thus proposes the concept of "directive package" which includes three major patterns of imperatives: multiple-saying, "(you) don't X, (you) Y", and multiple imperatives. It is noted that the design of these imperatives as directives displays high capacity in mobilizing players to act and reveals the normative mobile order in which directives may not merely impose commands. Given that directives in the online interaction are technologically mediated, the study calls for further research on related actions and their sequential features in Chinese virtual interaction.

Keywords: online game discourse; Chinese directives; directive package; temporal-spatial-body/avatar configuration; action coordination

（责任编辑：李臻）

从分级系统看《中华人民共和国民法典》话语的模糊性及其功能

江西科技师范大学 付悠悠*

[提　要] 意义的分级是普遍存在的，由可分级意义构成的连续体中的变量可体现模糊语言的语义潜势。本文选取2021年颁布的《中华人民共和国民法典》，分析其中的分级资源以揭示立法话语的语言模糊性及其功能。研究发现：（1）《民法典》中各编的分级资源差异显著，与各编的语域特征有相关性；分级资源各子类的分布不均衡；（2）分级资源由于其评价的多维性、数量的连续渐变性等，对民事行为的性质和数量进行模糊估算，或对民事主体的身份和实体的特殊性进行模糊调节；（3）分级资源可用于揭示民事行为的违法程度和因果关系，也可呈现民事主体的责任和实体的专门性。

[关键词] 民法典；模糊性；分级；功能

1. 引言

受20世纪初哲学界发生的"语言转向"的影响，立法语言研究也成为法学界和法律语言学界的热点话题。不同于法学界对立法语篇中的法条和法理的本体研究，法律语言学界主要关注立法者如何用语言创制法律，聚焦立法语言的特征（潘庆云, 1987; 王洁, 1997）。长期以来，确定性被认为是法律的一项基本特征，而语言的模糊性作为法律不确定性的构成要件，则被视为法律的缺陷（Maley, 1987）。法治对确定性的追求导致立法者陷入追求确定性和语言自身模糊性的矛盾中（张玉洁, 2017）。法学史上几乎所有重要的话题，都围绕法律的明晰性和模糊性、确定性和不确定性、守成性和开放性展开。法律文本的模糊，

* 作者简介：付悠悠，博士，江西科技师范大学外国语学院讲师，硕士生导师。研究方向：法律语言学、系统功能语言学、社会语言学。Email：youyoufu14201@qq.com。通讯地址：330038 江西省南昌市红角洲学府大道589号，江西科技师范大学外国语学院。

被认为是其向不断变迁的社会事实、交往关系、权利义务需要而做出的开放（谢晖, 2017）。因此语言模糊性在立法语篇中的体现、作用和影响应当受到足够重视。本文拟基于分级系统对《中华人民共和国民法典》（以下简称《民法典》）中的语言模糊性及其功能展开研究。本研究的意义在于：理论上构建立法文本中模糊资源的分析框架，阐释立法文本中模糊资源的语义功能；实践上可为今后更有针对性地完善《民法典》及其他立法文本提供依据，为涉及模糊资源的司法实践提供参考。

2. 文献回顾

学界对法律语言模糊性研究主要从分析法学和语言学两个视角展开。分析法学视角的研究主要是在语言哲学的范式下对语言的模糊性进行阐述。Hart（1961）提出“开放结构说”，认为语言本身具有模糊性、开放性，即语言具有语义明确的核心地带，又存在语义模糊的边缘地带，从而导致语言在结构上具有开放特征，而法律语言的模糊性正是来自语言的这种开放结构。Endicott（2000）在立法层面探讨了由语言的不精确性、开放结构、不可通约性等因素造成的立法语言的模糊性，导致人们的权利、义务在一些案件中具有不确定性。在Hart的研究进路下，有学者认为法律语言的模糊性有推动法律稳定、辩证推理、补充成文法局限性等积极功能，也有偏离法治标准、脱离立法目的、模糊权利义务边界等弊端（杨德祥，2006；卢秋帆，2010）。Hart（1961）强调法律的语言分析方法应当致力于解决法律与社会的衔接问题，而不是提供一个检测法律文本是否被准确适用的工具。可见，对法律语言模糊性的研究不仅要分析词汇语法，还要对其语义功能进行理论层面的阐述。

语言学范式下的法律语言模糊性研究主要关注法律语篇中模糊语言的语义和语用效应，分析立法语言模糊性的性质及原因（刘蔚铭，2003），界定立法语言模糊性的分类和目的（王洁，1997）。如张雪梅、王怿旦（2012）基于语义学的原型范畴理论对比中美两国的刑法，将立法语言模糊性分为独立性模糊和非独立性模糊，认为模糊语言可以更好地达到立法目的，授予法院自由裁量权。Channell（1994）从语用学视角，基于口语语料库将模糊语言分为数量型近似词、非数量型近似词和模糊类别语。基于Channell的分类，Engberg和Arinas（2011），Arinas（2012）等人将“类似”（like）、“其他”（other x）、“此类”（such x）、“介于”（between）等作为模糊语的表达式。Engberg和Arinas（2011）认为语言的模糊性所带来的周延性使法律语篇能保持灵活性，以便各方能够履行其义务或保护其利益。Li（2017, 2019）发现使用模糊的语言可以帮助立法者保持所需的精确度和过度阐述之间的平衡。

综观过往文献，分析法学研究未对法律语言模糊性进行明确界定，有时将语言的模糊性与概括性、多义性混为一谈，缺乏对模糊语言的细致描写和分析，倾向于仅对立法语篇中少数典型例证展开定性分析。语言学界囿于学科知识壁垒，缺乏对模糊语言的立法目的、功能及其法律效力等问题的深入分析。相关语法结构研究缺乏系统的语言学理论支撑，也没有形成完善的话语分析框架，鲜有基于语料库的话语分析研究。

本研究以《民法典》为语料，自建小型语料库，结合系统功能语言学的分级系统（Martin & White, 2005）和语境理论（Halliday, 1961；Halliday & Matthiessen, 2014），构建立法语言模糊性的分析框架，分析《民法典》中的语言模糊性及其语义功能。研究拟回答三个问题：

（1）立法语篇中分级资源的使用有何分布特征？

（2）这些分级资源体现了怎样的语言模糊性？

（3）由分级资源体现的立法语言的模糊性有何功能？

3. 理论基础与研究方法

语言作为人类思维的直接体现，不可避免地具有模糊性。罗素（Russell, 1923）认为模糊性是一个程度问题，取决于由同一体现方式所代表的不同系统之间可能存在的差异程度，相反精确性（accuracy）是一种理想中的极限。因此，语言的模糊性来自语义的可比较性。尽管许多学者都意识到模糊性是程度的问题，但却受困于如何将程度描绘成尺度上的点（Van Deemter, 2010），甚至使用模糊集的概念将模糊性量化为“0”和“1”之间的数值（Zadeh, 1965）。

语言的模糊性来自语言动态表意的不确定性（Halliday, 2004; Halliday & Matthiessen, 2014）。系统功能语言学认为语言作为“符号”不是一个静态的概念，而是在具体使用过程中产生和被理解的，其意义不是固定的，而是一个动态的表意过程（Halliday, 2001: 23–24)。在系统功能语言学的范式下，Martin（1992）以及Martin & White（2005）发展了分级系统，用来描写语言的模糊性。分级系统关注如何对各种语义资源进行分级，将语言的模糊性视为由语义的可分级性体现的语言属性。意义的分级是普遍存在的（Sapir, 1944）。Martin & White（2005）指出，各种可分级的意义并非独立分隔的，而是相互关联，形成一个连续体。这个连续体涉及单个维度之间的关系，并不是由多个离散项组成，而是一个具有潜在无限渐变项的连续统一体（Halliday, 1961）。连续体的两端为极值或高值、低值，中间的各种可分级变量体现了语言的不确定性（Martin & White, 2005: 17）。本研究将系统功能语言学的分级系统作为语言模糊性的分析框架。

如图1所示，分级系统在语势（force）和聚焦（focus）两个维度上对意义进行分级。语势对数量、体积、时空距离分布等意义范畴进行调节，聚焦对范畴边界的精密度进行分级。语势又可分为强化和量化两个次类。强化分别对性质、过程进行调节，例如特别规定、确有困难；量化则是对实体的数量比如体积、重量、时间或空间分布或远近的不精确估计，例如其他规定、重大过失、近亲属等。强化和量化均有独立式和融合式两种体现形式。独立式由一个单独的成分来体现，例如显著恶化，该成分的功能是设定强化或量化的力度，同时也体现了其他语义功能；融合式则不使用其他词汇来进行力度调节，其调节意义通过自身来表达，例如毁损，该词本身表达了毁坏程度的加强。

聚焦子系统将从经验视角无法分级的范畴的焦点模糊化，从而达到分级的目的，例如主要责任人。Hood（2010）依据学术语篇的特征细化了聚焦资源的分类，本研究参考Hood对聚焦的分类，根据立法语篇的特征将聚焦资源进一步分为真实性（authenticity）和特殊性（particularity）。真实性是调节范畴成员身份的认可度或位阶关系，位阶关系指范畴成员在地位和作用上的高低和相互关系；特殊性则是对范畴成员的具体性的中心化或边缘化。语势和聚焦的力度或强度均可加以提升或降低。对语势而言，提升表明对量化或强化的语义进一步加强，代表升高的语义值；降低则相反，代表减弱的语义值。在聚焦子系统里，提升则表明被调节的对象与范畴内的典型成员接近，而降低则表明与典型成员疏远。根据系统功能语言学理论，在系统的入列条件中有合取关系（AND relation）[①]，用尖括号表示。强化、量化和独立式、融合式也构成合取关系。其他小类之间构成析取关系（OR relation）[②]，用方括号表示。完整的分级资源分析框架如图1所示。

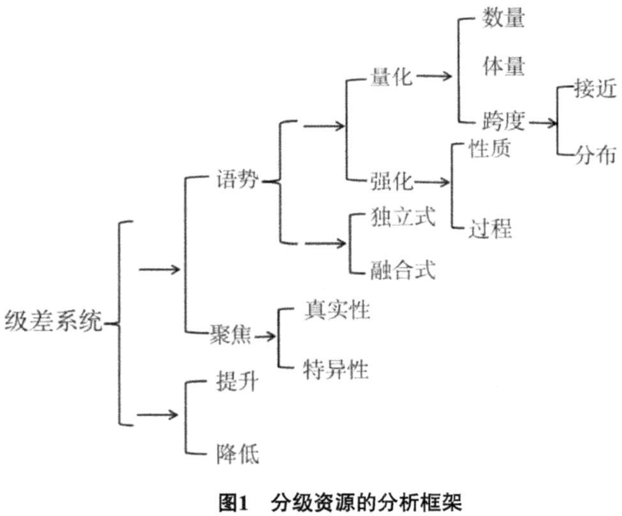

图1　分级资源的分析框架

① 合取关系是指两个入列条件之间存在一种"并且"的关系，即它们都必须同时选择才能满足这种关系。例如，在级差系统中，"语势""聚焦"与"提升""降低"两个入列条件，"语势""聚焦"中的一个与"提升""降低"中的一个都是满足合取关系的入列条件。只有当这两个条件都选择时，整个语义潜势才能得以体现。

② 析取关系是指两个入列条件之间存在一种"或者"的关系，即它们之间只要选择一个就可以满足这种关系。例如，"强化"和"量化"都是满足析取关系的条件。只要选择其中一个条件，这个语义潜势就得以体现。

本研究语料选自《民法典》，处理成语料库软件UAM Corpus Tool可识别的txt文档。整个语料包含《民法典》的七个分编和附则共1260条法规，总计108427词。研究采用定量和定性分析相结合的方法，首先由两人对语料进行交叉标注，减少标注中的误差；从语势、聚焦、提升、降低四个维度进行标注，统计各分编中分级资源的分布、频次和占比。在具体标注时，每一个分级资源以分析框架中最精密的入列条件来标注，同时考虑合取关系。以此统计分级资源在《民法典》中出现的频次。比如“永久性”标注为量化资源中的“分布”，与“语势”中的“独立式”合取，同时与调节子类中的“提升”合取，每个子类均标注一次。而后对分级资源如何体现《民法典》的语言模糊性进行定性分析，进而探究由模糊性产生的语义功能。

4. 结果与讨论

4.1 分级资源的总体分布特征

我们先对分级资源在《民法典》各编中的分布进行了统计。结果如表1和表2所示。[①]

表1 《民法典》中分级资源在各编的分布特征

编	字符数	频次	频次 / 千词	占比 / %
总则	16304	378	23.18	19.91
物权	20713	351	16.95	18.49
合同	46736	568	12.15	29.93
人格权	5011	114	22.75	6.01
婚姻家庭	6962	118	16.95	6.22
继承	3710	71	19.14	3.74
侵权责任	8991	298	33.14	15.7
总计	108427	1898	17.50[①]	100%

表2 分级资源分布描述性数据

源	均方	关联度	显著性
分级资源	13.931	0.886	0.000
编	15,489.571	1.000	0.004
分级资源 * 编	—	—	0.004*

显著性水平：Sig. <0.05

① 因各章字符数不同，此栏总计应为（总频次 ÷ 总字符数）× 1000，并非各章数值直接相加。

由表1和表2可知，《民法典》各编中分级资源分布不均，差异性显著（$p<0.05$）。总体趋势表现为侵权责任编中频率（频次/千词）最高，总则编和人格权编其次，均高于《民法典》中的平均频次；继承编、物权编、婚姻家庭编频率相当，略低于平均值；合同编中分级资源出现的频率最低，远低于平均值。分级资源分布差异与不同编的语域（register）特征有较强的关联性。语域是情景语境的因素，包括语场（field）、语旨（tenor）、语式（mode）的变化而产生的语言的功能变体，并呈现一系列相互关联的语言特征（Halliday, 2004）。《民法典》是由立法机关制定的、对社会公众有约束力的文本，因此在语旨和语式变量上差异不大，所以我们关注语场对分级资源的影响。语场关注的社会活动的话语模式以及所形成的活动序列，其中包括不同的人物、事件、过程、环境要素等。《民法典》总则编具有统领作用，规定了民事主体的各项权利，包含了最丰富的分级资源。而侵权责任编中的侵权行为则是《民法典》调节的民事关系的核心。立法者通过大量分级资源来衡量侵权行为的范围、严重程度以及被侵害人所遭受的损害程度。因此，我国《民法典》与德国《民法典》的总分结构不同，我国《民法典》采用的是总—分—总的结构。人格权编的分级资源频率高于平均水平，因为《民法典》首次将人格权独立成编，详细规定了生命、肖像、荣誉、隐私等人格权益。相比之下，合同编中使用的分级资源最少，其文本语义最为明确。合同编主要描述混合大陆法系和普通法中的典型合同，即所谓的技术合同（Chen & van Rhee, 2012: 9）。立法者使用少量分级资源，以便清晰客观地描述合同的内容。

我们对《民法典》中各子类分级资源的分布进行了统计（见表3）。语料中语势和聚焦资源共出现1898次，语势资源（87.93%）远多于聚焦资源（12.07%）。这表明《民法典》对民事行为或关系的规定较模糊，而对实体概念的界定较明确。语势中强化资源多于量化资源，说明《民法典》更多从概念和人际意义维度描述行为性状，而较少从数量角度进行解释。聚焦资源中，特殊性资源多于真实性资源，可能因为范畴中实体特殊性的判定比团体中成员主体地位的界定更常见且更困难。接下来结合具体语料，对语势和聚焦两个子类的分级资源进行分析。

表3 《民法典》中分级资源总体分布

大类	次类	频次 / 千词	占比 / %
语势（87.93%）	强化	9.60	56.32
	量化	5.39	31.61
聚焦（12.07%）	真实性	0.44	2.58
	特殊性	1.62	9.49

4.2 语势资源

4.2.1 强化资源的分布及其功能

语势资源中强化类资源的详细分布如表4所示。可见强化资源主要是提升类资源，以过程提升为主（38.36%），性质提升为辅（16.65%）；也有少量降低类资源（1.33%），包括性质降低资源（1.32%）和偶尔出现的过程降低资源（0.01%）。以提升资源为主导或许是因为立法者需要通过提升资源来强调民事行为的动机、因果关系、民事主体的过失或不良主观意图。

表4 《民法典》中强化资源的分布

	性质 / (次 / 千词)	占比 / %	过程 / (次 / 千词)	占比 / %
提升	2.84	16.65	6.54	38.36
降低	0.23	1.32	0.001	0.01

现有的研究通常将表示程度的性状词组视为法律话语中的技术词汇，以帮助立法者实现法律语言的周延性，这是制定法律规则的目标之一（Li, 2017）。我们发现，提升类强化资源主要用于进一步强调民事行为的因果关系或危害性，表达立法者对民事法律行为的评价。而评价往往是多维度的，其中所涉及的各种因素可能无法兼容，因此语义具有模糊性。如[1]中“明”是对“知”这个过程的提升，表明承租人对所租物业质量有明确的认知，但对明确的程度没有精确规定，具有模糊性。有一些接近极值的强化资源用于保护特殊群体。例[2]是婚姻家庭编中的“最有利于被监护人”要件。“最有利”是在“有利”和“不利”的连续体中最接近有利的描述，但最有利的条件通常多维且具有不可通约性，造成司法实践的模糊性。“最”这一极值资源强化了立法者对未成年人的保护，充分彰显了《民法典》的人文关怀理念（王利明，2020）。

[1] 第七百三十一条 租赁物危及承租人的安全或者健康的，即使承租人订立合同时<u>明</u>知该租赁物质量不合格，承租人仍然可以随时解除合同。

[2] 第三十一条 居民委员会、村民委员会、民政部门或者人民法院应当尊重被监护人的真实意愿，按照<u>最</u>有利于被监护人的原则在依法具有监护资格的人中指定监护人。

降低类资源在强化资源中仅占很小比例，用于表明立法者对某些法律行为的处理政策。例[3]中“较”是性质降低资源，其语义模糊，需要法官根据实际情况进一步判断。这种不完全性的描述扩大了法定继承人行为正当性的范围，保障了潜在法定继承人的继承权。例[4]中的“才”是行为降低资源，缩小了意思表示的适用范围，出于对当事人的保护和司法实践的需要，立法者对沉默作为意思表示采取相对保守和谨慎的态度。

[3] 第一千一百三十一条 对继承人以外的依靠被继承人扶养的人，或者继承人以外的对被继承人扶养**较**多的人，可以分给适当的遗产。

[4] 第一百四十条 ……沉默只有在有法律规定、当事人约定或者符合当事人之间的交易习惯时，**才**可以视为意思表示。

我们对强化资源的体现方式（独立式还是融合式）做了进一步统计，结果如图2所示。可见强化资源以融合式为主（占37.21%），独立式为辅（占26.84%）。具体来看，性质强化资源大多数为独立式（19.77%），偶见融合式（0.66%）；这说明立法者倾向于用独立的强化资源来凸显性质的不同程度，偶尔把性质程度评价融合于性质词中。例[4]中的“较”是独立式性质强化资源；例[5]中的“虚假”为融合式性质强化资源，以相对隐性的方式体现立法者对民事行为不正当性的程度评价。过程强化资源大多为融合式（36.55%），少数为独立式（7.07%）；这表明立法者倾向于将法律行为的客观描述和程度评价相融合，借助行为性质上的力度差异来体现民事行为的严重程度；但也在必要时把其程度差异作为独立资源加以凸显。例[4]中“才”是独立式过程强化资源；[6]中的“干扰”是过程融合式资源，表明该行为的严重性构成了对承租人权利的威胁。

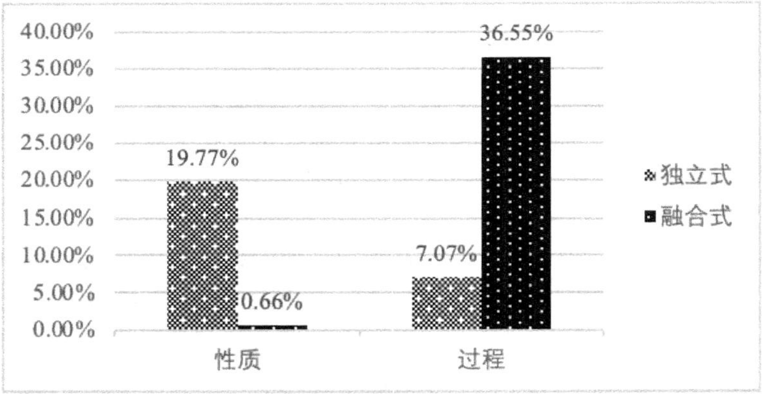

图2 强化资源的体现模式

[5] 第一百四十六条 行为人与相对人以**虚假的**意思表示实施的民事法律行为无效。

[6] 第七百四十八条 出租人有下列情形之一的，承租人有权请求其赔偿损失：……无正当理由妨碍、**干扰**承租人对租赁物的占有和使用。

4.2.2 量化资源的分布及其功能

如表5所示，量化资源主要以数量资源为主（27.87%），同时有少量的体量资源（2.9%）和跨度资源（1.26%）。与强化资源类似，《民法典》中的量化资源也以提升资源为主（24.5%），包括数量、体量和跨度三个方面的提升，降低资源（7.53%）为辅，包括数量性降低资源和体量性降低资源。在《民法典》中，立法者对民事行为的数量、体量或时空跨度进行估算，从而为民事处罚和民事关系的调整提供依据。但是，因为人们在数量连续体中难以划分出明确的界限，此类估算也导致一定程度的模糊性。

表5 《民法典》中量化资源的分布

	数量 /（次 / 千词）	占比 / %	体量 /（次 / 千词）	占比 / %	跨度 /（次 / 千词）	占比 / %
提升	3.54	20.76%	0.42	2.48%	0.22	1.26%
降低	1.21	7.11%	0.07	0.42%	0	0.00%

数量类量化资源频率较高，这与文本的正式程度有关（Li, 2017, 2019）。数量类量化资源的模糊性使立法者避免过度阐述，而法律专家通常能够根据司法惯例和相关信息补充缺失的信息（Bhatia et al., 2008; Gibbons, 2013; Maley, 1987）。例如，例[7]中“多方”对参与方的数量进行提升式估算。例[8]中“重大”是对过失、风险体量的提升式量化。体量类量化资源与强化资源不同，体量类量化资源是对民事行为所带来的影响的估量，暗示违法行为的严重性并引发相关评价，其在多数情况下伴有相应较重的处罚；“一定”则表明对文体活动风险体量估值的降低，受害人不得要求赔偿。《民法典》中的跨度量化资源涉及时间和空间跨度的量化。例[9]中“近”意味着空间上接近，强调亲缘关系的接近程度。例[10]中“永久性”表明对生态环境损害的时间跨度极大，揭示了对生态环境的破坏将导致的严重危害，预设了侵权人所需承担的赔偿责任。

[7] 第一百三十四条　民事法律行为可以基于双方或者**多方**的意思表示一致成立，也可以基于单方的意思表示成立。

[8] 第一千一百七十六条　自愿参加具有**一定**风险的文体活动，因其他参加者的行为受到损害的，受害人不得请求其他参加者承担侵权责任；但是，其他参加者对损害的发生有故意或者**重大**过失的除外。

[9] 第一千二百一十九条　医务人员在诊疗活动中应当向患者说明病情和医疗措施。……不能或者不宜向患者说明的，应当向患者的**近**亲属说明，并取得其明确同意。

[10] 第一千二百三十五条　违反国家规定造成生态环境损害的，国家规定的机关或者法律规定的组织有权请求侵权人赔偿下列损失和费用：……生态环境功能**永久性**损害造成的损失；

与强化资源类似，量化资源中的大多数也用于提升作用（参见表5）。量化提升资源可以通过其行为数量或参与者的人数，表明行为人对违法行为的深度参与或对他人的重大影响，揭示法律行为与后果之间因果关系的构成要件。少量降低类量化资源（如例[8]）则弱化了民事行为的影响或危害性，避免对行为人的过度追责。

我们对量化资源的独立或融合式体现做了进一步统计，结果如图3所示。可见数量类量化资源大多为独立式（27.92%）、偶见融合式（3.77%）；体量量化资源（2.82%）和跨度量化资源都是独立式（1.44%），未见融合式。独立式的数量、体量和跨度类量化资源如例[8]、[9]、[10]所示，此处不再赘述。融合式数量量化资源比较罕见，过往的研究也未单独讨论，而是将其涵盖于“类别”或“主题域”的分类中（Channell, 1994；Engberg & Arina, 2011; Engberg & Heller, 2008；Li, 2017, 2019）。与独立式量化资源主要体现为指代数量的形容词和近似词不同，融合式量化资源主要为表示数量的名词。在[11]中，“群众”作为融合式量化资源涉及一群人，表明公众对民事行为的全面参与。

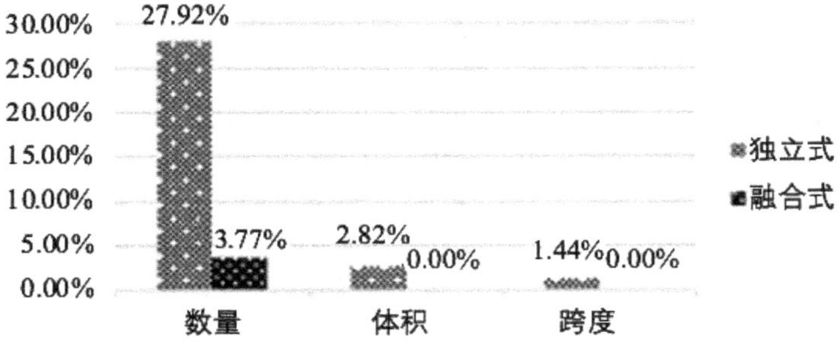

图3 量化资源的体现模式

[11] 第一千一百九十八条 宾馆、商场、银行、车站、机场、体育场馆、娱乐场所等经营场所、公共场所的经营者、管理者或者<u>**群众**</u>性活动的组织者，未尽到安全保障义务，造成他人损害的，应当承担侵权责任。

4.3 聚焦资源的分布及其功能

《民法典》中，聚焦资源使用频率不高，共出现229次，都是独立式体现，未见融合式体现，其分布如表6所示。其中特殊性聚焦资源占比9.48%，真实性聚焦资源仅占2.58%，这表明对范畴中成员的特殊性的界定比对其成员身份真实性的考量更为常见。聚焦资源中大部分为提升资源（8.85%)，聚焦降低资源只偶尔使用（3.21%），这意味着民事行为所涉及的实体需要具有较强的典型性，才需要法律来进行规范和约束。从小类来看，以特殊性提升资源为主（6.27%），特殊性降低资源次之（3.21%），而真实性提升资源又次之（2.58%），未见真实性降低资源。

表6 《民法典》中聚焦资源的分布

	真实性 / (次 / 千词)	占比 / %	特殊性 / (次 / 千词)	占比 / %
提升	0.44	2.58%	1.07	6.27%
降低	0	0.00%	0.55	3.21%

真实性聚焦资源都是提升资源，主要用于凸显民事主体的成员身份，从而表明当事人的权利及随之而来的责任。例[12]中“实际”对团体中成员隶属度进行模糊分级。通常来说，一个人要么是一个团体的成员，要么不是这一团体的成员，其成员身份是不可分级的，但“实际”揭示了该成员在团体中身份的真实性及其排名或地位，即评估这个人应当如何被当作成员对待的程度，明示该成员在何种程度上参与该组织的事务。

[12] 第八十四条　营利法人的控股出资人、**实际**控制人、董事、监事、高级管理人员不得利用其关联关系损害法人的利益；利用关联关系造成法人损失的，应当承担赔偿责任。

特殊性聚焦资源使得所修饰的实体成为焦点，将所涉及的实体变为显性成分，而原本这些范畴的实体可能是隐性的。特殊性提升资源关注民事行为的特殊性方面，揭示相关人员所需承担的相应责任。如例[13]中“必要的”锐化了必须保证的条件。特殊性降低资源弱化了实体的原型性，丰富了所涉及的民事权利或责任的类型。例[14]中“连带”是特殊性降低资源，表明此责任处于侵权责任基本类型的外围，消解了侵权责任的专门性和特殊性，完善了责任体系。

[13] 第一千二百五十四条　……物业服务企业等建筑物管理人应当采取**必要的**安全保障措施防止前款规定情形的发生；未采取**必要的**安全保障措施的，应当依法承担未履行安全保障义务的侵权责任。

[14] 第一千一百七十条　二人以上实施危及他人人身、财产安全的行为，其中一人或者数人的行为造成他人损害，能够确定具体侵权人的，由侵权人承担责任；不能确定具体侵权人的，行为人承担**连带**责任。

5. 结语

本文基于系统功能语言学的分级系统，以《民法典》为语料，统计其中分级资源的分布规律，分析由分级资源所体现的立法语言的模糊性，揭示其在立法话语中的功能。研究发现，《民法典》中分级资源总体分布差异显著，与各编的语域特征有相关性。语势资源远多于聚焦资源。语势资源通过性状词组对《民法典》规定的大量民事行为的过程、性质、数量进行评价和模糊描述。语势资源中大部分为强化资源，用于揭示民事行为的违法程度和因果关系：强化资源又以提升类为主，从而凸显对违法行为的界定和民事行为的调节；降低类资源为辅，用于体现对少数难以界定且危害性不大的行为的处理力度。语势资源中还有一定数量的量化资源，由于其数量的连续渐变性，用来对民事主体的数量和行为的体量予以模糊估算，体现所述法律行为数量的不可穷尽性，避免过度阐述，为民事行为的处罚和调整提供基础。除语势资源之外，《民法典》中还有少量聚焦资源，用于对民事主体的身份和实体的特殊性进行模糊调节，凸显民事主体的责任和实体的专门性。这些分级资源体现的模糊性揭示了《民法典》规范民事行为和调整民事关系的本质，体现了《民法典》的原则性和灵活性的统一，使《民法典》保持必要的张力与合理的弹性，并赋予法官一定的自由裁量权。

参考文献

Arinas, I. 2012. How vague can your patent be? Vagueness strategies in US patents. *HERMES-Journal of Language and Communication in Business* 48: 55-47.

Bhatia, V. K., Candlin, C., & Engberg, J. 2008. *Legal Discourse across Cultures and Systems*. Hong Kong: Hong Kong University Press.

Channell, J. 1994. *Vague Language*. Oxford: Oxford University Press.

Chen, L. & C. van Rhee, H.. 2012. *Towards a Chinese Civil Code: Comparative and Historical Perspective* (eds.). Boston: Maritinus Nijhoff Publisher.

Endicott, T. A. O. 2000. *Vagueness in Law*. Oxford: Oxford University Press.

Engberg, J. & Arina, I. 2011. The secret to legal foretelling: Generic and inter-generic aspects of vagueness in contracts, patents, and regulations. *International Journal of English Studies* 11: 55-73.

Engberg, J. & Heller, D. 2008. Vagueness and indeterminacy in law. In V. Bhatia, C. Candlin & J. Engberg (eds.), *Legal Discourse across Cultures and Systems*. Hong Kong: Hong Kong University Press. 145-168.

Gibbons, J. 2013. *Language and the Law*. London: Routledge.

Halliday, M. A. K. & Matthiessen, C. M. I. M. 2014. *Halliday's Introduction to Functional Grammar*. London: Routledge.

Halliday, M. A. K. 1961. Categories of the theory of grammar. *Word* 2: 241-292.

Halliday, M. A. K. 2001. *Language as Social Semiotic: The Social Interpretation of Language and Meaning*. Beijing: Foreign Language Teaching and Research Press.

Halliday, M.A.K. 2004. On the language of physical science. In J. J. Webster (ed.), *The*

Collected Works of M. A. K. Halliday, Volume 5, the Language of Science. London: Bloomsbury.

Hart, H. L. A. 1961. *The Concept of Law*. Oxford: Clarendon Press.

Hood, S. 2010. *Appraising Research: Evaluation in Academic Writing*. London: Palgrave Macmillan.

Li, S. L. 2017. A corpus-based study of vague language in legislative texts: Strategic use of vague terms. *English for Specific Purpose* 45: 98-109.

Li, S. L. 2019. Communicative significance of vague language: A diachronic corpus-based study of legislative texts. *English for Specific Purpose* 53: 104-117.

Maley, Y. 1987. The language of legislation. *Language in Society* 16: 25-48.

Martin, J. R. 1992. Macro-proposals: Meaning by degrees. In W. C. Mann & S. Thompson (eds.), *Discourse Description: Diverse Analyses of a Fund-raising Text*. Amsterdam: John Benjamins. 359-395.

Martin, J. R. & White, P. R. R. 2005. *The Language of Evaluation: Appraisal in English*. New York: Palgrave Macmillan.

Russell, B. 1923. Vagueness. *Australasian Journal of Philosophy and Psychology* 1: 84-92.

Sapir, E. 1944. Grading: A Study in Semantics. *Philosophy of Science* 2: 93-116.

Van Deemter, K. 2010. *Not Exactly in Praise of Vagueness*. Oxford: Oxford University Press.

Zadeh, L. A. 1965. Fuzzy Sets. *Information and Control* 8: 338-353.

刘蔚铭，2003，法律语言的模糊性：性质与成因分析。《西安外国语大学学报》（2）：31-34。

卢秋帆，2010，法律语言的模糊性分析。《法学评论》（2）：20-26。

潘庆云，1987，立法语言论略。《淮北煤师院学报（社会科学版）》（1）：116-126+134。

王洁，1997，《法律语言学教程》。北京：法律出版社。

王利明，2020，体系创新：中国民法典的特色与贡献。《比较法研究》（4）：1-13。

谢晖，2017，法律的模糊/局限性与制度修辞。《法律科学》（西北政法大学学报）（2）：3-19。

杨德祥，2006，法律语言模糊性对法律制度的影响。《云南大学学报（法学版）》（4）：69-72。

张雪梅、王怿旦，2012，立法模糊性的语义研究——从原型范畴视角的探讨。《长春大学学报》（3）：305-307。

张玉洁，2017，《法律文本中的模糊语词运用研究》。北京：中国政法大学出版社。

Vagueness of Civil Code discourse from the perspective of graduation system

Abstract: The graduation of meanings is universal. The variables that reflect the meaning potential of vague language can be represented by a cline formed by the gradable meanings. This study examines vagueness of language realized by the graduation system and reveals the functions that vagueness of language serves in the Civil Code of People's Republic of China, which was promulgated in 2021. The study finds that: Firstly, the distribution of sub-classes is uneven, and the distribution of graduation resources overall across the seven books varies significantly. This shows a correlation between the register and the proportion of graduation resources. Secondly, due to their multidimensionality and continuity, graduation resources provide vague estimates of the nature and quantity of civil acts, or vague adjustments to the identity and specificity of civil subjects and entities. Thirdly, graduation resources can be utilized to display the obligations of civil subjects and the specialization of entities, as well as to reveal the degree of illegality and causality of civil acts.

Key words: Civil Code of P. R. C; vagueness; graduation; functions

（责任编辑：郑萱）

双语词典评价指标体系的架构与实践
——以日汉词典为例

浙江越秀外国语学院　王　忻
名古屋大学　薛　晨*

[提　要]　词典学的研究对象是词典，具体内容是收词、释义和例句及编纂目标的达成度。在此框架下本文提出收词、释义和举例是双语词典的核心指标，并在此基础上通过引入变量权重对达成度进行检测。词例作为检验变量的基本参数，选取时需遵循平衡性原则，以确保所选词例为N1级别以上，和语词、汉语词、外来语词均有代表，且各类词性（名、动、形、副、连）也有所代表。同时，还需遵循离散性原则，即在选定的对象语料中，对于在8部词典中均出现或均未出现的词例，均不予选取。在用词例对8部常见中型日汉词典的3个指标检测后，得出客观性排名。又与主观性使用感受调查结果比较，结果主要结论一致。从而反证本研究假设的三个指标设定效度较高，在泛双语词典评价中具有可复制性、可操作性，对双语词典评价指标体系的架构有一定价值和意义。最后据以上结果提出了双语词典的理想模型。

[关键词]　双语词典；日汉词典；评价指标体系；效度

1. 引言

开宗明义，本文的问题为：如何评价一部双语词典？除了实际使用感觉以外，有无可以量化的指标？如果指标是复数的，指标间关系如何构架？本文将围绕这些问题展开讨论。

首先我们浏览一下词典学、词典编纂学、双语词典学等概念的定义。首先是

---

* 作者简介：王忻，浙江越秀外国语学院东语学院教授、博士，研究方向：日语语言学、词典学，Email：oukin0312@163.com。通讯地址：杭州市上城区三里新城兰苑30-2-702。
薛晨，名古屋大学人文学研究科博士在读，研究方向：汉日对比、词典学，Email：282266036@qq.com。通讯地址：日本岛根县松江市黑目町477-1。
本文为国家社科基金“语法化与词汇化界面的汉日对比研究”（19BYY194）阶段性成果。

词典学（lexicography），顾名思义，就是以词典为研究对象的学科。R. R. K. 哈特曼等（1984：196）的解释为：应用词汇学的一个分支，研究词典编纂的原则和实践，即对如何对词项进行搜集、比较、注释和分类，编纂成书进行研究的学科。第二是词典编纂学。据梅德明（2017：51）解释，它是“语言学的分支学科。指研究词典编纂的原则与实践的一门学科。一般而言，其研究对象是词语，研究基础是社会的语言实践和前人的语文研究成果，研究方法是对字或词语的形、音、义及其发展演变进行历史地、辩证地分析、概括和比较、鉴别，研究目的是系统而准确地反映出词语的客观内容。”这与词汇化研究的范围有很大重合。第三，双语词典学（bilingual lexicography）是词典学的一个分支。它主要研究双语词典的历史演变、类型划分、编纂理论、编纂原则和方法以及双语词典在教学中的应用等。①双语词典是“单语词典”的对称，指词目和释文使用两种不同语言的词典。其释文与单语词典的最大区别，在于着重词目的对译而非诠释，即主要提供词目在另一种语言中的表达方式，从而建立两套语言符号之间的对应关系。②本文取狭义的“词典学是研究按什么范围收词，按什么原则释义和针对什么目标编辑词典的学科”③之意，在此框架下对8部日汉词典进行测试，审视其优劣高下，来验证本研究提出的评价指标体系的效度。

2. 双语词典的评价指标体系及实施手段的假设

关于词典的评价，《日本语百科大事典》这样定义：“在说到词典的评价时，……是在众多的辞典中选出哪个好的选定的问题。”（1165）这与本文所指一致，也规定了本文的研究方向。至于评价指标，刘庆隆（2008：70）指出，“收词是编写词典首先碰到的一个问题，收词的适当与否直接关系到词典的质量。”王楠（2021:15）对收词立目的既有研究做了很好的总结，并指出：“不同的词典会根据自己的性质、规模、读者对象等制订相应的收词原则”。吴光华（1995：58）说道：“我们认为释义是词条的核心内容，例证是词条的重要组成部分。”也就是说，收词、释义和例证是一部词典的灵魂。具体如何将这些评价词典的指标建构成有机体系，据我们不完全检索，尚未发现既有成果。故此它的创建是词典学领域一件有意义的尝试。

我们认为评价一个具有实用价值的物品的好坏，首先必须从它的使用价值着眼。使用价值是指“物品所具有的能够满足人们某种需要的属性”，具体到一部词典上就是词典的收词能够满足使用者的相应需求的属性。以日汉词典为

---

① 引自“术语在线—权威的术语知识服务平台”https://www.termonline.cn/search?k=%E5%8F%8C%E8%AF%AD%E8%AF%8D%E5%85%B8%E5，访问日期：2022 年 8 月 17 日。

② 上海辞书出版社《大辞海》在线数据库大辞海。 http://www.dacihai.com.cn/classify_browse.html?bookId=32&itemId=288450。访问日期：2025 年 5 月 10 日。

③ 词典学 _ 百度百科 https://baike.baidu.com/item/%E8%AF%8D%E5%85%B8%E5%AD%A6/8545224?fr=aladdin。访问日期：2025 年 5 月 10 日。

例，第一需求就是要查的词词典里要有。那么在有限的范围内选取哪些词能最大限度满足使用者需求就是词典高下的第一比拼项了。另外，更新也是词典的生命线。第二的需求就是双语词典要求简单明确的对译词而不要求详细解释。这与单语词典的预设服务对象母语话者查母语词的需求有明显不同。比如同样是“人”一词，《现代汉语词典》（第7版）的解释是“能制造工具并使用工具进行劳动的高等动物”（第1096页），而日汉词典对“ひと【人】”的解释就用对译词“人”就可以了。不仅是“可以”，而且是最高境界。而如单语词典那样解释定义反而是多余的。第三的需求是举例（也称“例证”）。举例不仅对加深理解有用，对下一步的学习者模仿使用、包括以此为目的的教学，也是必不可少的。换言之，在二语习得上释义是为“输入”（input）服务的，举例是为“输出”（output）服务的。所以，举例对双语词典的意义要比单语词典更大。

综上所述，我们将双语词典的评价指标体系假设为1.收词，2.解释，3.举例。但是这三者的重要性并不是均等的。因为“1.”实际为一部词典的“硬件”，后两者为“软件”，其关系如“皮之不存，毛将焉附”一句所言。所以前者比重理应较大。也因此在综合排名的计算中，我们给3个指标对词典质量的关系度设置了权重：1按0.5计入，2、3各按0.25计入。所以，评价一部双语词典的公式应为：

收词*0.5+解释*0.25+举例*0.25=词典整体评价1

说到实施手段，最重要的是标尺——基本参数的选定。对复数对象的考察必须有相同的标尺，考查词典的标尺就是词例。本研究选取词例的定性原则以平衡性为目标，即N1级别以上，和语、汉语、外来语均有代表，名、动、形、副、连的词性也有兼顾。定量原则采取离散性视点，为8部词典均有及均无的词均不取。即我们将词汇分为三个等级：N1以内的词为常用词，也就是8部词典均有的词。8部词典均没有的词，我们把它定位为生僻词。在两者之间即8部词典中有无不等的词，我们把它定位为偏难词。偏难词既是使用者最需要查词典的词，也是最易出现化石化（fossilization）阶段的词。换言之，“最需要查的词”最多的词典一定是使用者最欢迎的词典，也是词典编纂者应该追求的目标。根据上述原则，我们在25万字的中高级程度的日语语料中选取了40个词作为检验词例。然后设计了“偏难词在8部词典的有无情况表”“偏难词在8部词典的举例量情况表”和“偏难词在8部词典的释义情况表”，将同样的40个词放进3个表对8部词典进行检测，最后对结果进行考察分析，得出结论。

3. 考察

以下考察以表中8部辞书（词典名详见表中，文中一律使用表列序号简称）

为对象，这8部辞书具有一定代表性：这几部词典都是常用的中型词典，基本可以满足中高级学习者或翻译人员之用。词典1是1966年前唯一一部日汉词典，曾被称为“一枝独秀”（尹学义，2001:129），词典2是1976年后最早也是影响力最大的日汉词典，其余几部都是相对知名度高和有一定口碑的翻译引进词典。最近，翻译引进型词典大有取代自编词典的趋势，所以我们的选择也体现了这一趋势。

3.1 词条和义项

词条和义项是词典的灵魂。在同等规格的词典里，能查到需要查的词越多越好。我们随机选用一本《日文报刊文章选读》（以下简称“《报刊选读》”）作为试验语料，共25万字日本报刊原文，难度为中高级程度。按照上文所述的选词原则选出40个偏难词作为例词（方法为在本人讲授该教材的“难词讲解”中去掉8部词典均无者，再从中选取典型性较强者），其例词在该词典里有的标“○”，没有的不标，结果如下（为制表方便，表中一律使用简称，全称简称对应为：日汉辞典（1959/?[①]）=词典1、新日汉辞典（2017/9）=词典2、日汉大辞典（2002/20）=词典3、日本语新辞典（2009/6.3）=词典4、新世纪日汉双解大辞典（2009/17）=词典5、新明解日汉词典（2012/7.3）=词典6、明镜日汉词典（2012/7）=词典7、现代日汉例解词典（2010/6.7）=词典8。下同。）：

表1　40个偏难词在8部词典的有无情况汇总表

词例	词典 1	词典 2	词典 3	词典 4	词典 5	词典 6	词典 7	词典 8
ともあれ	○	○	○	○		○	○	○
それが（接）							○	
ぐにゃり	○	○				○		
へなへな	○	○	○	○		○	○	○
きょとん（と）	○	○	○	○		○	○	○
にっこり	○	○	○	○		○	○	○
ちらり	○	○	○	○		○	○	○
うとうと	○	○	○	○		○	○	○
きっかり	○	○	○	○		○	○	○
ばったり	○	○	○	○		○	○	○
しゃなりしゃなり	○	○	○	○		○	○	○
くよくよ	○	○	○	○		○	○	○
うずうず	○	○	○	○		○	○	○
けろりと	○	○	○	○		○	○	○
ピクピク	○	○	○	○		○	○	

① 此处的数字前面为出版年，后面的为收词量（单位：万）。全表同。本处“？”为该词典此数据不详。

（续表）

词例	词典 1	词典 2	词典 3	词典 4	词典 5	词典 6	词典 7	词典 8
とぼとぼ	○	○	○	○		○	○	○
ぷりぷり	○	○	○	○		○	○	○
だらだら	○	○	○	○		○	○	○
きれる发火义项				○			○	○
ずるがしこい		○		○	○	○		○
ぬけおちる		○			○	○		
奸詐					○			
移譲					○		○	
胡散	○	○		○	○	○		○
河食		○	○	○	○	○		○
張出	○	○	○	○	○	○	○	
サーバー服务器义项		○	○	○	○	○	○	○
アーチ本垒打义项		○		○	○	○	○	○
ヒット	○	○	○	○	○		○	○
スキル		○		○	○			
バーチャル		○		○	○	○	○	○
エンターテインメント		○	○	○	○	○		○
モバイル		○	○	○	○		○	
コンテンツ	○	○	○	○	○		○	
カンファレンス					○			
スラックス		○		○	○	○	○	○
アイデンティティー		○	○	○	○	○	○	○
売れ筋		○			○		○	
ぎっくり腰		○	○	○	○	○	○	○
のだいこ	○	○	○			○		

（续表）

词例	词典1	词典2	词典3	词典4	词典5	词典6	词典7	词典8
统计	22	35	26	32	20	30	30	27
排名	7	1	6	2	8	3	3	5

从上表可知以下几点：第一，表现最好的是词典2，达35个之多。除“きれる的发火义项”属于应该有以外，其他4个缺少的词的确很不常用。该词典2017年修订版增词1.5万，总词量达到9万，在中型词典中属于佼佼者。另外它在更新最晚也就是最新这点上也占尽先机。第二，词典3和词典5虽然在名称上都带有“大”字，收词量分别为20万和17万，但偏难词收词数却不是最多，特别是词典5还反而是最少的。具体来看，主要因为一些很常用的拟声拟态词、副词它都没收。具体词的翻译也有硬伤，比如“ラング”“パロール”二词都翻译成了“言语”。而前者应该译为“语言”。再有就是译文病句，比如“キリシタン”一词中“のち江戸幕府によって信仰・布教を厳禁される”的译文为“后遭江户幕府严禁信仰、布教”，明显犯有前后牵连的语病，应将“遭”字删去。说明编纂双语词典双语能力都必须水平较高。当然，该词典也并非毫无优点，如上表所示，在新外来语的收词上它是最全的。这与它的“追求现代词语和现代语义，收录了很多外来语”的宗旨有关。第三，第二少的是词典1，原因是出版时间较早，后出新词特别是新外来语未收而受到影响。该词典在1995年出了“新版”，但经比照上面40个词，只“スラックス”（休闲裤）增补了进来，其余词，老版没有的，新版也仍然没有。排名第二的是有32个词的词典4。虽然它的总词条数最少，但该词典几乎所有近义词都设表在例句上标明可用不可用。这对外国学习者来说极其重要。这可能也是其不叫“国语”而叫“日本语”辞典的原因之一。该词典还有一个缺点是至今没有修订。值得一提的是排名第三的词典7，它的历史不长但口碑很好，也应与选词有关。

另外，时间也是评价词典的重要观察点。因此我们在选择语料时没有选择太新的，《报刊选读》的文章是1991—2009年的。8部词典也分别都是各自现行最新版。说是最新版，其实只有词典2修订过。词典1虽然出了《新版日汉辞典》，但改了书名，加之如上所述，其修改进步实在太小，所以我们不认同它为词典1的修订版。这样，词典2的2017年修订在时间上就占尽先机，所以它的业绩最好、名列第一也在情理之中。词典1成绩较差也有时间的关系。需要指出的是，后6部词典都是引进型，其蓝本词典大多在日本已经修订：词典3是根据1989《日本语大辞典》翻译的，后者在1995年出版了第2版；词典6是根据1997《新明解国语辞典》第5版翻译的，该书2020年出版了第8版；词典7是根据2002《明镜国语辞典》翻译的，该书2020年出了第3版；词典8是根据《现代国语例解辞典》第3版翻译的，该书2016年出了第5版。而我们的翻译引进版却没有修订的习惯：上面几本无一修订过，这就使得这些词典在时效性方面大打折扣。以词典6为例，

“ヒット（安全打）”“スキル（技能）”“モバイル（移动）”“カンファレンス（会议）”“売れ筋（畅销品）”5词在第8版均有，而以第5版为蓝本的词典6这里就丢了分。在量化指标上，时效性会在收词上体现，故本文没有另设指标。

3.2 释义

双语词典解词释义的最高境界是有直接对应译词，而用句子解释的则是不得已而为之的下策。还有一种做法，是介于两者之间，即先词后释。前两者的标志性区别是前者可以直接套用到例句里，比如同是“きょとんと”，词典1是对应词：“呆然若失。例：きょとんとした顔/呆然若失的神色。”词典6是解释：“表情僵住，愣住。”没有举例。词典7是先词后释：“发愣。茫然若失，瞠目结舌。睁大眼睛发呆的样子。例：叱られた訳も分からずきょとんとしている。/不知缘何被批评而发愣。”可见，对应词的处理方法对二语者最直截了当，一目了然，而且对输出——学习外语的加工产出最为有效。解释虽能让使用者理解，但大脑中仍多出个转码过程。先词后释的方法可以说是结合了两者的长处，对理解最为有效，但在直接性和经济性上还是输给对应词。当然，我们必须看到，很多词8部词典是对应词还是解释是一致的，这说明方法受对象制约的因素很大。也就是说有些外语词汉语就有现成的对应词，而有些就没有。没有的对象就存在处置方法的问题。在明显有对应词的词例上8部词典一致性较强，而在明显没有的词例上，8部词典的处置就会出现分歧。前者如“けろりと（若无其事）”，8部词典均为对应词；后者如“へなへな”软弱无力义项的处置：词典3是对应词：“软绵绵。软弱无力。～と座り込む/无力地坐下不动”。词典2是句子释义：“瘫软无力的样子。软弱的样子。～とくずおれる/软瘫瘫地倒下”。词典6是先词后释：“柔软。易弯。[也指丧失精力、体力之意]～とすわり込む/瘫软地坐下去”。区别的标志是：以词结句的并且在例句译文中该词被直接使用的为对应词；有“……样子”“……貌”字样的为句子释义；先以词结句，接着又进行补充解释的为先词后释。下面我们仍以上述40个词对8部词典进行考察。表中以“词”“释”和“词释”分别表示对应词、句子释义和先词后释。

表2　40个偏难词在8部词典的释义情况汇总表

词例	词典 1	词典 2	词典 3	词典 4	词典 5	词典 6	词典 7	词典 8
ともあれ	词	词	①释 ②释	①词释 ②词释		①释 ②词	①词 ②词	词
それが（接）							①词 ②释	
ぐにゃり	词	词				词		
へなへな	①释 ②释	①词释 ②释 ③释	①词 ②释	①释 ②释		词释	①词释 ②词释 ③词释	①释 ②释

（续表）

词例	词典 1	词典 2	词典 3	词典 4	词典 5	词典 6	词典 7	词典 8
きょとん（と）	词	词释	词释	词释		释	词释	词释
にっこり	释	词释	词释	词		词释	释	词
ちらり	①词 ②词	①词 ②词	①词释 ②词释	①词释 ②词		①释 ②释	①词释 ②释	①释 ②释
うとうと	词	释	释	词		释	释	词
きっかり	词	①词 ②词	①词释 ②词	①词 ②词		①词 ②词	①词释 ②释	①词 ②词
ばったり	①释 ②释 ③释	①释 ②释 ③释	①释 ②释 ③释	①释 ②释 ③释		①释 ②释	①释 ②释 ③释	①词释 ②释 ③释
しゃなりしゃなり	词	词释	词	词		词	释	释
くよくよ	词	词	词	词		词	词释	释
うずうず	①词 ②词释	词释	词释	释		释	①释 ②词	释
けろりと	①词 ②词 ③词 ④词	①词 ②词	①词 ②词	词		①词 ②词	①词 ②词	词
ピクピク	词	词	词	词		词	词释	
とぼとぼ	词释	释	释	释		释	词释	词
ぷりぷり	①释 ②释 ③释	①释 ②释 ③释 ④释	①释 ②词释	①释 ②释		①释 ②释③释	①释 ②词释	①释 ②释
だらだら	①释 ②词释 ③释	①释 ②词 ③词	①释 ②词 ③释	①释 ②词释 ③释 ④词		①词 ②词 ③释	①释 ②释 ③词 ④释	①释 ②词 ③词
きれる发火义项				词			释	释
ずるがしこい		词		词	词释	词		词
ぬけおちる		词			①词 ②词释	词		
奸詐					词			
移讓					词释		词	
胡散	词	词		词	词	释		词
河食		词释	词释	词	词释	释		词
張出	①词 ②词	①释 ②释 ③词	①词 ②释 ③词释	①词 ②词 ③释	①词释 ②词 ③词释		①词释 ②词释 ③释	①释 ②词 ③释

（续表）

词例	词典 1	词典 2	词典 3	词典 4	词典 5	词典 6	词典 7	词典 8
サーバー服务器义项		词	词	词	释	词	词释	词
アーチ本垒打义项		词		词	词	词	释	释
ヒット	①词 ②词 ③词	①词 ②释 ③词	①词释 ②词	①词 ②释	①词释 ②词释 ③词释		①词 ②词 ③词释	①词 ②释
スキル		词		词	词			
バーチャル		词		释	①释 ②词	词	释	释
エンターテインメント		词	词释	词释	词	词		词
モバイル		①词 ②释	词释	词	词		词	
コンテンツ	词	词	①词 ②词释	词	词释		①词 ②词 ③词	
カンファレンス					①词 ②词释			
スラックス		①词 ②词释		词释	词释	词	释	词
アイデンティティー		词	①词 ②词释	词	①词释 ②词释	词释	①词释 ②词释	①词释 ②词释
売れ筋		词			词释		词释	
ぎっくり腰		词	词释	词	词释	释	词释	词
のだいこ	词释	①释 ②释	词释			释		
词合计（占比/%）	22（59）	29（54）	13（32）	24（53）	10（36）	18（47）	14（27）	18（45）
词释合计（占比/%）	4（11）	7（13）	16（39）	7（16）	16（57）	3（8）	18（35）	4（10）
释合计（占比/%）	11（30）	18（33）	12（29）	14（31）	2（7）	17（45）	20（38）	18（45）
排名	3	5	2	4	1	7	6	7

注：“①”为义项序号。只有一个义项的不标。下同。

从上表考察可以看出，采用对应词的占比最高的是词典1，其次超过50%的还有词典2和词典4。作为补救也可以说是完善手段的先词后释方法也是值得肯定的。但不能单纯考察它的占比，因为那样就等于无视对应词的存在了。所以应该是对应词+先词后释的总占比较高是理想辞书的追求。这样也就是说第三档“解释”占比低的就是前二者合计占比高的，结果是词典5、词典1和词典3处在前三。词典6的蓝本就以解释见长，但其“长”是作为单语词典而言的，翻译成双语词典就反而因冗赘而减分了。

3.3 举例

对外国学习者来说另外一个重要参数就是示例。对母语话者来说查词典重视解释，对非母语话者来说更重视示例，所以示例的有无、多少和质量是衡量一部词典的重要参数。我们仍以上述词例为对象，考察了各词典的举例情况，数据如下：

表3　40个偏难词在8部词典的举例情况汇总表

词例	词典 1	词典 2	词典 3	词典 4	词典 5	词典 6	词典 7	词典 8
ともあれ	1	6	①1②1	①2②2		0	①1②1	2
それが（接）							①1②2	
ぐにゃり	1	1				0		
へなへな	①1②1	①2②1③2	①1②1	①2②2		2	①1②1③1	①1②1
きょとん（と）	2	3	1	1		0	1	1
にっこり	2	2	0	2		1	1	1
ちらり	①2②1	①3②1	①1②1	①3②2		①1②0	①2②1	①1②1
うとうと	1	2	1	1		0	1	1
きっかり	2	①2②1	①2②1	①1②2		①1②2	①3②1	①2②1
ばったり	①1②1③2	①1②1③2	①1②1③1	①2②2③1		①2②1	①1②1③1	①1②1③1
しゃなりしゃなり	1	2	1	1		0	1	0
くよくよ	3	4	2	3		0	1	2
うずうず	①0②2	3	1	2		0	①1②1	1
けろりと	①1②2③1④1	①2②2	①1②1	3		①0②2	①1②1	3
ピクピク	2	5	1	2		1	1	
とぼとぼ	2	2	1	1		1	1	1
ぷりぷり	①1②2③0	①1②1③1④2	0	①1②1		①1②0③1	①1②1	①1②1
だらだら	①1②2③1	①2②2③2	①1②2③1	①1②2③1④2		①1②2③2	①1②1③1④1	①1②2③1
きれる发火义项				1			1	0
ずるがしこい		0		1	0	0		2
ぬけおちる		1			①1②1	0		
奸詐					0			

（续表）

词例	词典 1	词典 2	词典 3	词典 4	词典 5	词典 6	词典 7	词典 8
移譲					1		1	
胡散	1	2		1	1	0		1
河食		0	0	0	0	0		0
張出	①1②2	①1②1③1	①1②1③1	①1②0③1	①1②0③1		①1②0③1	
サーバー服务器义项		0	0	0	0	1	0	0
アーチ本垒打义项		1		1	0	3	0	0
ヒット	①0②1③1	①2②2③0	①1②0	①1②2	①0②1③0		①0②0③2	①0②1
スキル		0		2	0			
バーチャル		1		0	0	5	0	0
エンターテインメント		1	0	1	0	0		0
モバイル		0	0	0	0		0	
コンテンツ	0	0	0	1	0		0	
カンファレンス					0			
スラックス		0		1	0	0	0	0
アイデンティティー		1	0	2	0	0	①1②1	①1②1
売れ筋		0			1		0	
ぎっくり腰		0	0	0	0	0	0	0
のだいこ	0	0	0			0		
总计	46	75	30	61	8	30	42	34
排名	3	1	7	2	8	6	4	5

上表表明，词典2在举例方面仍然独占鳌头，第2名的词典4也很引人注目。为了消除疑问，我们又随机抽验了2页（1034页和1247页）查验，前者有词33个，举例的词（这里只算词，同词举了5个例子，也记为1）有27个，举例率82%；后者是33词，28词有举例，举例率85%。第一、二名的词典可以说能举例的都举了。排到后几位的几部词典基本是受蓝本词典影响，而蓝本词典的预设使

用者是日语母语话者，举例少无可厚非，但是作为双语词典就显得有些不合适了。所以，这也是我们引进时选择蓝本上需注意的观察点。

3.4 综合结果分析

在综合排名的计算中，我们根据前面所述理由，就三个表的内容对词典质量的关系度设置了权重：表1按0.5计入，表2、表3各按0.25计入。表中“/”后的数字为计算了权重的数字。整合排名为按权重计算的结果，即数值越小排名越靠前。

表4 指标检验综合排名表

排名	词典 1	词典 2	词典 3	词典 4	词典 5	词典 6	词典 7	词典 8
表 1 排名	7/3.5	1/0.5	6/3	2/1	8/4	4/2	3/1.5	5/2.5
表 2 排名	3/0.75	5/1.25	2/0.5	4/1	1/0.25	7/1.75	6/1.5	7/1.75
表 3 排名	3/0.75	1/0.25	7/1.75	2/0.5	8/2	6/1.5	4/1	5/1.25
排名加权合计	13/5	7/2	15/5.25	8/2.5	17/6.25	17/5.25	13/4	17/5.5
整合排名	4	1	5	2	8	5	3	7

表4表明了经过选词、举例和释义三个指标的检验得出的8部词典的排名。其中第1、2、3名与偏难词收录的排名一致，这与一般认知——想查的词都有就是好词典——相吻合。词典5的排名最后也是出于此因。词典1排名相对靠前是由于举例较多和使用词对词的情况较多。排名第5（并列）、第7的3部词典，都是在日本的蓝本已经更新修订了的，中译本如能跟着修订，排名肯定会提前。我们在日本对照蓝本调查了翻译过程中有无删难就简的“贪污”情况，结果是原蓝本有的翻译本无的只有词典3的“スラックス（休闲裤）”和词典6的“きれる发火义项”[经查蓝本第5版有：“（四）自制心がきかなくなり、狂暴な行動に出る（失去自制力，做出狂暴的行为）”，也就是表“发火”的义项，但翻译版却无]，其余均无此情况。

3.5 使用感受问卷调查

为了从另一侧面对上面客观性数据的可靠性进行检验，我们又对50名使用者（30名日语教师和20名日语专业学生）的主观性反馈做了问卷调查。问卷内容就是根据自己的使用感受对8部词典排名。填写时间3天，其间8部词典放置于资料室供查阅。最后收到47张有效回卷，经计算得出排名结果如下：

表5 问卷调查排名表

排名	词典 1	词典 2	词典 3	词典 4	词典 5	词典 6	词典 7	词典 8
总计排名	7	1	6	2	8	3	4	5

对比可知：表4的客观性结果与表5的主观性结果在词典2、4、5等3部词典上排名相同。其他几部排名不同的理由分别是：词典1由于出版年代过于久远不被人熟知而排名后退；词典3一是因为部头较大用者较少，二也是因为较旧而排名靠后；词典6因知名度较高而排名提前；词典7、8是排完6部后剩下的结果。所以可以说，主观性排名基本支持客观性排名。但在精细度、准确度上，客观性评价的信度更高。

4. 尾声

本研究准备阶段我们调查整理了日汉词典的编纂史，从其历史可以看出两组数字，一是从1959—2008年的50年，共出了40部词典，其中3部引进版，占比7.5%；从2009年至现在2023年的15年共出了8部，其中5部引进，占比62.5%。说明现在比起“编”，人们更青睐“翻”。我们对这一趋势也持赞同态度。但是，引进必须坚守两点：第一，必须坚持原汁原味，绝对杜绝删难就简；第二，必须坚持同步更新。在本文撰写时，外研社《日汉双解学习词典》出了第二版，虽然是隔了23年的修订，但在国内引进双语词典跟进修订方面，还是宝贵的第一例。

参考文献

R. R. K. 哈特曼等，1984，《语言与语言学词典》。上海：上海辞书出版社。

金田一春彦、林大、柴田武，1995，《日本语百科大事典》。东京：大修馆书店。

刘庆隆，2008，《辞书编纂工艺导论》。武汉：崇文书局。

刘振泉等编著，2011，《日文报刊文章选读（第二版）》。北京：北京大学出版社。

梅德明，2017，《语言学与应用语言学百科全书》。北京：北京大学出版社。

王　楠，2021，中型语文词典中常用词语的收词立目问题。《辞书研究》（4）：15-22。

吴光华，1995，编纂《汉英大辞典》的理论探索与实践。《辞书研究》（5）：52-61。

尹学义，2001，从一枝独秀到百花争妍。《日汉双语辞书编纂与日语教学文集》，北京：商务印书馆。129-133。

中国社会科学院语言研究所词典编辑室编，2016，《现代汉语词典（第7版）》。北京：商务印书馆。

Discussion on the structure and practice of the evaluation index system of bilingual dictionaries: A case study of Japanese-Chinese dictionaries

Abstract: The research object of lexicography is the achievement of word-collection, interpretation, examples and compilation goals. Under this framework, this paper proposes that word-collection, interpretation and examples are the core indicators of bilingual dictionaries, and on this basis variable weights are applied to test the degree of achievement. As the basic parameter of the test variable, word tokens can be selected according to the balancing principle above N1 level. Wago(inherent terms originally used in Japan), Kango(a Japanese word of Chinese origin) and loanwords are all represented, and the lexical nature of nouns, verbs, adjectives, adverbs and conjunctions is also covered. The principle of discreteness is to not select any words that are present or absent in the 8 dictionaries in the selected object corpus. The objectivity rankings were derived after testing three indicators for eight common mid-sized Japanese-Chinese dictionaries using the parameter word tokens. This is also compared with the subjective survey of usage perceptions, where the main findings are consistent, with reasons given for any inconsistencies. Thus, it proves that the validity of the three indicators hypothesized in this study is high. Further, these three indicators are replicable and operational in the evaluation of pan-bilingual dictionaries, and have some value and significance for the structure of the bilingual dictionary evaluation indicator system. Finally, based on the above conclusions, the ideal image of a bilingual dictionary is proposed.

Keywords: bilingual dictionaries; Japanese-Chinese dictionaries; evaluation indicators system; validity

（责任编辑：周彤）

经典译文

语言类型学，语言学的一项新任务（1894）

语言类型学，语言学的一项新任务（1894）

[德] 乔治·冯·德·甲柏连孜（著）
中国人民大学 陈若雨
海南师范大学 邱德君（译）*

倘若普通语言学要回答“人类语言结构的差异来自何处”这一问题，接下来要做的第一件以及事实上长久以来已经着手在做的事情是：挑选出那些最为显著的结构类型（Bautyp）和结构特征（Baustil），分析之，描述之；按照以同释同（idem per idem）的原则解释每个被注意到的特性所表示的含义，也就是将语言现象翻译成心理学现象，借此从全貌上把握种族与民族的精神特性（Geistesart），并借助民族学（Völkerkunde）和历史学（Geschichte）检验其正确性。如果能够通过仔细斟酌避免考虑一些干扰性力量，这一方法的可靠性将会得到完全的保障。没有哪位学者比詹姆斯·拜恩在《语言结构的普遍原则》① 一书中更为巧妙、更为深刻地应用了这种方法。不过，在我看来，拜恩对那些干扰性因素没有给予足够的重视，而仅仅将公式中的未知值设为零；有时他所使用的一些概念也过于宽松——这使他距离危险不过咫尺之遥。我在《语言学：其任务、方法以及迄今为止的成就》一书中提出了一个希望，希望自己能够通过坚持

---

* 作者简介：甲柏连孜（Georg von der Gabelentz，1840—1893），19世纪德国重要的汉学家和语言学家，先后任教于莱比锡大学（Universität Leipzig）东亚语言教席和柏林大学（Universität zu Berlin）东亚语言及普通语言学教席，著有《汉文经纬》（*Chinesische Grammatik: Mit Ausschluss des niederen Stiles und der heutigen Umgangssprache*，1881）、《语言学：其任务、方法以及迄今为止的成就》（*Die Sprachwissenschaft: Ihre Aufgaben, Methoden und bisherigen Ergebnisse*，1891/1901）等著作。本文原载于《印度–日耳曼学研究》（*Indogermanische Forschungen*）（1894）第4期，1—7页，原文为德语。标题本为Hypologie der Sprachen, eine neue Aufgabe der Linguistik，Hypologie系Typologie之印刷错误，实际应为Typologie der Sprachen, eine neue Aufgabe der Linguistik。本文或可被视为现代语言类型学的奠基之作，在语言类型学发展史上具有重要意义，可参看：陈若雨，2024，前现代的现代性——甲柏连孜语言类型学思想述评，《常熟理工学院学报》（哲学社会科学）（4）：77-85。

译者简介：陈若雨，中国人民大学文学院博士研究生。研究方向：语法化、语言类型学。E-mail：chenruoyu_ling@163.com。通讯地址：100872 北京市海淀区中关村大街 59 号。邱德君：海南师范大学文学院讲师。研究方向：语法化、时体相关问题。E-mail：debbbieq@163.com。通讯地址：571158 海南省海口市琼山区龙昆南路 99 号。

① 詹姆斯·拜恩（James Byrne，1820—1897），爱尔兰语言学家。其著作《语言结构的普遍原则》（*General Principles of the Structure of Language*）1885 年出版于伦敦。——译者注

具体而微的细节来避免使这项工作流于粗疏：在语言方面，我关注若干最为显著的外在特征；在民族和种族方面，我关注尽可能多的族群，关注那些可能长期处于相同生活条件（Lebensbedingung）之下，并由此最大程度地发展出特定倾向的精神与性情特性的族群。这始终只是一种尝试；但我如今仍然相信，我做得还远远不够。我从一开始就知道，尚有非常多的细节需要补充；拙著《语言学：其任务、方法以及迄今为止的成就》中的一章[①]本可以被扩充成一部专著，但我不打算像拜恩所试图提供的那样巨细靡遗。

我们踏上的这条道路真的是唯一行得通的路吗？如果它不是唯一的，难道就没有和它同样可靠，甚至更为可靠的道路吗？

语言赖以成形的力量可以根据其来源分为两类：本族的（einheimisch）与外来的（fremd）。对于“本族的”，我将其且仅将其理解为生根于语言社群（Sprachgenossenschaft）即民族内部的。我知道，人们希望进一步区分遗传而来的特性与本族土壤扮演教师角色从而教育出来的特性。然而，二者往往很难被完全分开。

不过，这一事实仍然值得重视；因为在人类历史上，民族迁徙极为频繁。尽管这一在很多情况下无法控制的干扰性因素源于史前时期，但我并不想高估这一因素的影响。因为在民族和语言中，当继承而来的特性与新的生活任务可以借助某些手段实现时，它们之间不会过久地处于不平衡状态。就民族和语言而言，如果其自身不具有仅仅等待刺激（Anregung）就能够从沉睡中苏醒的隐藏性力量，则只会处于一种不良状态。但是，倘若长期缺乏锻炼的机会，即便是高度发达的力量也会陷入沉睡。我们知道，有的语系（Sprachfamilie）有着相当统一的类型，另一些语系则具有惊人的结构形式（Bauform）的多样性；在这两种情况下，我们都相信能够辨别背后的原因。在民族–历史（ethnologisch-historisch）方面，生活条件的本质异同与语言结构（Sprachbau）的异同是平行的。古代语言在这里并不一定总是最好的见证；对原始语（Ursprache）进行的深入研究并未揭示出最为有用的材料：尝试从原始语言中重构原始民族的样貌，如果同时也要通过原始民族的情况来阐明原始语言，就很容易陷入循环。与此相反，根据原始语言估量种族特性的做法是正确的，这一特性在不同民族中沿着不同方向发展，但促使其发展的推力和拉力是相同的。不过，这可能也存在一点限制；一个语系的共同特征只有当它们保持鲜活（lebendig）时才有意义。当拉丁语的元音层级（Vokalabstufung）所剩无几，其子语言失去了表示格位的词尾（Kasusendung），新波斯语（Neupersische）和一些斯拉夫语言的旧的重音系统（Akzentsystem）也以一种奇特的方式发生了改变；印度支那（indochinesisch）区域的语言却发展出了多音节与单音节（Poly- und Monosyllabismus）、孤立（Isolation）、黏着（Agglutination）、屈折（Flexion）以及其他极为多样的

① 即《语言学：其任务、方法以及迄今为止的成就》第 4 部第 4 章“语言评估”（Sprachwürderung）。——译者注

句子结构形式（Formen des Satzbaues）：在这一点上，我们知道语言和种族特性（Rasseart）之间的联系是可以弯折的（beugsam）。我们要追问：这种弯折（Beugung）何以发生？如果历史不为我们提供答案，也不容许我们猜测有多少特性是本族的、有多少是受到了邻近民族的阻碍或促进的影响，至少我们可以获得反面的认识。

尤其要归功于雨果·舒哈特与卢锡安·亚当，[①]自从我们的这门学科开始关注那些新产生的混合语（Blendlingssprache），我们也能够为了我们的目标利用语言混合（Sprachmischung）方面的研究成果了。当然，最不适合我们目标的是那些国际商贸往来的畸形产物，[②]没有一个民族在精神上适应和发展这种产物。有这方面嫌疑的整组语言，比如美拉尼西亚群岛和非洲黄金海岸的一些语言，我都必须将其从归纳中剔除出去。不过，我们也知道，如今一些极为重要的语言正是这样开始发展的；这种混血儿（Bastard）通过后继婚姻（per subsequens matrimonium）获得了合法性，在新的民族中伴随着该民族发展为一种新的语言——于是我们又得到了对我们而言很重要的东西：自由的、在本族土壤中发展起来的形成物（Gebilde）。

这样，我们的归纳材料就比它们最初看起来的那样更为丰富、可靠了。然而，由于文化民族（Kulturvölker）的语言会受到促使其向各个方向发展的力量的影响，故而它反倒不比教育水平较低的民族更适合作为研究对象——这对于初始定向（Orientierung）来说足够了。

如果我不考虑那些外来的干扰性影响——只要它是外来的和干扰性的；也不考虑那些我怀疑受到了此类影响的语言，那么，对于其余的语言我就可以说：它们是自由的、有机的形成物。正因为如此，它们各自的所有组成部分都处于一种必然的相互关联（Zusammenhang）之中。这在推理上合情合理，没有其他的可能；这一点已经足以说明很多事情。从同样的精神特性和同样的历史条件中，可以产生出一种语言之所是和所拥有的一切：语音（Lautwesen）、词语和形式的构造（Wort- und Formenbildung）、句子结构（Satzbau）、民族风格（der nationale Stil）、语法（Grammatik）、词汇（Wortschatz）。

以上观点应该会得到普遍赞同。这也说明了某些特征——特别是词汇、风格和句法上的特征——在语言的外观上尤其典型。如果我们更进一步模仿吉普赛女人凭借手相就能占卜整个人的状况；或者像居维叶[③]设想的那样，通过一块骨头重构整个动物。当我们用事实去衡量这一理论时，似乎很快就会别无选择地即刻

① 雨果·舒哈特（Hugo Schuchardt，1842—1927），德国语言学家，曾求学于耶拿和波恩，师从施莱歇尔等著名语言学家，主要研究罗曼（Roman）语言、巴斯克语（Basque）及多种混合语言；卢锡安·亚当（Lucian Adam，1833—1918），法国语言学家，主要研究乌拉尔－阿尔泰（Ural-Altaic）语言及美洲阿尔冈昆（Algonquin）语言。——译者注

② 即皮钦语或洋泾浜。——译者注

③ 乔治·居维叶（Georges Cuvier，1769—1832），法国自然科学家，主要研究比较解剖学和古生物学，被称为“古生物学之父”。——译者注

宣告它的破产，或者使用人为手段使证券通胀，直到其自身破产。

然而，对于一个正确性有保障的必要想法，不能因为初次尝试的失败就宣告放弃。这种想法应当以一种可控制的形式表达出来，而没有什么比统计性的形式更好控制了——我希望在这里看到这项工作的开始。刚刚我提到了同一语系语言具有极为不同的特征的情况：现在我对另一种状况产生了兴趣，即起源不同的语言展现出近似的特征。正是这样，我才得以在《语言学：其任务、方法以及迄今为止的成就》一书中对比闪米特（Semitisch）语言和马来（Malaisch）语言[①]句法（Syntax）方面的异同——我本可以再提到一些词语和形式构造方面的特点。起源不同的邻近民族之间在语音上具有共同点，这是时常能够观察到且能够被解释的。不可思议的是，在中国和跨恒河半岛（die transgangetische Halbinsel）上存在着三个以多音节黏着性语言为主的语系，包括印度支那（Indochinesisch）语系[②]、柯拉尔（Kolarisch）语系和马来语系，其下却拥有个别单音节孤立性的语言——汉语（Chinesisch）、缅甸语（Barmanisch）和泰语（Siamesisch），与它们所属的印度支那语系的其他语言在精神上显现出根本差异，却与完全在来源上无关的越南语（Annamitisch）如此相似，就像按照同样的建筑计划，此处用花岗岩而彼处用砂岩分别建造起来的一样。

另一个现象也令人惊讶：两个看起来没有任何联系的表面特征（physiognomischer Zug），却在语言世界（Sprachenwelt）中反复成对共现。下面我将给出我所知道的最有说服力的例证。欧洲的巴斯克语（Baskisch）、亚洲的藏语（Tibetisch）、格陵兰语（Grönlandisch）及其在美洲的亲属语言、澳洲黑人土著的语言，在语法结构方面相隔得足够远，它们却拥有两点共同特性：其一，它们没有主格（Subjektskasus）和宾格（Objektskasus），而是具有主动–工具格（casus activus-instrumentalis）和中性–被动格（casus neutro-passivus）——按照我们的概念——就是主动动词的宾语和中性动词的主语处于同一个格，而主动动词的主语和工具处于同一个格[③]；其二，修饰名词的两类定语（Attribut）在语序上差别很大，属格（Genitiv）定语位于名词前，形容词（Adjektivum）定语位于名词后。在统计上表现为：存在B的情况中，有3/4的概率出现A；存在A的情况中，则有3/5或者1/2的概率出现B。这种共现（Zusammentreffen）并非必然，但由于发生得太过频繁，以至于很难将其归于偶然现象。人们可以假定，两条神经同处一条轨道上，却不能完全有规律地协作，人们现在想要得知它们之间联结（Verbindung）的位置与特性，以及这一联结有时会受到干扰的原因。

我们对于这种偶然的干扰性因素要有所准备，当然，还要通过大量公式去描述：现象A有很大可能与B、C、D共现，很少与E共现，从不与F共现。这就是

---

① 即马来－波利尼西亚语言。——译者注

② 大致相当于汉藏语言。——译者注

③ 此处所述即现代语言学中所说的作－通格（ergative-absolutive）格局，即不及物动词施事（S）与及物动词受事（P）采用相同格标记，及物动词施事（A）采用独立格标记。——译者注

我所期望的统计（Statistik）。问题是：它目前是可以实现的吗？用它能够实现什么？

我可以毫不犹豫地保证，我们的目标是能够借助现有手段达到的。这样的研究计划并不难拟定；加上手头有大量文献可资利用，唯一的困难不过是拣选材料的辛劳罢了。语言学不断扩大自己的领域，并通过越来越多的教科书彰显它对该领域的控制。的确，语言学的大厦需要建立在最为广阔的基础上；每一种重要的类型都应该发挥作用，对于每一种语言而言也都应该有正当的代表来接受询问。从任意的——有时还是相当不佳的——语法书中进行机械的摘录，对我们的帮助不是很大。这项工作要涉及尽可能多的不同的语言，远超一个人所能掌握的范围。因此，这项工作需要一个委员会（Kommission），委员会又需要一个包含最微小细节的精心拟定的计划，而这一计划又需要比我们在大多数学者身上所能期待的更多的无私服从。如此，困难就可以得到克服。

我为这一计划设想了一种问卷（Fragebogen），它能够在范畴上穷尽所有的语法可能性，以至于每个问题用“是”或“否”就可以回答。拟定这类问题对于提问者本身是困难的，甚至有时对于回答者而言也不简单；但对二者而言都并非苛求。

第二个步骤则是纯粹机械性的，我刚刚已经给出了一个粗略的对于这种关联（Konjunktur）的统计的样例。通过统计，我们就能以一种无可指摘的精确方式，获得对那些真正典型的、决定性的特征的认识。我们长久以来所预感的，以及我已在自己的书中通过零星的例子尝试指明的是：在语言生活最为不同的各个方面所显现出来的各种显著倾向性（Tendenz），现在它们将根据内容和价值得到测量——以数字的方式，就好像它们是尺寸或者重量一样。现在，真正有价值的概率计算（Wahrscheinlichkeitsrechnung）就赢得了它的地位：通过一种语言中的若干已知特性就可以稳妥地推断出成百上千个其他特征；典型特征与显著倾向性会清晰地展现在我们眼前。

如果我们仅仅止步于特征的共现现象而不去讨论它们之间的相互关联，这样的研究结果虽然是清楚的，但仍不免有些浅陋。弄清这种关联，是我们的第三个，也是最高的任务。在此，语言学需要再度依赖于民族学和历史学，从它们出发又向它们努力——好比从山体两侧同时进行的隧道修建（Tunnelbau）工作。从山的一侧能够阐明，这些是语言的特性（Eigenart），因此这些是该民族的精神的特性；从山的另一侧能够推论出，这些是长久以来的生活条件，这些是该民族的历史经历，这些是他们的习俗（Gewohnheit）和文化成果（Kulturleistung），该民族的精神特性一定是通过这些因素形成的。除非全然偏离方向，否则在此处应该已然能够听到对面尖嘴锄的敲击声了。此时，研究者要第二次发挥主观性（Subjektivität）的作用，尽管很多人喜欢就此而非难普通语言学及其代表。然而，这对于获得人们所要求的最客观的数据又有多少妨碍呢？直到有了无可辩驳的统计数据之后，普通语言学才不再羡慕历史比较语言学的牢固基础。如果这项工作能够继续深入，那么我们在20世纪初就可以看到19世纪初人们尝试苦思冥想却最终陷于徒劳的：一个完全哲学性的（philosophisch）、完全归纳性的（induktiv）、真正的普遍语法（allgemeine Grammatik）。

柏林　乔治·冯·德·甲柏连孜[1]

（责任编辑：郑萱）

---

① 当作者逝世的悲讯传来时，这篇论文已经排版并本应寄给作者进行校对。科学院院士和柏林大学教授汉斯·乔治·科农·冯·德·甲柏连孜博士，逝于1893年12月10日。

本刊编辑——原注

书评

《语用学简明指南》评介

对外经济贸易大学　姚晓东*

Betty Birner. 2021. *Pragmatics: A Slim Guide*. Oxford: Oxford University Press.

1. 引言

《语用学简明指南》属牛津语言学系列丛书，2021年出版，作者为Betty Birner教授。Birner博士毕业于美国西北大学，是北伊利诺伊大学英语系语言学和认知科学教授，研究兴趣为语用学、话语分析。作者对语义和语用界面研究有精深的把握，曾出版语用学教程《语用学导论》（Birner，2013），这是“北美继Green（1996）之后第一部重要的语用学教程”（Hedberg，2013：953）。本指南要言不烦，系统介绍和分析了语用学的相关议题。全书虽单薄，却不乏对相关论题的深刻见解，也为语用学的未来发展指引了方向。

2. 内容简介

本书共10章。第1章为引言。本书坚持语用分相论，把语用学定义为研究所言和意谓内容之间、意谓内容和理解内容之间关系的学问。作者举例分析言说内容和说话人意义之间的差异，指出语义学和语用学的区别在于规约和意向的差别。为方便后续讨论，引言部分介绍一些基本语义学概念，如命题、真值条件、话语模型、命题逻辑、谓词逻辑等，为深入讨论语义—语用界面提供了背景信息。

第2章介绍语义和语用意义，区分几组意义类型及其对语义—语用二分的作用。第1组是自然意义和非自然意义。非自然意义又分为规约意义和意向意义，

---

* 作者简介：姚晓东，对外经济贸易大学英语学院教授、博士。研究方向：语用学、话语分析。Email：yaoxdd@126.com。通讯地址：100029 对外经济贸易大学英语学院。
本项目是中央高校基本科研业务费专项基金项目“人际语用学视角下的外交话语责任研究”（2021SRZ 03）和教育部人文社科基金青年项目“人际语用学视域下的信任研究”（18YJC740129）的阶段成果。

二者的差别在于语境的介入程度。另一个切分视角是语境依赖性，语境独立/依赖的意义不完全对应于规约/意向意义：意向意义基于说话人，不对应于语境意义；语境意义是双叉型的（two-pronged），说话人意义与听话人的解读可能迥然不同。意义和真值的关系对区分语义—语用也很重要，是区分二者的标准之一。所以第4个区分就是真值意义和非真值意义。规约意义与真值条件意义多有交叉，但规约含义不影响句子真值。若以规约意义和意向意义的区分为标准来划分语义和语用，则忽视了听话人的解读，二者也并非完全对立；是否需要语境的标准虽然更准确，但错失了语义内容和真值之间的关联；基于真值条件来区分，则会忽略语义和规约间的关联，无法处理规约含义的归属问题。如何在坚守真值条件语义学传统的同时，解释逻辑上的真和真实交际意义之间的差异？会话理论意在解决这一问题。

第3章介绍会话理论，借助合作原则解释意向意义的生成机制。说话人可以遵守或违反会话准则，产生会话含义，实现交际目的。会话含义具有可运算性、可取消/废止性、不可分离性、非规约性、不确定性等特征。在Grice的意义模型中，语言意义属于非自然意义，分为所言和所含；含义分为会话含义和规约含义；会话含义又细分为一般和特殊会话含义。作者讨论了规约含义的性质及一般会话含义的特征。在重组数量、关系和方式准则的基础上，Horn提出了Q-原则和R-原则；保留质量准则，视之为交际的前提。Levinson坚守格赖斯语用学的精神，提出了数量、信息量和方式三个阐发性原则。关联理论主张用关联原则统括会话准则，区分认知和交际关联原则。听话人基于话语、语境和关联认定推导语境蕴涵，借助积极认知效应和话语处理努力之间的比对界定关联性。作者认为合作原则为语用推理和含义解读提供了初步的基本工具。

第4章介绍Austin和Searle的言语行为理论，提出了本书归纳的3种言语行为类型：施为行为、直接和间接言语行为。施为句在描写行为的同时实施这一行为，体现一定的语法和词汇特征，需满足特定的适切条件。直接言语行为中，语言形式指向和实施特定行为；间接言语行为表明了语言形式与功能之间的非对应关系，体现了交际方的话语责任考量，通常借助断言或询问某一行为的适切条件间接实施这一行为。在言说时，说话人同时实施发话、行事和取效行为，行事语力和言后效应之间的错位体现了交际的复杂性。礼貌考量影响言语行为的效果：言语表达的直接程度体现了主体间的远近亲疏、权势地位和面子需求。言语行为理论可用于自然语言处理，推动人机互动研究。

第5章介绍两种指称理论：指称论和话语模型路径。在指称论中，指称表达式指向现实世界客体；而在话语模型论中，则指向话语中的抽象存在。话语模型路径认为，与其说指称是关于现实的，倒不如说是关于现实的心理建构，指称对象是话语心理模型中的客体。本书作者支持话语模型路径。不管现实状态如何，只要交际双方的话语模型中包含这一实体，且其特征近似到足以被视为同一实体，指称即可实现。与之相关，作者讨论了表达式的涵义和指称之间的区别，并详细讨论了指示（deixis）现象，揭示了言说语境（何时、何处、与谁等）和我们解读说话人意义的能力之间的关系。与回指（anaphora）参照上下文、指向先行词不同，指示指向外部语境，离开语境，指称意义就会丧失。指示包括人称、空间、时间和话语指示。在话语指示中，应当注意区分代词的指示和回指用法。

第6章继续讨论指称，聚焦有定性和回指。有定和无定可以从表达形式和用法维度进行区分。对英语有定性用法的解释主要分为两类：基于唯一性/穷尽性的解释和基于熟悉性的解释。前者认为，有定名词短语描写内容的所指具有唯一性，穷尽了所指对象，但这一指称理论无法充分解释英语中定冠词的用法。在基于熟悉性的有定解释中，指称对象对听说双方是凸显的、特定的，这一假设也不乏反例和挑战。有时还存在上述两种理论都无法解释的有定用法。接着作者聚焦如何确定回指语的意向所指。回指语与先行词一道指向外部实体，语境、句法角色、语义内容和语调因素可以协助确定先行词。本章最后简述了they表达性别中立的第三人称单数代词用法的演变。

第7章讨论预设。作者回顾了Frege、Russell和Strawson的预设观：有定名词短语预设指称对象的存在，预设经得起否定检验。基于真值关系的预设观是语义预设观。预设的语用分析路径不再追问陈述是否为真，而关注其语境适切性，以此摆脱预设对陈述内容真值的影响。预设的语用特征体现在语境依赖性与可变性：预设有时不成立，可以中止或取消，其强度和可否认程度不一。这一语用预设观依赖于我们对预设的共有信念，其问题在于有些预设并非双方的共有背景。若引入顺应（accommodation）概念，把未知信息处理成共享的预设内容，就会面临有些内容无法顺应的问题。作者认为，能否顺应跟有定性是否适切之间存在重合。有定性和预设问题具有相似性：二者都没有统一的解释，分别存在语义和语用方案，都涉及棘手的共有知识问题，顺应只能提供部分的解决方案。

第8章介绍信息结构。作者阐述了新旧信息和“已知—未知约定”（given-new contract）的作用，考察了呈现新旧信息的不同方式。信息的新旧可分为三个基本类型：预设/焦点、话语新/旧信息、听者新/旧信息。说话人可以选择不同的句法形式呈现语义内容，即利用信息组装（packaging）来操控新旧信息的呈现顺序，体现语用差异，服务于特定的话语功能。典型词序是默认的基本语序，而非典型词序（如前置结构、后置结构、论元倒置结构）为信息组装提供了可能的路径，满足旧信息在前、新信息在后的已知—未知约定的要求。

分裂句属于预设/焦点结构，包括背景/前景或预设/焦点部分，遵守话语背景预设是凸显性的一般限制。作者还讨论了左、右错位结构，它们在结构和功能上不同于前、后置结构。影响词序的因素，除了已知—未知约定、预设/焦点结构，还包括语法“权重”（weight，如长度和复杂度）、语义联结、避免歧义等。信息结构和非典型词序的跨语言研究，可以进一步确定不同语言中结构与功能之间的关系。

在介绍了语用理论之后，第9章简要呈现了语用学的新近发展、研究方法和未来方向。在研究方法上，语用学经历了从传统的基于内省和直觉判断的研究方法，到借助语料库语言学、计算语言学关注真实语料的转变，也涌现出借助复杂的技术工具如眼动仪、脑电、磁共振成像等实证研究，考察语言的生成、处理和理解机制，验证语用学的理论宣认。在理论维度，动态语义学打破简单化的语义—语用边界观，主张二者共同作用、在话语推进过程中形成完整的语义内容。新近的发展包括语用优选论和博弈论：语言现象受诸多限制因素影响，限制条件之间的博弈影响选择的结果；语用行为涉及理性决策，博弈论可为语用研究提供新的路径。词汇语用学是另一个备受瞩目的领域，关注语用因素对词语理解的作用，考察诸如语义不确定性、词汇关系、概念的词汇化等问题。作者特别强调，计算语言学中的语用学研究将大有可为。

第10章是结论部分。作者概括各章的要点。针对语义学和语用学之间是否需要划界以及如何划界这一争议，本书的立场是：尽管存在规约含义这样的灰色地带，但大致的区分还是存在的。作者主张把真值条件特征视为区分二者的分界线，语用意义是非真值性的、依赖语境的。本章强调语用学研究对了解交际的本质和人类社会的重要意义：推动了解人类语言，探究人类互动和人类的本质。

3. 特色简评

本书介绍了语用学的重要理论和主要论题，为高阶的语用研究奠定了基础。与Green（1996）、Clark（2022）等同类著作相比，本书最明显的差别是纳入了信息结构，这可能跟作者在西北大学的学习经历有关，受Gregory Ward的篇章语用学思想影响；同时与Huang（2014）一样，本书涵盖了指称理论，凸显了有定性的讨论，把它们视为语用学的传统领地。这一安排在结论部分可以找到依据。作者认为正是下列反复出现的主题界定了语用学的疆界：推理的中心地位、交际的合作性、话语模型及其递归性、语义—语用界面、说话人形成最优解的话语。上述议题的共性在于凸显了交际的协作性以及语境的关键作用。另外，作者把礼貌放在言语行为理论部分讨论，意在传递礼貌考量和间接性之间的关联，突出礼貌对言后效应的影响。

全书虽单薄，却不乏对相关论题的深刻见解。这里择要呈现。在第2章讨论语义—语用界面时，作者借助Grice的意义模式区分几组对立：规约vs. 意向意义，语境依赖vs. 语境独立意义，真值vs. 非真值意义。在对比分析几组意义划分时，厘清各自得失，让读者对相关标准有一个明晰的感知与衡量。在第3章，作者指出合作原则的表述凸显了语境的重要性，并提请我们注意隐含和蕴涵（implication）的区分：在语言学中，后者与衍推近似，不是语用学术语。另外，作者认为规约含义处于语义和语用的灰色地带：作为规约意义，其规约性体现在附着于特定的表达，不具备会话含义的特征；称之为含义，是因为它不属于所言内容和句子真值条件意义，因而不属于语义学。同样，一般会话含义具有默认性，不必每次运算，具有规约的一面，同时在特定语境下又可以取消或强化，需要运算，又是会话性的而非规约性的。在论及语用学理论之间的关系时，作者指明新格赖斯语用学如此冠名的缘由在于保持了Grice的核心精神，即，协商互相冲突的会话准则的尝试会产生会话含义；关联理论则效仿Grice，坚持交际原则是源于更一般的认知原则。对Grice来说，人类认知驱使我们最大程度上合作，合作原则不仅是关于交际的，它作为更一般的原则促使我们行为上的合作；根据关联理论，人类认知驱使我们追求最大关联性。在第4章，与Austin和Searle分别借助施为动词、适切条件和行事行为的4维度之间的对应关系来划分行事行为的做法不同，Birner区分了3种言语行为：施为行为、直接言语行为、间接言语行为。在接下来的几章中，作者在讨论有定性、指称、指示、回指、预设、信息结构等论题时，凸显各论题之间互相的交织参照，让读者在对相关概念之间关联有相对完整认识的同时，也为我们的语用学研究提供了方法上借鉴。

除了上述新见之外，本书提出几点重要的研究动向，可为推动语用学研究提供参照。首先是交际中的话语责任考量。在第4章，作者对间接言语行为的讨论没有把间接性与礼貌直接挂钩，而是指向了说话人的会话责任与否认的可行性；说话人可以利用行事语力的模糊性以及语力和效应之间的错位，调整操控会话责任。这是一个新的研究增长点，也是当下人际语用学的研究热点。其次，在讨论相关论题时作者多次提及原型理论（prototype theory），借此消解可能无休止的琐碎争议。比如，在讨论真值命题、质量准则和谎言、显义概念时，可以借助原型理论和模糊边界等概念，避免无限回溯和细分的问题。同样，在涉及语义—语用意义的区分时，作者暂时搁置了语用意义是否包括非真值的、语境独立的意义，承认大致的区分还是存在的。这一思路可为化解当下的语境论和语义极简论关于何为完整的命题提供思路。最后，作者强调交际中体现着相反相成的力量之间的张力：比如会话准则之间的冲突，Q-原则和R-原则的分工，认知效应与处理努力的对立，以及直接与间接言语行为，积极与消极面子，话语解读选项之间的博弈，等等。我们既要考虑言者省力，也要关注听者省力，关注交际方面子需求的平衡。会话含义正是在协调貌似冲突原则的动态过程中生成的，这也是Grice的核心观点。

作者力求通俗易懂，各个章节之间彼此铺垫，互相呼应。书中所选例子来自文学作品和现实社会，在提升趣味性的同时也利于说明问题。为了方便读者，文末还提供了术语表。

4. 不足之处

本书也并非无可指摘。限于篇幅，作者对相关理论的论述不尽全面，也无暇顾及理论之间的关联。比如，作者对语义—语用之间的区分未能凸显新/后格赖斯语用学对经典理论的批评：如格赖斯循环、语义极简论和语境论之间的争议；消除歧义、确定指称、语用充实和调整过程离不开语境因素的介入。第4章未能呈现言语行为理论的全貌，虽然提及了叙实句和施为句的区分，但没有揭示Austin放弃这一区分的原因，似乎应向初级学者指出所谓的句法词汇特征无法区分二者，既非言语行为的充分条件也非必要条件；即使是叙实句也要满足特定的适切条件。有关言语行为理论的最新进展，如言语行动、语用行为和语用位理论（pragmeme theory）以及经典理论的拓展空间，读者可以参阅Witczak-Plisiecka（2013）、Fogal 等（2018）的著作。

此外，在讨论信息结构时，作者借助新旧信息和预设概念讨论了不同构式的使用限制和功能取向，指出新旧信息、背景与前景以及当下话题之间的异同，讨论相关语法结构的适切性问题，强调已知—未知约定的作用。其实特定结构的适切程度不仅关涉信息的新旧、前景化和背景化，也与语篇的衔接、连贯和主位推进模式有关。作者并未观照上述考量，尽管她提到了语义联结和当下话题（question under discussion）等概念。

最后，鉴于其分相论语用观立场，作者没有关注欧陆学派的社会文化视角，在语用学未来发展方向中更多地指向了语用学研究的认知和推理维度，对时下勃兴的人际语用学、社会语用学鲜有提及。不过，作为简明指南，本书意在为读者提供语用学的基础和基要论题。从这个意义上说，作者达到了写作目的，为读者把握语用学基础理论提供了重要参考。

参考文献

Birner, B. 2013. *Introduction to Pragmatics*. Oxford: Wiley-Blackwell.

Clark, B. 2022. *Pragmatics: The Basics*. New York: Routledge.

Fogal, D., Harris, D. & Moss, M. 2018. *New Work on Speech Acts*. Oxford: Oxford University Press.

Green, G. 1996. *Pragmatics and Natural Language Understanding*. Mahwah, NJ: Erlbaum.

Hedberg, N. 2013. Review of *Introduction to Pragmatics*. *Language* 89(4): 953-957.

Huang, Y. 2014. *Pragmatics*. Oxford: Oxford University Press.

Witczak-Plisiecka, I. 2013. *From Speech Acts to Speech Actions*. Łódź: Łódź University Press.

（责任编辑：冯硕）

《中国语言与社会变迁——都市普通话的共性消亡》评介

沈阳化工大学　东北师范大学　林琳*
东北师范大学　周桂君

Qing Zhang. 2018. *Language and Social Change in China: Undoing Commonness Through Cosmopolitan Mandarin.* New York and London: Routledge. xv+198 pp.

1. 引言

20世纪60年代以来，Labov（1966）开创的变异社会语言学研究历经三次浪潮：第一次浪潮关注语言变项与社会经济阶层、性别、种族等的相关性；第二次强调变异研究的民族志路径；第三次的语体视角，将语言变异置于社会实践中，探讨语言变异如何作为风格资源去构建社会意义（Eckert，2012）。而本书应归为变异社会语言学研究第三波浪潮中的一本力作，它融合社会语言学和语言人类学思想，对语体变异和社会变迁的双向建构关系进行开创性的探索。作者利用汉语语料的多样性，以定量和定性相结合的研究方式，对20世纪90年代以来的汉语语体变异进行研究，并首次提出一种新型汉语语体风格——都市普通话（Cosmopolitan Mandarin），从语言研究维度洞察并揭示改革开放40年来中国历经的社会变化。本文对该书进行评介，一方面，推进变异社会语言学的发展，另一方面，更重要的是，为汉语语体变异研究提供新的理论借鉴。

* 作者简介：林琳，东北师范大学博士（后），沈阳化工大学外国语学院教授、博士。研究方向：社会语言学、翻译学。Email: mable_1986@163.com。通讯地址：110142 沈阳化工大学外国语学院。周桂君，东北师范大学外国语学院教授、博士。研究方向：翻译学、社会语言学。Email: zhougj589@nenu.edu.cn。通讯地址：130024 东北师范大学外国语学院。
本文得到道家核心经典英译史研究及数据库建设（1868—2023）（项目编号 24YJC740046），2024年度教育部人文社会科学研究青年基金项目的资助。

2. 内容介绍

本书的中心主题有关语言和社会变化的相互构成关系。除序言和引言外，正文共计6章，可分为三个部分：第一部分（第一至二章）概述全书理论基础和研究方法并简要介绍研究背景；第二部分（第三至四章）论证语音变异和词汇创新等新的言语风格，是该书之重点内容；第三部分（第五至六章）阐明语体创新的争议性，简要总结全书。

第一章 理论基础和研究方法。本章首先探讨了该书论证过程中涉及的三个概念工具："拼凑"（bricolage），即语言资源的使用和/或重用及组合；"对话"（dialogism），即话语在特定历史时期产生意义和形态，它与围绕特定话语对象的对话线索碰撞，并处于对话的关系链条中；"语域化"（enregisterment），即语域化是一个社会历史进程，在此进程中，特定的语言（和其他符号）形式或形式集得到了社会化的认可。其次，基于变异社会语言学和语言人类学的最新发展，作者提出一种基于语体的新路径去研究作为新兴语体资源的都市普通话。它在本书中被定义为有别于传统普通话的新型汉语语体风格，更是语体建构的意义生成资源。最后，作者特别考虑了语体的形式、内容和意义这三个维度，并论证了微观的话语层面变异是如何与宏观的社会历史进程相联系的。简言之，在语言意识形态、语言特征拼凑、语言对话和语域化的语言人类学概念基础上，本章将语体重新定义为一个由意识形态差异化促成的社会历史进程。此过程中，作者提出一种基于语体风格的方法来分析社会语言学的变化，并阐明该方法在社会变化和语言变项的互动中发挥的作用。

第二章 "国企"与"外企"的差异及对外企中北京雅皮士的概述。作者在本章主要关注以上两类企业中的性别动态差异，论证外企在征聘中对女性使用都市普通话的限制大于男性，并通过话语分析展示女性和男性雅皮士塑造职业人格的不同方式。雅皮士是指受过高等教育，在外企工作并收入可观的白领群体。他们将自己标榜为有文化素养的世界主义者，代表一种新的国际化职业身份和一种新的以中产阶级消费为基础的生活方式。并且，本章展示了"雅皮士"（yuppies）群体形成的当代中国政治和历史背景，并对北京雅皮士的身份特征进行介绍。这一具体论述为雅皮士（见第三章）和电视节目主持人（见第四章）关于语言创新的讨论做了铺垫。

第三章 四种语音变异现象。本章介绍了四种典型的汉语语音变项，包括儿化音（rhotacization）（r）、吃音（lenition）（sh）、齿间音（interdental）（ts）和轻声（neutral tone）的全音调（full-tone）。作者探讨了它们的文化显著性，通过近代史来追溯其社会根源，并将其与三种特定的人物性格类型联系起来。如：儿化音和吃音与说话圆滑的北京人（京油子）性格特点相匹配，齿间音则符合北京胡同闲逛人群（胡同串子）的发音特点，这两类都指称北京当地人的身份认同；相反，轻声的全音调被认为是时尚雅皮士的超区域语体风格。本章深入分析了北京雅皮士的语言建构，因有别于传统以北京官话为基础的标准普通话，作者称这类创新型语言风格为都市普通话。对其进行探究的现实意义在于，雅皮士作为改革开放的重要生力军，参与并见证了中国社会结构的急剧转型，作者通过对这一特定群体的语言变异现象进行研究，可用于侧面审视宏观社会的时代变迁。

第四章 都市普通话在电视消费节目中的使用情况。本章的语言分析主要集中于天津电视台两位时尚主持人的讲话风格，这是一档以白领为受众的时尚生活类节目。主持人通过语体风格的创新，在引领中产阶级国际化生活方式的同时，建构一种中产阶级消费者身份认同，具体包括词汇项的创新、普通话和英语的语码混用、去儿化音和轻声的全音表达等语音特色。本章阐明媒体在描述社会经济变化的过程中，都市普通话是一个至关重要的组成部分。它不仅体现为一个时髦的国际化身份认同指示域，而且可表现出年轻人热情和欢乐的情感属性，这有力地证明了都市普通话的新兴指示域已扩展到无须传统普通话指称的意义领域。

第五章 都市普通话的语域化进程及其语体创新的争议性。作者在本章的论述中，主要结合Silverstein 的指向秩序概念（indexical order）对都市普通话的语域化过程进行分析，阐明这种语言使用文体创新的争议性和语体变异与意识形态的相关性。围绕对新语体的产生和评价等议题，作者分析了1994—2012年间的大量元话语语料，如：大众媒体和文学作品对都市普通话的使用表现，都市普通话作为港台口音的元话语标签，政府对媒体语言的规定，网络等公共领域的元话语等，从而揭示出都市普通话语域化过程的高度争议性本质，即微观层面的语言变异成为个体间和个体与国家间的语言意识形态之争。作者也指出都市普通话的新兴语体风格不仅可以反映社会意义，还能体现其差异性，在成为超区域普通话的过程中，或许都市普通话会对目前的汉语普通话造成威胁。

第六章 一种基于语体风格的社会语言学变革方法及都市普通话和标准普通话的未来展望。本章首先阐明都市普通话与传统普通话区别的四个关键点：（1）语言风格不是由固定语言特征组成的封闭系统，而是语域的社会化过程，都市普通话因其成分流动性，既是语言特征的聚合，也是意义生成的开放过程；（2）都市普通话的特殊性主要取决于自身语言成分的共现模式及其与对应成分的比较；（3）语言变异模式的相似性对分析都市普通话与北京普通话的发音差异尤为重要；（4）都市普通话与标准普通话的区别不是基于范畴而是频率。此外，从内容、形式和意义层面分别来说明语体在影响变化方面如何发挥作用。最后，作者重申了她基于语体变异的研究理念并展望了都市普通话和标准普通话的发展前景。

3. 简评

本书在研究路径创新、研究框架构建、研究语料选取及实证性等方面均有独特之处，具体特色简述如下：

第一，语体变异研究路径创新。本书回顾了变异社会语言学在研究方法、分析模式和话语风格研究方面的发展脉络，提出语体风格的多维度研究路径。变异研究一直被认为是社会语言学的核心领域，但第一波的“Labovian范式”和第二波的民族志路径，都仅强调语言变项对社会范畴和结构的单向折射。因此，过去二十年间，变异学派主要集中在解释语言变异所指涉的复杂社会意义，以及语言变化与社会景观变化的相关性上。简言之，目前的变异社会语言学正处于第三波浪潮，关注说话者如何变换语体风格以建构社会意义（Eckert，2000；Eckert & Rickford，2001；Coupland，2011；刘永厚，2019）。本书基于语体展开讨论，自然应归于变异研究第三波思潮中。作者总结了早期语体研究的两种路径——注意力模式和听众设计模式，并指出早期方法的局限性，即对语言注意力程度的不同而产生的语体变化在形式上的单向性。随后，作者概括出变异领域研究的前沿趋势，即基于实践的语体风格研究方法将语言变异现象整合到更广泛的话语实践中而产生社会意义。最终，在社会语言学和语言人类学基础上，作者提出基于风格的语体变异研究路径，分析语言变化和社会变化的双向建构，并将语言创新嵌入更广泛的社会变革中。作者将早期北京当地人（京油子和胡同串子）与时尚雅皮士的语音特点进行比较，通过语音变异现象反观中国社会发展。诚然，在语体的多维研究路径中，不乏语体变异与个体身份的动态建构、会话双方角色立场的分析，抑或语体风格对行业领域指称的论证，但像本书这样将微观的语体变异置于宏大的社会景观变迁之中，属实具有创新意义。

第二，语体变异与中国社会变革的互动研究框架构建。语言和社会变化互为整体并相互构成，在广泛的政治经济进程中，综合分析语言的变化具有现实意义。改革开放后，中国近四十年的社会形态巨变，使其成为研究语言与社会变迁不可分割关系的丰富场所之一。针对语体变异与中国社会变革的互动研究，虽个别学者也有涉猎，但都围绕书面语的语体变化展开，而本书聚焦于口语语体变异对当代中国社会文化景观的重塑作用，具有一定开创性。作者基于20世纪90年代收集的大量汉语语料，将语言变异的定量研究方法与话语分析相结合，追踪了一种新型汉语语体风格——都市普通话。它们被认为是中国雅皮士和新型中产阶级的创新语体资源。雅皮士作为改革开放过程中的重要生力军，是中国社会结构转型的参与者和见证者，作者从语音变异研究出发，透过语言层面分析社会差异系统的形成；又从词汇创新的角度展示了电视节目主持人引领的消费群体语言创新，这其实体现了改革开放后，人们生活方式的一种转变。综上，作者想阐明两点：一方面，即使从语音变异和单词创新的微观层面去改变语言的使用方式，也会带来社会变化，本书则详细地介绍了语体风格在影响这种变化中扮演的特定角色；另一方面，改革开放后，中国社会的多元性凸显，传统普通话已不能充分表达这种差异性，所以，更具活力的都市普通话的出现，应被定位为中国更广泛的社会经济转变的需要。那么，作为一种新兴的语体资源，都市普通话既能引起这种社会差异也能充分解释它的出现。

第三，汉语语料选取及研究实证性凸显。（1）汉语语料的选用是本书的一大亮点。关于社会语言学领域的语言变异现象研究一直被西方社会和英语所主导。为体现变异社会语言学方法和理论的严谨性，对不同背景下的语言变化形式展开研究也日渐重要，本书的完成正是作者在汉语语境下对理论的积极实践。作者在论证语体变异和社会变化的相关性过程中，所选用的语料均出自汉语，对其展开讨论，不仅拓宽了变异社会语言学研究的横向维度和经验广度，还为汉语的口语语体变异研究提供新的视角借鉴，进而为汉语在社会语言学领域争取更多话语权。（2）具有较强实证性。本书语料来源广泛并且形式多样，前者主要体现在数据的收集整理方式上，如：访谈、观察录音和田野调查等；后者则反映在语料的内容中，包括日常口语交流的元语言、民族志数据和小品类文艺作品的台词等。研究工具方面，作者使用GoldVarb2.0进行统计分析，这是一个专为分析语言变异而设计的逐步多元回归程序，同时，对语料进行统计处理，使得论证具有较强说服力。

总体来说，作为变异社会语言学研究第三波浪潮的重要成果，本书既有突出贡献，也有些许不足。前者体现在，语体变异与中国社会变迁互动的研究框架构建和语体变异研究新路径的提出具有理论价值；后者体现在，本书研究的京腔和港台腔普通话现象在世纪之交阶段比较显著，但当前普通话已经更为多元，指向意义更为丰富复杂，港台腔因其所携带的“洋气”而获得的社会优越性也在发生改变，因此，本研究对当前中国语言生活的适用性有待进一步论证。

最后，书中还遗留一些小问题有待研究。（1）作者提出作为新型语体资源的都市普通话，并分析了它的去儿化音和轻音全音调的两类语音特征，但并没有对这一语体风格在日常互动下的使用情况进行深入调查；（2）本书对“京油子/胡同串子”等雅皮士避免采用的语音特征进行了一定篇幅的阐释，但其实际使用的“全音调”语音指征论述未能得到应有凸显。以上两点使本研究略显严谨性不足，若能进一步探究，可为汉语语境下的语体变异研究提供更多可靠理据。

参考文献

Coupland, N. 2011. The sociolinguistics of style. In R. Mesthrie (ed.), *The Cambridge Handbook of Sociolinguistics*. Cambridge: Cambridge University Press. 138-156.

Eckert, P. 2000. *Linguistic Variation as Social Practice*. Oxford: Blackwell.

Eckert, P. 2012. Three waves of variation study: The emergence of meaning in the study of sociolinguistic variation. *Annual Review of Anthropology* 41: 87-100.

Eckert, P. & J. Rickford (eds.). 2001. *Style and Sociolinguistic Variation*. Cambridge: Cambridge University Press.

Labov, W. 1966. *The Social Stratification of English in New York City*. Washington, DC: Center for Applied Linguistics.

刘永厚，2019，语体变异的社会语言学研究路径、热点与趋势。《现代外语》（2）：280-289。

（责任编辑：张凯伦）

《语言学研究》征稿启事

《语言学研究》由北京大学外国语学院外国语言学及应用语言学研究所编辑、北京大学出版社出版发行。《语言学研究》创刊于2002年，开始每年一辑，2011年起改为每年两辑，已被连续收录为中文社会科学索引（CSSCI）来源集刊（2014—2015、2017—2018、2021—2022、2023—2024、2025—2026）。

《语言学研究》旨在为广大语言学研究者提供发表见解，探讨各种学术问题的场所。来稿可对现有语言学研究进行梳理、评述，对学科发展提出设想，或者以理论为指导对某个文本/话语片断进行描述，展开实证研究等。我们特别希望投稿者能就各种学术问题展开争鸣，提出新的观点、新的理论模式，以进一步推动语言学科的健康发展。

《语言学研究》现有栏目包括语言学理论研究、具体语言研究、语言对比研究、语言应用研究、书评等，欢迎广大语言研究者投稿。

投稿请将稿件发送至编辑部邮箱：ling_research@126.com。

来稿文责自负，但编辑部有权对拟用稿件做必要的文字修改与删节。《语言学研究》拒绝一稿多投。如有发现一稿多投的情况，将不再接受投稿人的任何稿件，并通告有关期刊。

附：《语言学研究》体例

1. 首页：中、英文题目,作者姓名、单位、学历、职称、研究方向、通讯地址、电话、电邮。

2. 次页仍以中、英文题目开始，下接“提要”（中文200字左右，英文100词左右）；“关键词”（3—5个），以分号隔开。

3. “关键词”后开始“正文”（论文一般不超过10000字；书评5000字）

   a. 正文章节标题或小标题独占一行，且一律用阿拉伯数字（从1开始）表示，形式为：1 1.1 1.2 …… 2 2.1 2.2 ……

   b. 正文一律采用脚注；

   c. 正文行文中非汉语姓氏一律使用外文原文；

   d. 例句编号用[1]的形式；

   e. 重要术语如果首次在国内语言学期刊上出现，请随后附上外文原文。

   f. 文内夹注的文献放在括号内，如（Chomsky, 1965: 12）。

4. 参考文献：只列引用文献，先外文后中文，按作者姓氏（中文姓氏按其拼音）字母序排。文献依次为作者姓名、出版年、文献题名、书/刊名、版次、期数（或出版地、出版者）及起止页码。外文书/刊名以斜体书写，实词首字母大写；外文论文篇名以正体书写，仅篇名首字母大写。例：

Halliday, M. A. K. & Hasan, R. 1985. *Language, Context, and Text: Aspects of Language in a Social-Semiotic Perspective.* Victoria: Deakin University Press.

Harris, Zellig. S. 1952. Discourse analysis: A sample text. *Language* 28: 474-494.

Coupland, N. 2014. Social context, style, and identity in sociolinguistics. In J. Holmes and K. Hazen (eds.), *Research Methods in Sociolinguistics: A Practical Guide.* West Sussex: Wiley Blackwell. 290-303.

克里斯特尔（David Crystal）（编），沈家煊（译），2004，《现代语言学词典》。北京：商务印书馆。

朱瑞熙，1990，宋元的时文——八股文的雏形。《历史研究》（3）。2001年收录于《瞭城集》：1-22。上海：华东师范大学出版社。

5. 文中表格或插图请附清晰的原图文件（tif或eps格式）。